READING THIS AGE

시대 읽기

이 시대를 읽으며
역사를 이해하고
미래를 준비한다

김주옥 지음

기독교문서선교회

기독교문서선교회(Christian Literature Center: 약칭 CLC)는 1941년 영국 콜체스터에서 켄 아담스에 의해 시작되었으며 국제 본부는 영국의 쉐필드에 있습니다.
국제 CLC는 59개 나라에서 180개의 본부를 두고, 약 650여 명의 선교사들이 이동도서차량 40대를 이용하여 문서 보급에 힘쓰고 있으며 이메일 주문을 통해 130여 국으로 책을 공급하고 있습니다.
한국 CLC는 청교도적 복음주의 신학과 신앙서적을 출판하는 문서선교기관으로서, 한 영혼이라도 구원되길 소망하면서 주님이 오시는 그날까지 최선을 다할 것입니다.

Reading this Age

Written by
Joo-ok Kim
(aka Hanna Kim)

Korean Edition
Copyright © 2016 by Christian Literature Center
Seoul, Korea

Reading This Age

추천사

서철원 박사
전, 총신대학교 교수

  이 책은 이 시대의 정신과 그것을 이끌고 있는 주체를 잘 설명해주고 있습니다. 특히 그리스도인들이 이것을 알아야 하는 이유는, 저들의 사상이 교회 가운데 흘러 들어와서 복음을 변질시키고 있기 때문입니다. 저자는 적그리스도적인 시대정신에 대해 설명하고 그것에 영향받은 교회들의 가르침을 제시하면서 둘의 유사성을 볼 수 있게 해줍니다.

  제한된 지면에 함축된 내용과 첨부된 많은 주석들을 보면서 독자들은 이 세상이 무엇을 향해가고 있는지를 이해하게 되고, 바로 성경이 말씀한 일들이 그대로 이루어지고 있음을 발견할 것입니다.

  믿지 않는 자들은 유일한 진리 되신 예수님 앞으로 나아오고, 믿는 자들은 모든 이방적인 것을 제거하고 순결한 신앙으로 거듭나는 데 이 책이 쓰임받기를 기대합니다.

저자 서문

　시대를 지배하며 역사를 주도해온 '세상 주관자'의 정신과 목적을 알지 못한다면, 우리는 역사와 시대를 바르게 이해하지 못하고 미래를 준비할 수 없습니다.

　과거 실패했던 바벨탑을 재건하겠다는 NWO의 엘리트 세력, 세계 엘리트들의 정신을 이끌어온 일루미나티와 예수회, 인류 최초의 영웅인 니므롯의 후예라 자칭하는 프리메이슨, 그들의 이상향 '신아틀란티스'의 건설지로 선택받고 점령당한 미국, 미국과 세계를 지배해온 '13번' 지파의 시오니스트 유대인, 그들이 신앙하고 있는 바리새주의 탈무드와 신비마법 카발라, 깨달음을 통해 스스로 신이 될 수 있다고 가르치는 카발라 기원의 뉴에이지….

　이들은 은밀하게 또는 공개적으로 예수를 대적하거나 사탄을 숭배하며 세상의 정치 경제 문화 종교를 주도해왔습니다. 사탄을 '정사와 권세와 이 어두움의 세상 주관자', '공중 권세 잡은 자', '이 세상의 임금'이라고 가리키는 성경 말씀은 얼마나 놀라운지요.

　인간 역사에 일어나는 모든 불행과 슬픔은 사탄과 사탄에게 사용받는 사람들에 의해서 벌어진 일들입니다. 사탄이 주관하는 이 세상에 살고 있는 한 우리가 고통당하는 것은 어쩔 수 없는 일이지만, 그러나 진실을 알게 될 때 저들에 동참하거나 동조하지 않을 수 있습니다. 또 마지막 때에

'짐승'의 세계정부 국가가 세워지고 적그리스도가 오는 것은 성경이 이미 예언한 것으로 막을 수는 없지만, 저들의 사상과 종교는 거부할 수 있습니다. 그래서 오직 하나님께 속한 자들만이 저들을 경계하고 세상에 경고할 수 있습니다.

그런데 지금 많은 교회들이 저들이 흘려보낸 이방 사상을 받아들여 혼합주의로 가면서 기독교의 기본을 흔들어버리고 있습니다. 기독교의 경계를 허물고 다른 종교들과 혼합시켜 하나로 통일하겠다는 저들의 목적이 잘 성공하는 것입니다. 하나님과 비기려는 니므롯이 하나님을 대적해 세우려했던 바벨탑이 이제 성취되어가고 있는 것입니다. 교회가 세상을 이끌어가는 것이 아니라 세상의 시대정신에 교회가 굴복해 버리면서, '광명의 천사'로 가장한 사탄에게 미혹받고 이용당한 결과입니다.

이 책의 목적은 저들에게 대항하고자 함이 아닙니다. 하나님의 진리와 저들의 시대정신을 분별해서 바른 선택을 하게 하려는 것이 이 책의 목적입니다. 시대정신에 거슬러 '좁은 문'을 통과해 '좁은 길'을 가기로 선택한 자들만이, 하나님의 약속처럼 다시 오실 예수님을 만나고 하나님의 나라로 들어갈 수 있기 때문입니다.

내부자 고발과 학자들의 연구로 저들의 정체는 무수하게 드러났지만 그럴 때마다 저들은 역정보를 만들어 흘려서 진실을 희석하거나 왜곡하거나 감추어 왔습니다. 또는 이단집단들이 이런 정보들을 적극적으로 사용해 잘못된 주장을 펼치면서 세상에서 배척받도록 했습니다. 하지만 부인할 수 없는 증거 자료들이 사라져버린 것은 아닙니다.

이 책은 저들 세력이 서로 어떻게 연결되고 역사해왔는지를 보여줍니다. 주제가 너무나 방대하고 자료가 압도적으로 많아서 세부적인 것은 생략하고 커다란 흐름으로 윤곽을 보여주는 것만으로 만족할 수밖에 없었습니다. 여기저기서 들었던 조각 정보들이 하나로 엮어지고 이해되는 장이 되기를 바랍니다.

출처의 확인뿐 아니라 구체적인 내용을 알기 원하는 독자들에게 풍성한 자료를 주려는 목적에서 전통적 각주 방법 대신에 인터넷 활용을 선택했습니다. 한 곳(blog.daum.net/thisage)으로 모아 넣어서 쉽게 접근할 수 있도록 했으며, 또 독자가 직접 검색하기 원할 것이라고 생각되는 중요한 곳에는 영어표기를 함께 넣었습니다. 혹시 잘못된 내용이나 덧붙이고 싶은 내용이 있다면 독자 여러분들의 댓글을 환영합니다.

김주옥 識

목 차

추천사(서철원 박사/전, 총신대학교 교수)   5
저자 서문   6

【제1장】 미국과 세계를 지배하는 유대인   10
【제2장】 유대교 유대주의   31
【제3장】 자칭 유대인과 프리메이슨   51
【제4장】 프리메이슨의 탄생과 업적   69
【제5장】 사탄숭배와 그 치명적 매력   107
【제6장】 신세계질서의 세계정부   125
【제7장】 신세계질서 세력의 경제 조종   147
【제8장】 신세계질서 세력의 의식 조종   172
【제9장】 신세계질서의 종교: 뉴에이지   195
【제10장】 신세계질서를 위한 기구: 유엔   224
【제11장】 짐승의 출현에 대한 성경 예언   231
【제12장】 교회의 혼합주의: 배도와 타락   253
【제13장】 기독교는 무엇을 말하나?   306

저자 후기   324

제1장

미국과 세계를 지배하는 유대인

유대인이 미국을 지배하고 있다. 미국으로 이주가 시작되며 형성된 유대사회는 초창기부터 연방정부 각료와 연방대법관을 배출하면서 미국 주류사회에서 두각을 나타내 왔다.

최근 KBS와 SBS 스페셜에서 다룬 미국 내 유대인의 실태를 보면 미국 내 2% 인구에 불과한 유대인의 파워가 엄청나다는 것을 실감한다. 미국 억만장자의 24%가 유대인이고 월 스트리트는 유대인으로 장악되어 있다. 모건 스탠리, 스미스 바니, 메릴린치 같은 금융회사의 대주주가 유대인이고 조지 소로스와 같은 헤지펀드의 50%가 유대인 자본이다. 400대 재벌 회사 가운데 23%가 유대인 소유고 36%가 유대인 경영이다. 뉴욕과 워싱턴의 유명 로펌 변호사의 40%가 유대계며, 하버드대 등 명문 아이비리그 대학의 교수와 학생의 30-40%가 유대인이라고 한다.[1]

유대인은 정치계, 금융계, 법조계, 학계, 언론계 등 미국 사회 각 분야에 거미줄처럼 퍼져 광범위한 네트워크를 형성하고 있다. 박재선 교수의 "권력의 길목에 이면에 그들이 있다"라는 제목의 글에서 우리는 쟁쟁한 유대인들의 이름을 읽을 수 있다.

백악관 비서실장직을 사임한 람 이매뉴얼, 「시카고 트리뷴지」 기자 출

---

[1] SBS 스페셜. 젖과 꿀이 흐르는 유대인의 땅, 미국. blog.daum.net/thisage/2.

신의 백악관 특임 보좌관 데이비드 액설로드, CFR(미국외교협회) 회원이자 백악관 비서실 차장인 모나 서트펜, 법률학자 겸 교수이자 오바마의 법률고문을 지냈던 샐리 카첸, 아시아전략 전문가이자 CFR 회원이자 국무차관인 제임스 스타인버그, 연방 예산실장인 제이컵 루, 전 예산실장인 피터 오르스작, CFR 부의장이자 오바마 경제팀의 수장 격인 로버트 루빈, 재무장관과 하버드대 총장을 역임한 국가경제 위원장 로런스 서머스, 뉴욕 FRB(연방준비제도이사회) 의장 출신의 티머시 가이트너, 대통령직속 과학기술자문위원회 공동의장인 에릭 랜더스와 해럴드 바머스, 연방대법관인 스티븐 브레이어와 루스 베이더 긴스버그와 엘레나 케이건, CFR 회원이자 국가안보보좌관과 국무장관 등을 지낸 헨리 키신저, FRB의 초대 의장인 찰스 해믈린을 비롯해 현 의장인 자넷 옐런과 전 의장인 앨런 그린스펀과 벤 버냉키, 네오콘의 대표적 이론가이자 국방차관을 지낸 리처드 펄…[2] 등등 유명 유대인들의 이름을 일일이 열거할 수 없다.

1. 미국내 막강 로비

미국의 대선 후보들은 가장 먼저 이스라엘을 방문해 통곡의 벽 앞에서 사진 한 장을 찍는다. 클린턴, 부시, 오마바는 선거기간 중에 통곡의 벽으로 달려가 유대인 모자 키파를 쓰고 유대인 식으로 엄숙하게 기도드렸고, 힐러리도 예외가 아니다.[3] 이처럼 미국에서 대통령이나 상하원 의원 후보로 나서려면 반드시 이스라엘에 대한 지지를 표명해야만 한다. 그래야 유대인들로부터 후원금을 받고 선거에서 이길 수 있다. 잡지 「마더 존스 *Mother Jones*」에 따르면 2000년 선거에서 최고 기부금을 낸 10명 중 7명,

---

2 박재선. 권력의 길목에, 이면에 그들이 있다. blog.daum.net/thisage/3.
3 홍익희. 미국 대선 관전 포인트. blog.daum.net/thisage/4.

20명 중 12명, 250명 중 125명이 유대인이었다. 미국 권력의 정상에 있는 사람들 대부분이 유대인이거나 친이스라엘일 수 밖에 없는 이유다.[4]

AIPAC(미국-이스라엘 공공정책위원회)은 막강한 자금력으로 미국 정치판을 좌지우지하며 '신의 조직'이라 불리는 미국 최대의 로비 단체다. 매년 워싱턴에서 열리는 AIPAC 연례총회 행사에서는 대통령이 개막연설을 하는 것이 관례로 여야의 거물급 정치가들이 대거 참석한다. 2015년 AIPAC 연례총회에는 미 연방 상원의원의 절반, 하원의원의 3분의 1이 참석했다고 주최 측이 홈페이지에서 밝혔다. 한 참석자는 마치 미국 의회가 통째로 옮겨온 느낌이 들 정도였다고 말한다. 딕 체니 부통령, 미 상원의 양당 원내총무, 낸시 펠로시 하원의장이 기조 연설자로 나서 미국과 이스라엘의 '특별한 관계'에 대해 언급하며 이스라엘에 대한 지지를 약속했다. 미국 정계에서 유대인의 로비활동이 얼마나 큰지 실감이 난다.[5]

그 결과 미국이 빠르게 유대화되고 있다. 2002년 11월 미국 정통 유대 커뮤니티는 유대법 국가위원회National Institute for Judaic Law의 발족을 축하하기 위해서 대법원에서 코셔만찬Kosher Dinner을 개최했는데 3명의 대법관을 비롯한 200명이 참석했다. 이 위원회의 목적은 미국 사법 시스템과 법과대학에 유대교의 탈무드 법을 도입하기 위함이다. 1999년에는 7개의 노아법Noahide Laws이 통과되었는데 정작 대부분의 미국인들은 이것이 무엇인지 알지 못한다.[6] 자세한 것은 다음 장에서 언급한다.

미국으로부터 가장 많은 원조를 받는 나라도 아프리카가 아니고 이스라엘이다. 미국은 지금도 매년 평균 30억 달러에 이르는 원조를 이스라엘에 제공하고 있다. 미국이 이스라엘 건국 이후 제공한 원조 액수가 1000억 달러에 이른다는 통계가 있다.[7] 스티븐 월트 하버드대 교수와 존 미어샤이

---

4 Mark Weber. A Straight Look at the Jewish Lobby. blog.daum.net/thisage/5.
5 공종식. 2% 유대인, 미국을 쥐락펴락. blog.daum.net/thisage/6.
6 Carol Valentine. A Description of the Noahide Laws. blog.daum.net/thisage/7.
7 신지홍. 미국의 최대 군사원조국은 이스라엘. http://blog.daum.net/thisage/8.

머 시카고대 교수는 "친이스라엘 로비의 결과로 미국 행정부가 때로는 미국 국가 이익과 배치되는 중동정책을 편다"고 지적했다.

2003년도 「신동아」의 특집기사 "이스라엘 없이는 미국도 없다"도 같은 맥락의 내용이다. "이라크 침공은 과연 누구를 위한 전쟁이었나?", "사담 후세인의 앙숙 이스라엘을 위한 대리전은 아니었을까?", "부시 행정부와 언론계 곳곳에 포진해 막강한 영향력을 행사하는 유대인 네오콘의 실체를 알아본다"는 부제로 이어지는 긴 글을 읽다보면 미국은 이스라엘을 위해 존재하는 것처럼 보이기까지 한다. 기사에서 이라크 전쟁 비판자들은 이렇게 주장한다.

> 부시 행정부를 주무르는 유대인 네오콘들이 미·이스라엘의 동맹관계를 이용해서 미국을 이라크 전쟁으로 몰아넣었다. 이라크 침공은 미국의 안보와 이익만을 위해서가 아닌, 이스라엘에 이익을 주기 위한 전쟁이었다. 미국의 대외정책이 유대인 네오콘에게 공중납치당했다. 부시는 무대 뒤에서 그를 조종하는 강력한 유대인 네오콘들의 꼭두각시에 지나지 않는다. 미국의 정책은 '이스라엘 우선의 독트린Israel-First Doctrine'이다.[8]

유대인이 미국의 자본과 언론을 장악하고 미국 최대의 로비 단체까지 갖고 있으니 미국 재계 정계 인사들은 물론 대통령이라도 유대인들의 눈치를 안 볼 수가 없다. 미국 정치권에서 유대계 로비의 파워는 누구나 인정하지만 자칫 반유대주의자로 낙인찍힐 우려 때문에 공론화하지 못한다. 실제로 공화당 폴 핀들리와 찰스 퍼시, 민주당 조지 맥거번과 얼 힐리아드 의원 등은 반이스라엘 발언을 했다가 선거에서 패배해 의정활동을 접어야 했다. 제임스 모란 민주당 하원의원은 "미국 내 유대인 로비 그룹의 강력

---

[8] 김재명. 유대인 네오콘에게 휘둘리는 미 대외 강공책. http://blog.daum.net/thisage/9.

한 지지가 없었다면 미국은 이라크를 침공하지 않았을 것이다"고 말했다가 유대인들이 거세게 항의하는 바람에 그 발언을 취소할 수밖에 없었다.⁹

그러다 보니 "세계에서 이스라엘 정책을 비판할 수 있는 정치인은 오직 이스라엘 의원뿐"이라는 말까지 나온다.¹⁰ 그러나 유대인이라도 반유대적 발언은 죽음을 가져올 수 있다. 헤롤드 로젠탈Harold Rosenthal은 스스로 미국의 유대인이면서 1976년의 인터뷰에서 다음과 같이 자랑스레 말했다가 곧 비행기 사고로 죽임을 당했다.

> 머지 않은 시점에 미국 대통령은 어떠한 권력도 갖지 못한 허수아비 대통령이 될 것입니다. 정책 방향을 좌우할 주도권을 쥐는 건 '보이지 않는 정부'의 몫이 되는 것입니다. 아마도 그렇게 많은 유대인들이 미국을 떠나기를 원치 않는 이유가 있다면 그건 알랜 더쇼비츠가 말했듯이, 이미 미국이 그들의 '새로운 이스라엘New Israel'이 되었기 때문일 것입니다.¹¹

미국에서 반유대주의로 살 때 어떤 결과가 있는지를 실감나게 보여주는 기사 하나를 소개한다. 헬렌 토마스Helen Thomas는 1961년부터 약 50년간 백악관을 출입한 베테랑 기자다. 10명의 대통령을 지켜본 기자실의 '살아 있는 전설'로서 기자실에서는 유일하게 좌석이 지정되는 등 특별대우를 받기도 했다. 그런 그녀가 이스라엘에 대한 치명적인 발언을 한 후 90세 생일을 며칠 앞두고 백악관을 떠날 수밖에 없었다.

2010년 6월 27일, 그녀는 백악관 뜰에서 열린 유대인 행사 American Jewish Heritage Celebration Day를 취재하고 돌아가는 길이었다. 이때 유대인 랍비이자 인터넷 매체 기자인 데이비스 네세노프라로부터 "이스라

---

9 Washington Post. Moran Upsets Jewish Groups Again. blog.daum.net/thisage/10.
10 미국의 이스라엘 특별대우가 가능했던 이유. blog.daum.net/thisage/11.
11 Benjamin Freedman. The Hidden Tyranny. blog.daum.net/thisage/12.

엘에 대해 한마디 해달라"는 요청을 받았다. 토마스는 "팔레스타인에서 떠나라고 해. 이스라엘은 팔레스타인 땅을 점령하고 있는 거니까 … 유대인들은 자기 집으로 가야 돼. 폴란드건 독일이건 미국이건 어디로든 가야지"라고 말했다. 그녀는 유대인들로부터 빗발치는 비난을 받고 사과했지만 용서받지 못하고 즉시 사임해야 했다.[12]

그러나 그녀는 세계역사를 바로 알고 용감하게 말할 수 있는 자였다. 그녀가 언급한 유대인은 누구며, 왜 그들이 팔레스타인에서 떠나야 한다고 주장했는지는 제3장에서 언급한다.

2. 세계적 자본력

유대인의 막강한 영향력은 미국뿐 아니라 세계적으로도 마찬가지다. 유대인 인구는 전 세계의 0.2%에 불과하지만 노벨상 수상자는 30%를 차지한다. 세계적 언론사는 유대인이 장악하고 있다. 통신사로 AP, UPI, AFP, Reuters, 신문사로 NYT, WSJ, 방송사로 NBC, ABC, CBS, BBC 등이 있다. 세계 메이저 영화사 8개도 유대인 소유다. 「이스라엘 타임즈」 2012년 7월호에 실린 "유대인이 미디어를 조종한다"는 제목의 기사나, 「엘에이 타임즈」 2008년 12월호에 실린 "유대인이 헐리우드를 점령했다"는 제목의 기사도 새로운 내용이 아니다.[13]

세계 5대 메이저 식량 회사가 유대인 소유거나 유대인 경영이다. 미국의 카길Cargill과 컨티넨탈Continental, 프랑스의 루이스 드레프스Louis Dreyfus, 아르헨티나의 번지 앤 본Bunge and Born, 스위스의 안드레Andre 등 5개 회사가 세계 곡물 교역량의 50% 이상을 차지한다.[14] 또한 세

---

12 CBS News. Veteran White House journalist Helen Thomas. blog.daum.net/thisage/13.
13 Six Jewish Companies Control 96% of the World's Media. blog.daum.net/thisage/14.
14 육동인. 세계의 먹거리를 한 손에. blog.daum.net/thisage/15.

계 7대 메이저 석유 회사 중 6개가 유대인 소유다. 엑슨, 모빌, 스탠더드, 걸프는 록펠러 가문 소유고, 로열 더치 쉘은 로스차일드 가문 소유며, 텍사코는 노리스 가문 소유다. 영국의 BP도 국책회사지만 유대계 자본의 영향을 받고 있다.[15]

2014년도의 한 신문에 "세계를 지배하는 유대인, 유대계 수퍼리치 톱 10"이라는 기사가 실렸다. 2013년 「포브스」의 조사에 따르면 수퍼리치 1,426명 중 유대인들은 11.6%인 165명에 이른다. 그들이 가진 부를 모두 합치면 약 810조원. 전체 수퍼리치들의 총 자산이 5,400조원 정도임을 감안할 때 세계 부의 15%가 유대계 자본인 셈이다.[16]

하지만 유대인의 자본은 공개적으로 드러난 것보다 엄청나게 더 크다고 알려져 있다. 대표적인 유대인 재벌로 로스차일드와 록펠러 가문이 있다. 로스차일드 가문은 제2차 세계대전 이후 몰락했다고 알려졌지만 실제로는 숨어버린 것이다. 이들은 언론을 철저하게 통제해서 자신들의 실체가 드러나지 않게 막고 있다. 이들이 잘 드러나지 않을 수 있었던 또 하나의 이유는 런던에 있는 치외 법권 지역 덕분이다. 국제금융가들은 이곳에서 세무조사도 받지 않고 세금도 내지 않는다. 이들은 상속세를 내지 않기 때문에 부가 대대로 세습될 수 있다.[17]

유대인은 세계경제공황을 일으킬 수 있는 자본력을 소유하고 있을 뿐 아니라 세계경제를 좌지우지할 수 있는 권력도 갖는다. 미국의 전 현직 FRB 의장, 전 현직 재무장관, 경제자문위원, 은행예금보험국FDIC 의장, 뿐만 아니라 월가의 은행가나 투자회사 임원 등 경제계 인사의 대부분이 유대인이다. 유대인이 세계경제를 움직인다는 말은 과장이 아니다. 일찍이 헨리 포드는 이렇게 말했다.

---

15 육동인. 록펠러가 만들어낸 석유왕국. blog.daum.net/thisage/16.
16 헤럴드 경제. 유대계 수퍼리치 톱10. blog.daum.net/thisage/17.
17 Fritz Springmeier. The Power of the Rothschilds. blog.daum.net/thisage/18.

유대 민족은 다른 모든 국가들의 비밀을 간직하고 있는 지상의 유일한 국가다 … 이 세상에서 오늘의 미국 정부처럼 국제 유대인에게 종속되어 있는 나라도 없을 것이다. 사람들은 영국이 이런 일을 했다, 독일이 저런 일을 했다고 떠들지만 사실 그 모두는 유대인들이 한 일이었다. 요즘 미국인은 전 세계에서 타락하고 탐욕스럽고 잔인한 인간들로 알려져 있다. 왜인가? 그것은 유대인들의 금권이 이 나라에 집중되어 있기 때문이다…[18]

3. 역사의 주도자

국제무대에서 벌어지고 있는 주요 사건들의 이면에는 거의 언제나 유대인이 있었다. 정치, 경제, 철학, 과학, 문화 등 모든 방면에서 세계적으로 이름을 떨친 사람들을 살펴볼 때 과연 유대인들에 의해 역사가 움직여 왔다는 것을 실감하게 된다. 우리에게 잘 알려진 역사적 유대인 인물 중에 다음과 같은 이름들이 있다.

아메리카 대륙을 발견한 콜럼버스, 프랑스의 천문학자이자 예언가 노스트라다무스, 네덜란드의 철학자 스피노자, 국제금융의 시조 로스차일드, 공산주의의 창시자 마르크스, 정신분석학의 태두 프로이트, 고전음악과 현대음악 사이의 가교 역할을 한 작곡가 겸 지휘자 구스타프 말러, 상대성 원리를 내놓은 물리학자 아인슈타인, 매독의 특효약인 살바르산을 추출한 파울 에를리히, 소아마비 백신을 개발한 요나스 살크, 소설가 프란츠 카프카, 화가 아마데오 모딜리아니, 원자폭탄 개발계획인 맨해튼 프로젝트를 지휘했던 로버트 오펜하이머, '수소폭탄의 아버지'로 불리는 에드워드 텔러와 오이겐 비그너, 노벨문학상 수상자 보리스 파스테르나크, 노벨경제

---

18 Jonathan Logsdon. Power, Ignorance, and Anti-Semitism. blog.daum.net/thisage/19.

학상 수상자 폴 새뮤얼슨, 오늘날 세계금융을 지배하는 미국의 FRB 중앙은행 체제를 만든 파울 바르부르크 등, 유대인들은 정치와 경제 분야뿐만 아니라 사상과 철학 면에서도 여러 이념들과 주의들을 만들면서 세계역사를 주도해 왔다.

자본주의를 만들어 세계경제를 주도하고 있는 자들도 유대인이요, 이와 상반된 공산주의를 만들어서 인류 역사에 엄청난 전쟁과 살상을 야기시킨 자들도 유대인이다. 유대인 예수에 의해서 기독교가 생겨나고, 또 유대인 프리메이슨에 의해서 사탄주의가 생겨나 보이지 않는 영적전쟁도 있어 왔다. 우(자본주의)로 가도 유대인, 좌(공산주의)로 가도 유대인, 위(예수)로 가도 유대인, 아래(사탄주의)로 가도 유대인이 있다는 말은 그들의 파워를 잘 시사해준다.

조지 피트 리버스George Pitt Rivers의 저서『러시아 혁명의 세계사적 의미The World Significance of the Russian Revolution』서문에는 유대인 오스카 레비Oscar Levy 박사의 이런 글이 실려있다.

> 유대적 요소들은 현 세상의 정신적 물질적 파탄을 이끌어 낼 목적으로 공산주의와 자본주의 양쪽 모두에 걸쳐 강한 추동력을 제공하는데… 이는 궁극적으로 유대인들의 강렬한 이상주의를 실현시키기 위함이다.[19]

에르베 리센Hervé Ryssen은『글로벌리즘의 종교적 기원The Religious Origins of Globalism』에서 글로벌리즘의 기원은 유대교에 있다고 말한다. 유대교에 기원한 글로벌리즘과 유대인이 실현하려는 강렬한 '이상'은 무엇을 의미할까? 그것은 다음의 여러 장에서 살펴볼 NWO의 세계단일정부를 말한다. 현대 유대교가 주장하는 '약속의 땅'은 그들이 통치하는 세

---

19 오스카 레비. 자기 민족의 과오를 인정하다. blog.daum.net/thisage/20.

계단일정부이며, 이것이 그들이 기다리는 '킹덤나우Kingdom Now'인 것이다.[20]

4. 공산주의 창시

1917년 마르크스주의에 입각한 공산주의 혁명이 트로츠키 일당에 의해 러시아에서 성공하면서 세계 최초로 공산국가가 수립되었다. 그런데 바로 유대인이 러시아 공산 혁명의 주동 세력이었음을 마크 웨버Mark Weber, 엘리자베스 딜링Elizabeth Dilling을 비롯한 많은 사람들이 상세하게 증언한다.[21]

1919년 3월 29일자 「타임」지에 따르면 224명의 볼셰비키 혁명가들 가운데 170명이 유대인들이었고, 1920년 9월자 「디어본 인디펜던트」에 의하면 271명의 공산당 요원 중에서 232명이 유대인이었다. 당시 볼셰비키 행정부를 구성했던 545명의 각료들 가운데 유대인은 447명이나 되었다.[22] 호머A. Homer는 공동 저술한 『유대주의와 볼셰비즘Judaism and Bolshevism』에서 둘의 관계를 이렇게 진술한다.

> 러시아의 짜르 제정을 붕괴로 이끌고, 테러리즘을 이용해 러시아인들을 노예화시키고, 이 땅에 유대인들에 의해 조종되는 볼셰비키 체제를 구축하고, 전후 유럽과 아시아에 붉은 혁명을 일으키고, '5개년 계획'이란 미명 아래 자본주의 국가들 간에 경제 전쟁과 산업 전쟁을 일으키고, 러시아, 스페인, 멕시코, 기타 여러 국가에서 볼셰비키들의 손에 의해 기독교인이 무차별적 박해를 당하고, 팔레스타인, 중동, 인도, 중국을

20　Hervé Ryssen. The Religious Origins of Globalism. blog.daum.net/thisage/21.
21　Mark Weber. The Jewish Role in the Bolshevik Revolution. blog.daum.net/thisage/22.
22　The Dearborn Independent. blog.daum.net/thisage/23.

위시로 한 전 세계에 볼셰비키 사조를 널리 퍼뜨렸던 여러가지 사건들이 발생했다. 그러한 사건들의 일정 부분을 담당했던 자들을 두고, 사회주의자라 부르던 공산주의자라 부르던 시오니스트라 부르던 은행가들이라 부르던 간에, 사실은 이들 모두가 다 유대인들이었다.

호머는 러시아 볼셰비키 정부가 사실상 유대인 정부였다는 주장에 다음과 같은 증거를 제시한다.

첫째, 소비에트 운동은 결코 러시아인들에 의해 통제된 적이 없었다.

둘째, 볼셰비키 체제 아래에서 정부가 취할 수 있는 모든 혜택은 유대인들이 거둬들였다.

셋째, 러시아에서 반유대주의는 반혁명적 사조로 분류되고 그러한 죄목으로 몰리는 자는 처형되었다.

넷째, '다섯 개의 꼭지점을 가진 붉은 별'은 과거 시오니즘과 유대 민족의 상징이었으나 이후 이것이 러시아 프롤레타리아의 상징으로 쓰였다.

호머는 유대인의 볼셰비즘과 시오니즘이 하나의 목적을 향한 두 가지 다른 수단이라고 주장한다. 유대인의 목적은 바로 정치, 경제, 종교를 망라한 전 분야에 걸쳐 '유대인들의 전 세계적인 지상 패권Jewish World Power for Supremacy'을 달성하는 것이다. 이 두 사조는 바로 국제주의/세계화Internationalism를 강요함으로써, 비유대인의 민족주의/국가주의Gentile Nationalism에 대항한, 유대 민족주의/국가주의Jewish Nationalism를 달성하기 위한 투쟁의 무기들일 뿐인 것이다.[23]

헨리 해밀톤이 "볼셰비즘은 유대주의다"라고 말했을 때 테드 파이크는 그가 반유대주의자라고 비난했지만 사실은 유대 백과사전, 유대 신문, 유대 잡지들도 동일하게 진술하고 있다.[24]

---

23 호머. 유태주의와 볼쉐비즘. blog.daum.net/thisage/24.
24 Bolshevism and Zionism Are Ideologically Indistinguishable. blog.daum.net/thisage/25.

대단히 많은 유대인들이 볼셰비키에 해당하는 것이 사실이다. 왜냐하면 '볼셰비즘의 이상'은 여러가지 측면에서 '유대주의의 이상'과 일치하기 때문이다. -1919년 4월 4일자 「유대 연대기 the Jewish Chronicle」

러시아 볼셰비키 정부는 사실상 유대 정부다. '소비에트 운동'은 실질적으로 러시아적 개념이 아닌 유대 개념이었다. 이것은 1917년 독일과 독일-미국-유대계 이익집단이 레닌과 레닌을 보좌하던 자들을 러시아로 보내어 러시아에 강요했던 운동이었다. 러시아 군대의 변절을 이끌어 내고 게렌스키 수상의 지방 정부를 전복시키기에 충분한 자금이 이들에게 제공되었다. -1923년 3월 15일자 「유대 세계 The Jewish World」

1917년 볼셰비키 혁명의 성공은 국제 유대 은행가들의 영향력과 그들의 재정적인 지원에 의해 가능했다. -1918년 2월 9일자 「타임」

러시아에 대한 독일과 유대인들의 착취의 장을 보장해줄 목적으로 유대계 볼셰비키들을 지원했던 자들은, 다름 아닌 유대계 독일 금융 가문의 바르부르크, 제이콥 쉬프, 기타 국제금융가들이었다. -당시 「타임」지 편집장이었던 위크햄 스티드의 저서 『30년에 걸쳐서 Through Thrity Years』

나는 볼셰비즘을 즉각적으로 진압하는 것이 세계 앞에 놓인 가장 큰 숙제라고 생각한다. 지금도 계속되고 있는 전쟁은 차치하고라도, 만약 우리가 볼셰비즘을 막아내지 못한다면, 만약 그 싹을 지금 당장에 잘라내지 못한다면, 이것은 동일한 형태로 혹은 다른 형태로 변모된 채 유럽과 전 세계로 퍼져 나가게 될 것이다. 볼셰비즘은 유대인들에 의해 조직되고 유대인들에 의해 구동되는 것으로, 이들 유대인들은 기본적으로 국가 귀속성이 없으며, 그들의 단 한 가지 목적은 그들 자신의 목적 달성을 위해 모든 현존하는 질서들을 파괴하는 것이다. −영국 정부가 발간한 1919년 4월의 『백서, 러시아 편』에 기록된 우덴다이크Oudendyk의 보고서[25]

실제로 볼셰비즘은 러시아에서 전례없는 규모의 몰수, 테러, 살인을 강요했다. 볼셰비키들의 활동과 관련된 각종 수치와 통계자료에 따르자면, 혁명기간 동안 수천만 명의 사람들이 폭력, 기아, 질병으로 목숨을 잃었다. 윈스턴 처칠은 1920년의 글에서 "볼셰비즘은 이념적으로 정치적으로 러시아 사람들의 머리채를 붙잡고 서서히 도살장으로 끌고 갔다. 그리고 5년 이내에 천만 명 이상의 무죄한 농민들의 목숨을 살해했다"고 주장한다. 알렉산더 솔제니친은 공산주의에 의해 살해되거나 죽은 러시아인이 6천 6백만 명에 달했다고 그의 저서에서 증언한다.

피해는 러시아에만 해당하는 것이 아니다. 그것은 전 세계를 이데올로기 전쟁의 소용돌이로 몰아 넣어서, 「르 피가로」지에 따르면 역사상 1억 5천만 명 이상이 희생되었다. 한국이나 독일처럼 국가가 분단되는 비극도 초래했다. 『공산주의 흑서The Black Book of Communism』를 비롯한 여러 책에서 증언하는 것처럼 이념으로 인해 인간이 인간을 죽인 그 끔찍한 참상은 차마 마주할 수가 없다.[26]

5. 시오니즘과 벨푸어 선언

이스라엘이 BC 500년경 바벨론의 포로로 붙잡혀 갔다가 70년 만에 고국으로 돌아오는 이야기는 성경에도 자세하게 나온다. 그때 12지파의 대

---

[25] A. 호머. 유태주의와 볼셰비즘. blog.daum.net/thisage/26.
[26] Black Book of Communism. blog.daum.net/thisage/27.

부분이 스러지고 오직 유대 지파만 남게 되어서 이후로는 유대인이 이스라엘을 대표하는 이름으로 불리게 된다. AD 70년경 로마로부터 독립하려고 저항하다가 패망하면서 유대인들은 세계 곳곳에 흩어져 살게 되었다. 이후 여러 일들을 겪으면서 디아스포라의 유대인들은 강하게 연대되었다.

  19세기 후반부터 유대인들 간에 예루살렘 중심의 약속의 땅 시온으로 돌아가자는 민족운동이 일어났는데 이것을 시오니즘이라고 부른다. 유대인들이 차츰 팔레스타인 땅으로 이주하기 시작하면서 1914년에 경에는 무려 9만 명이 정착한다. 유대인들의 계속되는 이주로 팔레스타인에 살고 있던 아랍인들은 위협을 느꼈다. 당시 팔레스타인은 오스만 제국 멸망 후 영국의 관할 하에 있었다.

  1914년 당시 세계대전으로 번질 전쟁이 유럽에서 시작되고 있었는데, 영국은 독일에 대항하기 위해서 아랍을 이용하기로 했다. 아랍이 독일과 연합한 터키를 대항해서 싸워주면 영국이 팔레스타인 땅에서 유대인들을 몰아내는 일에 협조하겠다고 약속했다.[27]

  아랍은 영국에 협조했지만 아직도 영국은 독일에게 항복을 고려할 정도로 불리한 상황에 있었으므로, 줄곧 중립을 지키고 있던 미국의 도움이 절실하게 필요했다. 1936년 2월 7일자 「유대 연대기」에 의하면, 영국과 프랑스 정부 대표들은 미국 대통령으로 하여금 전쟁에 개입하도록 유도하기 위한, 어쩌면 유일한 방법은 시오니스트 유대인들에게 팔레스타인 땅을 약속해 줌으로써 그들의 협력을 이끌어 내는 것이라고 확신했다. 그래서 영국은 벨푸어 선언The Balfour Declaration을 하게 된다.

  1917년 영국 외무장관 벨푸어는, 전쟁에서 이기면 팔레스타인에서 유대인의 권리를 보장해주겠다며 시오니스트 지도자들에게 협조를 구했다. 이것을 벨푸어 선언이라고 부르는데, 사실 이것은 공식적인 대외 발표가 아니라 영국 벨푸어 장관이 시오니즘의 후원자이자 금융자본가인 바론 로

---

27 이스라엘의 탄생. blog.daum.net/thisage/28.

스차일드Baron Rothschild에게 보낸 개인적인 편지다.

예상대로 윌슨 대통령은 미국의 전쟁 개입을 선포했다. 미국의 전쟁 개입의 원인으로 독일의 공격과 치머만 사건 등이 거론되지만, 독일의 공격과는 시간상 간격이 크고 또 치머만 사건은 유대인의 조작사건이었던 것으로 이미 판명되었다. 실상은 미국 내 시오니스트 유대인들의 로비활동이 역할을 했던 것이다. 미국의 개입으로 연합군이 승리할 수 있었다.

연합군이 승리하게 된 또 다른 비결은, 영국의 유대인 화학자 카임 와이즈만Chaim Weizmann 박사가 개발해준 독가스 덕분이다. 그는 훗날 초대 이스라엘 대통령이 되었다.

유대인의 도움으로 제2차 세계대전에서 승리한 영국은 아랍과의 약속을 배반하고 유대인들과의 약속을 지켰다. 이제 유대인들은 팔레스타인 땅에 자신의 국가를 건설하는데 있어 정당성과 서방국가로부터의 원조를 명실공히 확보받을 수 있었다. 세상은 이 전쟁으로 인해서 병사만 900만 명이 살해되는 비극을 당해야 했지만, 이스라엘은 이로 인해서 국가 건립을 촉진할 수 있었다.

6. 이스라엘 건국과 중동전쟁

오랜 역사 가운데 유대인과 아랍인은 독특한 신앙을 유지하며 팔레스타인 땅에서 커다란 갈등없이 공존해왔다. 그런데 제1차 세계대전을 겪고 1917년 이후 둘은 갈등의 관계가 되어버렸다. 그 중심에는 시오니즘이 있다.

유엔은 1947년 11월 팔레스타인의 약 43%를 아랍 국가에, 약 56%를 유대 국가에 할당하라고 결정했다. 당시 팔레스타인의 아랍인들은 영토의 87.5%를 차지하고 유대인들은 6.6%만을 차지하고 있었으니, 팔레스타인 아랍인들의 관점에서 보면 43 대 56으로 땅을 나누라는 유엔의 결정은 상당히 불합리한 것이었다. 이 분할안을 받아들인 유대인은 1948년 이스라엘을 건국했다.

그러나 유엔의 결정에 분노한 주변의 아랍 국가들이 이스라엘을 공격하며 1948년에 제1차 중동전쟁이 발생했다. 이후 2008년까지 6차에 걸쳐 중동전쟁이 계속되었지만 아랍인의 자리는 계속해서 줄어져갔다. 이에 대한 자세한 내용은 이인엽 박사의 글에서 볼 수 있다.

다음 지도는 짙은 색으로 표시된 아랍인의 영토가 어떻게 축소되어 갔는지를 잘 보여 준다. 첫 번째 지도는 이스라엘의 정착 초기, 두 번째는 유엔의 분할 결정안, 세 번째는 1967년 이전의 경계, 네 번째는 현재의 상황이다. 서안의 상당 지역을 이스라엘 정착지가 침식해 들어가고 있는 것을 볼 수 있다.

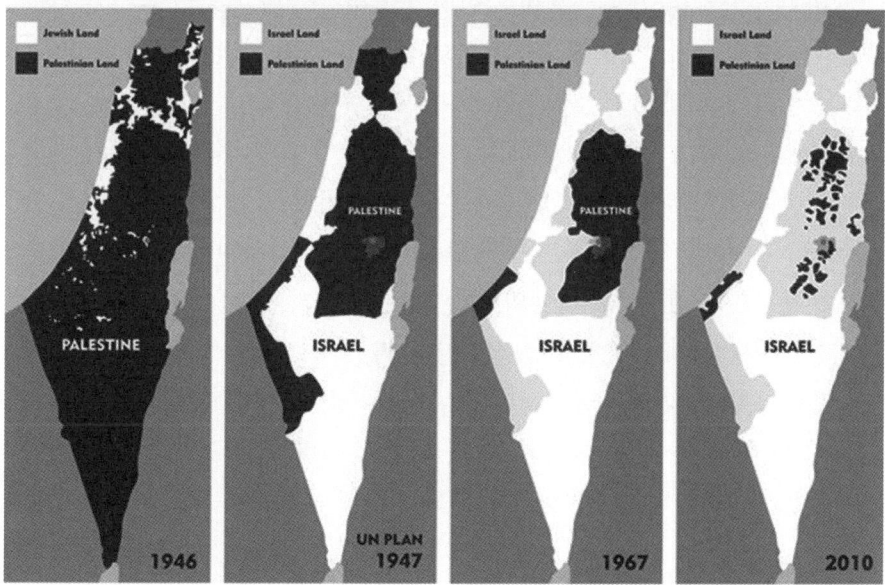

1946~2010년까지 팔레스타인 땅에서 아랍인의 영토가 축소되어 가는 과정
*진한 부분이 아랍인의 영토

이미 40-50만 명에 이르는 이스라엘 정착민들이 서안과 동예루살렘 내에 거주하고 있는데, 이들은 법적으로 무장할 권리와 팔레스타인에게 신분증을 요구하거나 영장 없이 체포할 권한까지 갖고 있다. 평범한 민간인이 아니라 준 군사조직 수준이다. 이스라엘 군의 일상화된 폭력과 학대로 팔레스타인들 상당수가 심각한 고통 속에 살고 있다고 한다.[28]

7. 모든 전쟁의 배후

모든 전쟁의 배후에는 이스라엘이 있다고들 말한다.[29] 무기 개발과 무기 판매업도 주로 유대인들이 하고 있다. 세상에서 가장 위험한 대량살상 무기들도 유대인들이 개발한 것이다. 원자폭탄을 만든 알버트 아인슈타인, 수소폭탄을 만든 안드레이 사하로프, 생화학 무기를 개발한 카임 와이즈만 박사가 유대인이다. 죽음의 상인이라고 별명이 붙은 무기상 바질 사하로프도 유대인이다. 그는 청일전쟁 때 유명한 맥심 기관총을 청나라에도 팔고 일본에도 팔았다. 그리스와 터키가 전쟁을 할 때는 그리스에도 팔고 터키에도 팔았다. 과거 유대인은 공산주의를 만들었지만 지금 이스라엘은 중동에 공산주의가 전파되는 것을 막는 국가가 되었다. 그럼에도 돈만 준다면 공산주의건 파시스트건 상관없이 전쟁 물자를 판매한다. 전쟁 무기의 생산과 판매는 이스라엘의 핵심 산업이 될 정도다.

지금도 세계 어느 곳에서 전쟁이 일어나든지 그때마다 유대인들의 무기 산업은 호황을 맞고 흔들리는 주식 시장에서는 발빠른 유대인의 펀드가 곤두박질하는 주식들을 사들이며 돈을 벌고 있다. 그래서 세상에 전쟁이 터지면 유대인들의 추수 때가 된다고들 말한다. 총소리가 나는 곳에서 총

---

28 이인엽. 일방적 이스라엘 지지가 하나님의 뜻인가? blog.daum.net/thisage/30.
29 How The Jews Won The West. blog.daum.net/thisage/31.

알은 비유대인들의 가슴을 향해 날아가고 돈은 그 총알의 속도로 유대인들의 금고에 쌓이게 된다는 얘기도 회자된다.

토마스 달튼Thomas Dalton은 「불편한 역사Inconvenient History」 2013년 호에 "세계전쟁에서 유대인의 역할The Jewish Hand in the World Wars"이라는 제목의 긴 기사를 올렸다. 유대인이 세계의 모든 전쟁은 아닐지라도 무수한 전쟁들에 관여했는데, 특히 제1,2차 세계대전에서 어떻게 역할했는지에 대해서 많은 증거자료로 증언한다.[30] 헨리 포드는 저서 『국제 유대인, 세계 최고의 문제 덩어리The International Jew, The World's Foremost Problem』에서 이런 말을 남겼다.

> 내가 국제 유대 권력에 반대하는 이유는 모든 전쟁의 배후에 그들이 있기 때문이다. 전쟁에서 어느 나라가 승리하건 패배하건 상관없이 돈의 권력은 항상 승리한다. 그 어떤 전쟁도 이들 없이는 시작되지 않고 그 어떤 전쟁도 이들의 허락없이는 끝나지 않는다. 내가 이들에 맞서는 이유는 이들은 조국도 없으면서 모든 나라의 젊은이들을 전쟁터로 내몰기 때문이다 … 평화를 외치는 사람들은 대부분 전쟁이 왜 일어나는지도 모른다. 평화주의를 내건 단체들은 그저 표면 위에서 목청을 돋울 뿐이다. 국제자본이 모든 국가 위에 군림하는 누상정부로 존재하는 한 평화는 불가능하다 … 국제자본은 전쟁으로 돈을 번다. 이러한 근원을 파헤쳐 대중에게 노출시키고 무력화시키지 않는다면 평화는 찾아오지 않을 것이다. 이것이 바로 유대인 문제의 핵심이다. 왜냐하면 국제적 돈의 권력은 유대인의 것이기 때문이다.[31]

헨리 포드는 히틀러를 지원했다고 알려진다. 히틀러라는 인물이 얼마나

30　Thomas Dalton. The Jewish Hand in the World. blog.daum.net/thisage/32.
31　Henry Ford. The International Jew, The World's Foremost Problem. blog.daum.net/thisage/33.

위험한지는 알지 못한 채 그의 반유대주의에 공감해서 지지했었을 것으로 추측한다.

그런데 히틀러의 600만 유대인 학살은 세상의 동정과 보상금을 받기 위해 유대인이 조작했다는 주장이 있다. 『유대 백과사전』에 의하면 18개국에서 총 597만 명이 살해되었다. 하지만 알려진 것과는 달리 폴란드 유대인 수용소에는 가스실이 없었고 아우슈비츠 가스실은 연합군의 점령 후에 조작해서 만들어졌다고 한다. 실제로 죽은 인원은 100만 명 미만인데 이 중 대다수가 굶주림, 티푸스 등 전염병과 연합군의 무차별 폭격으로 사망했다는 것이다.[32]

여담이지만, 유대인 감독 스티븐 스필버그가 실화를 바탕으로 만들었다는 영화 "쉰들러 리스트"도 사실이 아닌 것으로 드러났다. 영화에서 주인공인 독일인 오스카 쉰들러는 독가스실에서 죽을 운명에 처해진 유대인 천여 명을 구출한 유대인의 영웅으로 감동을 주었다. 그런데 2004년 조지아대 역사학 교수인 데이비드 크로 박사는 "우리가 알고 있는 쉰들러 이야기는 잘못된 것이며 그가 유대인을 구출했다는 선행은 왜곡된 사실"이라고 주장했다. 이런 발언으로 그는 반유대주의자로 낙인찍혀 큰 어려움을 당해야 했다.

하지만 오스카 쉰들러의 부인 에밀리 쉰들러가 충격발언을 하며 교수의 주장을 지지해주었다. 쉰들러는 전쟁 동안 유대인들을 빼돌려 강제노동을 시켰고 나중에도 그들의 구조에 도움을 준 것이 아니라 오히려 그 반대라는 것이다. 홀로코스트 연구학자들에 의하면, 독일군이 연합군에 항복할 당시 쉰들러는 유대인 노역자들을 무장시켜 자신의 탈출을 위해 싸우게 했다. 이 때문에 그들 대부분은 교수형을 당했고 남겨진 자들은 이후 전범재판에 회부되어야 했다.[33]

---

32 유대인 대학살이 거짓이라는 증거. blog.daum.net/thisage/34.
33 유대인의 의로운 이웃, 쉰들러 조작? blog.daum.net/thisage/35.

어쨌건 이런 류의 영화는 유대인의 600만 학살을 기정 사실화하며 다시 세계의 동정을 받는 데 성공했다.

8. 반기독주의

히틀러에 의한 유대인 대학살은 잘 알려진 이야기다. 그래서 세상은 그들이 희생되고 있을 때 침묵하고 있었던 것에 대해서 크게 죄책감과 책임감을 갖는다. 특히 그리스도인들의 그들에 대한 동정과 우호감은 더욱 각별하다. 여러 성경구절을 제시하며 유대인의 시오니즘은 하나님의 뜻이라며 적극 지지하기도 한다.

하지만 유대주의는 기본적으로 반기독교적이다. 영국 유대교 일간지 「유대인 세계Jewish World」는 "독실한 유대인은 유대교가 반기독교적 신앙이라는 사실을 부인할 수 없다"고 말한다. 유대인 작가 베르나르 라자르Bernard Lazare도 『반유대주의, 그 역사와 원인Anti-Semitism, Its History and Causes』에서 다음과 같이 말한다.

> 유대인들은 기독교적 특징을 제거하는 것에 만족하지 않고 그들의 '유대화'를 원한다. 그들은 기독교의 신앙을 파괴하고자 한다. 그들은 종교에 무관심한 것처럼 보이지만, 실상 자신들이 파괴하려는 신념 위에 세워져 있는 지금의 이 세상, 도덕률, 그리고 사람들의 가치관 위로 자신들의 '이상'을 강요하고자 한다. 그들은 자신들의 오랜 과업을 완수해 내고자 하는데, 그것은 바로 기독교 신앙의 절멸을 수반하는 것이다.[34]

역사상 가장 많은 위인을 배출하고 가장 큰 영향력을 발휘하는 유대인

---

34 Bernard Lazare. Anti-Semitism, Its History and Causes. blog.daum.net/thisage/36.

들에게는 대체 어떤 비결이 있을까 질문할 때, 흔히 "시대마다 나타난 뛰어난 유대교 지도자들이 가야할 방향을 제시하고 이끌어 준 덕분이었다"며 그들만의 독특한 유대주의를 자랑한다. 하지만 유대주의가 반기독교적일 뿐만 아니라 얼마나 반인륜적이고 반윤리적인가는 그들의 법전에서 살펴볼 수 있다. 다음 장에서는 유대주의의 법전에 대해 알아본다.

제2장

유대교 유대주의

　유대인은 세계인구의 0.2%에 불과하지만 노벨상 수상자의 30% 이상을 차지한다. 사람들은 유대인의 성공비결을 그들의 특별한 가르침인 탈무드에서 찾으려 하면서도, 정작 탈무드에 무슨 내용이 있는지는 거의 모른다. 1934-48년 손치노 편집본이 나올 때까지 탈무드는 영어 번역본조차 없었다.

　성경이 모든 인류에게 주어져 공개된 것인데 반해, 탈무드는 오직 유대인들에게만 주어진 것이라고 비밀에 붙여왔던 때문에 비유대인들에게 알려지지 않았던 것이다. 또 다른 이유는, 그 내용의 황당함으로 매번 교황의 명령에 의해 불태워졌기 때문이다. 그것은 우리가 배울만한 지혜가 아니라 온갖 외설적, 반윤리적, 반인륜적, 반기독교적인 사악한 가르침으로 가득하다. 그런 이유 때문에 유대인들은 곳곳에서 미움을 받으며 수세기 동안 이 나라에서 저 나라로 떠돌아 다녀야 했는데, 그들은 이것을 '유대인에 대한 핍박'이라고 주장한다.[1]

　엘리자베스 딜링은 유대주의는 바벨론적/탈무드적 바리새주의라고 정의하며 한마디로 '사탄주의'라고 주장한다. 바리새인들이 모든 형태의 사탄주의를 도입해서 현대 유대교를 만들어냈다는 것이다. 그녀는 저서 『유

1　Elizabeth Dilling. The Pharisees, Talmud, and Modern Judaism. blog.daum.net/thisage/41.

대 종교: 현대에 미친 영향*The Jewish Religion: Its Influence Today*』에서 유대교의 여러 핵심 지도자들의 말을 인용하며 자신의 주장을 뒷받침한다.[2]

딜링은 공산 소련의 참상을 보고 공산주의 운동의 배경을 연구하기 시작하다가 미국과 유대인과의 관계를 발견하면서 현대 유대교로 연구가 이어졌다. 탈무드의 역사, 주체, 내용을 볼 때 왜 예수님이 바리새인에 대해 그처럼 혹독하게 비난하셨는지, 그리고 유대교인들은 지금까지도 왜 예수님을 가장 증오하고 있는지에 대한 실마리가 풀리게 된다.

1. 비밀 전승된 해석법

모세는 하나님으로부터 율법을 받아서 구약성경에 기록으로 남겼다. 그런데 하나님이 주신 율법에는 문자로 기록된 것만 있는게 아니라, 아무나 쉽게 알지 못하도록 문자 속에 감추어 놓은 숨겨진 율법이 더 있다는 것이 유대교의 주장이다. 카발라적 유대교의 가르침에 의하면, 모세는 기록된 율법을 비밀스럽게 해석하는 특별한 방법까지 전수받았으며 이 비법은 소수의 랍비들만을 통해서 비전秘傳적으로 전수되어 왔다고 한다.[3]

유대교의 전승율법은 BC 500년경부터 시작되었다. AD 2세기 말경 당시 유대인 공동체 리더인 유다 하나시가 랍비들을 수차례 소집해 전승율법을 체계적으로 작성하기 시작해 500년경 최종적으로 성문화의 형태를 취하게 된다. 이것이 유대인의 지식의 집합체라고 불리우는 탈무드다. 그렇게 문서화된 탈무드는 63권으로, 바리새인들이 세운 율법인 미슈나와 이런 율법에 대한 토론적 교설인 게마라로 구성된다.

토라는 하나님이 시내산에서 모세에게 친히 주셔서 기록된 말씀이므로

---

2 Elizabeth Dilling. Demonology of The Pharisees. blog.daum.net/thisage/42.
3 메시아닉 유대 뿌리운동이 말하는 불편한 진실. blog.daum.net/thisage/43.

불변하지만, 토라를 해석하고 부연해서 랍비들이 만들어낸 교훈인 탈무드는 첨가 수정되어 왔다. 탈무드는 종교 차원이 아니라 유대인의 삶의 규범이자 세상을 살아가는 지혜의 책으로서 모든 면에서 성경보다 항상 높은 위치에 있어왔다.

> 바리새 서기관들의 가르침(탈무드)을 지키는 것이 성경을 지키는 것보다 훨씬 엄중해야 한다 … 성경의 율법은 범할 수 있다(Sanhedrin 88b).

그들에게 성경은 바보들, 여성들, 어린아이들에게나 어울리는 단순한 이야기더미일 뿐이다. 반면 탈무드의 '현자들'은 게마트리아Gematria 같은 숫자와 문자 풀이 등 자신들에게만 전수된 방법으로 성경을 해석하며 새로운 의미를 찾는다. 이 트릭은 성경의 평범한 의미를 뒤엎고, 금지된 범죄와 악행에 대한 허가를 성경으로부터 만들어 냈다. 성경구절은 줄곧 오용되면서 성경내용은 왜곡되었고 하나님은 모독되었다.[4] 기독교의 무수한 이단들도 이런 방법으로 성경을 해석하며 결국은 하나님의 의도와는 전혀 다른 결론을 이끌어 내고 있다.

2. 탈무드의 내용

1) 반인륜적

모세의 율법은, 도적질하지 말며 속이지 말며 거짓말하지 말며 살인하지 말라고 명한다. 그러나 오직 유대인만 인간이기 때문에 개나 돼지처럼 불결한 짐승에 불과한 비유대인에게는 이런 율법이 해당하지 않는다. 비

---

4 성경 vs.구전율법 탈무드. blog.daum.net/thisage/44.

유대인과 관련된 법령 중에서 몇 개만 예를 든다.

"오직 유대인만이 인간이다."
"비유대인이 비유대인나 유대인을 죽였을 때는 유죄지만 유대인이 비유대인을 죽였을 때는 무죄다."
"유대인을 치는 비유대인은 죽어야 마땅하다. 유대인을 치는 것은 신을 치는 것과 마찬가지다."
"유대인은 비유대인을 조종함에 있어 거짓말을 사용해도 된다."
"유대인이 비유대인에게 접근해 돈을 빌려주고 속임수를 써서 그를 망하게 해도 된다. 우리의 율법에 의하면 비유대인의 재산은 그 누구의 소유도 아니며 그것을 처음 발견한 유대인이 그 재산을 취득할 권리를 가진다."
"유대인은 비유대인에게 노동 임금을 지급할 필요가 없다."
"비유대인의 토지는 주인 없는 땅과 같으므로 소유권은 그 땅을 먼저 차지하는 유대인에게 귀속된다."
"비유대인은 신의 법이 보호하는 영역의 바깥에 있으므로 신은 그들의 금전을 유대인에게 노출시켰다."
"비유대인 중에서도 가장 뛰어난 자들을 멸해야 한다."
"초막절은 이스라엘이 이 세상의 다른 민족들에게 최후의 승리를 거두게 되는 기간이다. 이 땅의 모든 민족은 하층계급으로 정복당할 것이며 우리들을 섬기게 될 것이다."
"누구든 랍비의 명을 거부하는 자는 죽어야 마땅하며 지옥의 끓는 똥물에서 벌을 받게 될 것이다."
"오늘날 유대교에서 바리새 율법학자들의 역할을 수행하는 이들이 바로 랍비라고 불리는 유대인들이다. 랍비는 절대로 지옥에 가지 않는다."[5]

---

5 Judaism: Anti-Gentilism and Exploitation of Non-Jews. blog.daum.net/thisage/45.

2) 반기독교적

율법은 하나님 이외에 다른 신을 섬기지 말라고 한다. 그래서 유대교는 기독교가 예수를 섬기는 것이 우상숭배라고 정죄한다. 유대교에서는 하나님보다도 랍비가 우위에 있고 랍비의 가르침은 신성불가침적 권위를 갖는다. 그들의 절대 권위를 부정하고 비난했던 예수님에 대해서는 가장 신랄한 비난을 퍼붓는다.

> "한 랍비가 신과 논쟁을 벌였는데 그가 이겼다. 신은 그 랍비가 이긴 것을 인정했다."
> "탈무드의 판결은 살아있는 신의 말씀이다. 여호와는 천국에 문제가 있을 때 이 땅의 랍비들에게 조언을 구하기도 한다."
> "나사렛 예수와 그의 제자들은 마법과 흑마술을 사용해 유대인들이 우상을 숭배하도록 미혹했다. 예수는 유대민족의 종교를 전복시키려는 이방민족 열국의 사주를 받은 자였다."
> "나사렛 예수는 기적을 행하기 위해 이집트에서 배운 마법을 사용했으며 이 과정에서 토라가 엄격하게 금지하는 '자신의 살갗을 자르는 행위'를 저질렀다."
> "나사렛 예수는 성적으로 문란했으며 돌로 만든 우상을 숭배했다. 그는 자신의 죄를 뉘우치지 않았다."
> "유월절 전날 밤 예수는 교수형에 처해졌으니 … 당신은 그가 변호 받을 가치가 있는 자였다고 생각하는가? 그는 민중을 미혹하는 자가 아니었는가?"
> "예수는 그가 지은 죄로 인해 지옥의 끓는 똥물 속에서 벌을 받다가 마법 주문을 통해서 살아났다."

How to Kill Goyim and Influence People. blog.daum.net/thisage/46

"탈무드를 거부하는 미님Minim(기독교도들)이나 그외 모든 자들과 그의 자손들은 지옥에 떨어져 영원히 고통받을 것이다."
"신약성경을 읽는 자들은 앞으로 올 세상에서 설 자리가 없을 것이다."
"유대인은 기독교도의 책들을 파괴해야 한다."
"기독교도들의 말살은 필수적인 제물이다."[6]

탈무드에서 볼 수 있듯이 유대교의 하나님과 기독교의 하나님은 전혀 다르다. 이것은 랍비 로라 겔러Laura Geller의 말에서도 확인할 수 있다.

> 유대인은 성경을 문자적으로 읽지 않는다. 우리는 세대에 걸친 해석의 렌즈를 통해 그것을 읽으며 인간이 하나님을 이해하는 데 진화된다는 것을 인식한다. 탈무드의 하나님은 성경에 나타나는 하나님과는 전혀 다르다.[7]

3) 반윤리적

레위기 18-20장에 기록된 모세의 율법에는 성적 타락이 극심한 현대 사회에서도 볼 수 없는 희안한 죄악들을 금하는 법령들이 반복적으로 기록되어 있다. 그런데 탈무드는 여러가지 구실을 붙여서 이것들을 관대하게 허용한다.

모세의 율법은 남색 男色하는 것을 금지하지만(레 20:13), 탈무드에 의하면 9세 이하의 어린 소년들은 남색의 대상으로 사용될 수 있다(Exhibit 54). 어린이가 성숙해서 성교할 수 있게 될 때까지는 아직 사람의 신분이 아니기 때문에, 그들과 관계를 갖는 것은 남색에 해당하지 않는다. 탈무드에

---

[6] Talmud and Bible Believers. daum.net/thisage/47.
The Talmud Unmasked. blog.daum.net/thisage/48.
[7] Modern Judaism's Strange Gods. blog.daum.net/thisage/49.

의하면 남성이 성숙에 이르는 나이는 '만 9세와 하루'가 된다. 아직 9세가 안된 소년은 그의 엄마 또는 다른 어느 성인 여성들과 성교할 수 있다. 조금 더 엄격한 샴마이는 이 나이를 8세로 낮춘다.

> 우리 랍비들은 가르쳤다. 만일 어떤 여성이 자신의 어린 아들과 음탕하게 놀다가 그 아이가 그녀와의 첫 동거 상태를 범하면, 그로 인해 그녀는 제사장에 부적합하다고 베트 샴마이는 말한다. (하지만) 베트 힐렐은 그녀가 적합하다고 선언한다 … 만 9세와 하루가 지난 소년과의 교접만이 진짜 교접이라는 것에는 모두 동의한다. 8세 소년의 경우에는 논쟁의 여지가 있다(Exhibit 82 from Sanhedrin 69b of the Talmud).

남자아이들과 달리 여자아이들은 '만 3세와 하루'가 지나야 성적으로 성숙해진다고 본다. 그만큼 성숙되지 않은 어린 소녀의 경우는 아직 사람이 아니므로 간음이 성립되지 않고 만 3세가 넘으면 동거할 수 있게 된다.

> 만 3세와 하루가 지난 소녀는 동거에 적합한 사람으로 평가된다 (Exhibit 55, Sanhedrin 55b; Exhibit 81, Sanhedrin 69a-69b; Exhibit 156, Yebamoth 57b; and Exhibit 159, Yebamoth 60b; also Niddah 44b).

율법은 누구든지 부모를 치거나 저주하는 자는 죽어 마땅하다고 가르친다(레 20:9). 하지만 바리새의 현인들은 이것을 폐했다.

> 부모가 살아 있을 동안은 상처를 내지 않는 한 때려도 된다. 하지만 죽은 후에는 때리는 데 제한이 없다!(Exhibit 94)

율법은 여자가 짐승에게 가까이하여 교합하면 그들을 반드시 죽일 것이며(레 20:16), 제사장들은 부정한 창녀를 취하지 말 것(레 21:7)을 명했다. 그런데 탈무드는 그렇게 가르치지 않는다.

> 부자연한 교합 때문에 여자가 대제사장과 결혼하는 것이 금지되지는 않는다. (왜냐하면 그렇게 하면) 자격있는 여자를 찾을 수 없을 것이다
> (Exhibit 157, from the Talmud book of Yebamoth, Folios 59a-59b).

율법은 남의 아내와 간음하는 자를 죽이라고 명하지만(레 20:10), 유대교는 미성년자나 비유대인의 아내와의 간음을 허용한다(Exhibit 53). 미성년자나 비유대인은 사람의 지위를 갖지 못했다는 것이 그 구실이다.

뿐만 아니라 수태만 하지 않는다면 어떤 간음도 문제되지 않는다. 죽은 자와의 성교는 이교도들의 오랜 관습이었는데 '수태가 일어날 수 없다'는 이유로 탈무드도 시간屍姦을 허용한다.[8] 이런 내용은 약간씩 변형되어 '탈무드 범죄법의 최고 보고서'인 산헤드린서에서도 되풀이된다(Exhibit 89, Exhibit 163, Yebamoth 55b).

율법은 이모나 고모와의 동침을 근친상간으로 금한다(레 20:19). 그러나 오늘날 유대인들은 미국의 법을 바꾸려고 애쓰며, 실제로 일부 주에서는 그들의 종교가 포용적이라는 이유로 용납하고 있다. 살로 바론Salo Baron이 지은 『유대인의 사회적 종교적 역사A Social and Religious History of the Jews』(유대출판협회, 1952)에는 "탈무드 우생학"이라는 제하에 다음과 같은 내용이 소개된다.

> 이집트에서 프톨레미 지배자들은 대부분 자신들의 자매들과 결혼했다. 파르티아-페르시아에서는 부모 자식 간의 결혼이 허용되었으며, 형제 자매 간의 결혼은 매우 관례적이었다. 배화교는 … 이런 결혼을 혈통의 순수성을 지키는 가장 좋은 방법으로 권장했다 … 아르탁세륵세스

---

8 탈무드의 부도덕, 어리석음, 외설. blog.daum.net/thisage/50.

11세는 자신의 두 딸과 결혼했으며 … 미트리다테스 1세는 그의 어머니와 결혼했다. 아르디아 비라즈는 그의 일곱 누이들과 결혼한 것으로 알려졌다 … 랍비 엘리에셀과 랍바 모두 조카들과 결혼한 것을 우리는 알고 있으며, 갈릴리의 랍비 요세도 그러했다 ….”[9]

율법은 살인을 엄금한다. 그러나 탈무드는 여러가지 이유로 살인을 허용한다.

질식으로 인한 살인은 무방하다. 밀폐된 앨리배스터 챔버(석고실)에 이웃을 완전히 봉쇄해서 죽일 수도 있다. 만약 그 안에 산소를 잡아먹는 타는 촛불을 넣지 않고, 단지 희생자가 자기 스스로 산소를 모두 마셔버리도록만 한다면 괜찮다(Exhibit 86 from Sanhedrin 77a-77b).

탈무드는 성경이 사람의 생명을 빼앗는 것을 금지한 것을 인정한다. 하지만 이것은 단지 당신 혼자서만 그의 생명을 빼앗았을 경우를 말하는 것이다. 다시 말해서, 당신은 그의 생명 전체를 혼자서 빼앗으면 안 된다. 하지만 사람을 죽이는 아홉 사람을 돕는 것은 허용한다. 탈무드는 말한다. "만약 열 명의 사람들이 한 사람을 일제히 또는 차례로 막대기로 때려서 그가 죽으면 그들의 죄는 면제된다." 단 일부의 남은 목숨이라도 빼앗는 것은 나쁜 것이 아니냐는 랍비의 질문에 대해 이렇게 답변한다. "만약 열 명이 그를 차례로 공격했다면 마지막 사람이 그를 때렸을 때 그는 이미 거의 죽은 상태였다. 따라서 마지막 사람 역시 면제된다"(Exhibit 88).[10]

---

9 탈무드의 부도덕, 어리석음, 외설. blog.daum.net/thisage/51.
10 유대 탈무드에서 합법적으로 이웃 살해하기. blog.daum.net/thisage/52.

여기까지 살펴본 탈무드의 몇 가지 예만 보더라도, 왜 유대인이 비유대인들에게 탈무드를 철저하게 봉쇄했는지 그 이유를 알 수 있겠다. 탈무드는 철저한 비밀주의를 명하고 있다.

> 우리의 종교에 대해 비유대인과 얘기하는 것은 모든 유대인을 죽이는 것과 다를 바가 없다. 만약 우리의 종교가 그들에 대해 뭘 가르치는가를 비유대인들이 알게 된다면 그들은 망설임 없이 유대인을 몰살시킬 것이다 … 우리의 책에 그들에 대해 좋지 않은 내용이 들어있지 않은가라고 묻는 비유대인들에게 유대인은 반드시 거짓말을 해서 그렇지 않다고 대답해야 한다 … 토라를 공부하는 이방인은 죽어 마땅하다. 왜냐하면 모세는 상속에 대한 율법을 명령했다고 기록하는데 이것은 우리의 유산이지 그들의 것이 아니기 때문이다.[11]

3. 살해법

유대교의 탈무드 가르침이 현대의 우리와는 아무런 상관이 없을까? 다음을 읽는다면 생각이 바뀔 것이다.

1) 왕의 토라

20세기에 들어 시온주의가 극심해지고 팔레스타인을 강점한 후에 주변 아랍국들과의 긴장이 높아지자, 이스라엘의 시온주의자 랍비들은 2009년 『왕의 토라 The King's Torah』라는 책을 발간했다. 랍비 이착 샤피라Yitzhak Shapira와 랍비 요셉 엘릿저Yosef Elitzur가 공저한 이 책은 이스라엘 정착

---

11 Jewish Talmudic Quotes—Facts are Facts. blog.daum.net/thisage/53.

촌에 거주하는 신학도들을 위한 종교적 지침서로서, 팔레스타인 등 이민족들에 대한 이스라엘인들의 행동 지침을 정하고 있다.

이 책은 인류를 여러 등급으로 나누는데 물론 유대인이 최상 등급에 있다. 유대인은 진정한 인간이며 타민족은 짐승에 가까운 낮은 등급에 위치한다. 때문에 유대인은 타민족에 대해 차별적인 태도를 견지해야 하며, 그들이 죽을 수 있도록 허용하는 것은 물론, 특히 전시에는 반드시 죽여야 한다고 규정한다.

두 저자는 "유대인은 어느 경우에 이민족Goyim을 죽일 수 있는가? 왜 그들을 죽여야 하는가?"를 논하는데 여기서 이민족이란 특히 팔레스타인들을 의미한다.[12]

2) 노아의 법

1991년 1월 31일 미국 국회는 Public Law 102-14, House Resolution 104라는 교육에 관한 법령을 통과시켰는데 여기에는 7개의 노아법이 있다. 미국인들도 모르는 노아법에는 '우상숭배의 금지Prohibition Against Idolatry'에 대한 것이 있다.[13]

무엇이 우상숭배일까? 각 법령은 유대 랍비들의 해석에 근거해서 상술되는데, 탈무드에 의하면 예수를 신으로 숭배해서 일요일에 모여 예배드리는 기독교인들이 우상숭배자들이다(Maimonides, Mishneh Torah, Avodah Zorah, 9;4).[14] 따라서 미국에서 기독교를 믿는 것은 우상숭배가 되므로 미국 법에 저촉되어 처형받게 될 것이다.

중세의 암흑 시대에 로마가톨릭은 이단이라는 명분으로 무수한 기독교인들을 살해했다. 이제 말세에도 이런 법들이 기독교인을 살해하기 위해

---

12 The King's Torah: A Rabbinic Text or a Call to Terror? blog.daum.net/thisage/54.
13 Noachide Laws. blog.daum.net/thisage/55.
14 America's New Government Church. blog.daum.net/thisage/56.

사용될 것으로 보인다. 이스라엘에서 널리 존경받는 랍비 이착 긴즈버그 Yitzchak Ginzburg는 이렇게 말한다.

> 세상 모든 사람들이 7개의 노아법Noahide Laws을 받아들이도록 강요하는 것이 우리의 의무다. 받아들이지 않는 자들은 죽임을 당할 것이다.

탈무드는 7계명 중 하나라도 위반하면 참수형에 처하라고 명령한다. 말세에 그리스도인들이 "예수를 증언함과 하나님의 말씀 때문에 목 베임을 당할"(계 20:4)것이라는 성경 예언이 성취되려는 것이다.

4. 유대교와 바리새주의

2천 년 전 예수님은 가장 높은 권위의 종교 지도자들과 바리새인들에 대해서 혹독하게 비난하셨다. 당시 유대 사회에서 가장 큰 죄인이라 여겨졌던 창기와 세리들에게 한없이 따뜻한 친구가 되어주셨던 사랑을 볼 때 납득하기가 힘들다. 우리는 바리새인들이 형식적이고 위선적이고 거만한 종교생활을 하고 있었음을 알고 있다. 예수님께서 하나님이 약속하신 구세주임을 알지 못해서 배척했던 사실도 알고 있다. 아무리 그래도 나름 하나님을 섬긴다고 열심이었던 바리새인들에게 예수님의 비난은 지나치게 참혹하게 들린다. 마태복음 23장은 전체가 마치 채찍같다. "화 있을진저 외식하는 서기관들과 바리새인들이여"하고 저주하신 후 이렇게 책망하신다.

> 너희는 천국 문을 사람들 앞에서 닫고 너희도 들어가지 않고 들어가려 하는 자도 들어가지 못하게 하는도다.
> 너희는 교인 한 사람을 얻기 위하여 바다와 육지를 두루 다니다가 생기

면 너희보다 배나 더 지옥 자식이 되게 하는도다.
잔과 대접의 겉은 깨끗이 하되 그 안에는 탐욕과 방탕으로 가득하게 하는도다.
회칠한 무덤같으니 겉으로는 아름답게 보이나 그 안에는 죽은 사람의 뼈와 모든 더러운 것이 가득하도다 이와같이 너희도 겉으로는 사람에게 옳게 보이되 안으로는 외식과 불법이 가득하도다.
너희가 선지자를 죽인 자의 자손임을 스스로 증명함이로다 너희가 너희 조상의 분량을 채우라 뱀들아 독사의 새끼들아 너희가 어떻게 지옥의 판결을 피하겠느냐.
내가 너희들에게 선지자들과 지혜있는 자들과 서기관들을 보내매 너희가 그 중에서 더러는 죽이거나 십자가에 못 박고 그 중에서 더러는 너희 회당에서 채찍질하고 이 동네에서 저 동네로 따라다니며 박해하리라 그러므로 의인 아벨의 피로부터 성전과 제단 사이에서 너희가 죽인 바라갸의 아들 사가랴의 피까지 땅 위에 흘린 의로운 피가 다 너희에게 돌아가리라.

요한복음 8장에서는 바리새인들을 아예 마귀의 자식이라고까지 부르신다.

너희는 너희 아비 마귀에게서 났으니 너희 아비의 욕심대로 너희도 행하고자 하느니라 그는 처음부터 살인한 자요 진리가 그 속에 없으므로 진리에 서지 못하고 거짓을 말할 때마다 제 것으로 말하나니 이는 그가 거짓말쟁이요 거짓의 아비가 되었음이라(요 8:44).

마태복음 15장과 마가복음 7장에서는 혹독한 비난의 이유를 알 수 있다. 저들이 사람의 전통을 지키느라고 하나님의 계명을 버렸다는 것이다. 예수님이 비난하신 '사람의 계명', '사람의 전통'이란, 매우 오래 전부터 비밀리에 구전으로 전승되다가 결국 탈무드로 성문화된 인간이 만든 율법을 말한다.

> 이 백성이 입술로는 나를 공경하되 마음은 내게서 멀도다 사람의 계명으로 교훈을 삼아 가르치니 나를 헛되이 경배하는도다(마 15: 8-9).

> 너희가 하나님의 계명은 버리고 사람의 전통을 지키느니라(막 7:8).

1) 둘의 연결 고리

예수님이 혹독하게 비난하셨던 바리새주의는 현대 유대교로 발전했다. 유대교와 바리새주의의 연결고리는 1943년에 편찬된 『세계유대백과사전 the Universal Jewish Encyclopedia』에서 찾을 수 있다.

> 오늘날의 유대교 혈통은 수세기 동안 끊임없이 내려온 바리새인으로부터 기원한다. 그들의 주요 사상과 방법은 오늘날까지도 대부분 존재하는 매우 광범위한 문서에 나타난다. 그중 탈무드는 가장 크고 가장 중요한 단일 문서다 … 탈무드를 연구하는 것은 바리새주의를 바로 이해하는 데 필수적이다.

1905년에 편찬된 『유대백과사전 the 1905 Jewish Encyclopedia』은 바리새파에 대해 이렇게 말한다.

> AD 70년 성전파괴와 함께 사두개파는 모두 사라졌고 바리새파의 손에 모든 유대 정사의 규정이 넘겨졌다. 이후로 유대교의 온 역사가 바리새파의 관점에서 재구성되었으며, 과거의 산헤드린에는 새로운 측면이 주어졌다. 일련의 새로운 전통이 옛 제사장의 전통을 대체

했다. 바리새주의는 유대교의 성격과 모든 유대인들의 장래의 생활과 사상을 형성한다.

루이스 핑클슈타인Louis Finkelstein은 유대인을 가장 잘 대표하는 사람이다. 그는 오랫동안 미국 유대신학교를 이끌었던 랍비로, 공산주의 테러리스트인 맥심 리트비노프, 공산주의 무신론자인 아인슈타인, 붉은 막시스트인 해롤드 라스키 등과 함께 1937년 세계유대공동체Kehillas에 의해 '유대교의 등불 120인'에 선정되었던 인물이다. 그는 두 권짜리 저서『바리새인들』에서 이렇게 적는다.

> 바리새주의는 탈무드주의가 되었다 … 고대 바리새인들의 정신은 변치 않고 살아 남는다. 유대인이 탈무드를 공부할 때 그는 사실상 팔레스타인 학교에서 사용되던 주장들을 되풀이한다. 팔레스타인에서 바벨로니아로, 바벨로니아에서 북아프리카, 이탈리아, 스페인, 프랑스, 독일로, 다시 폴란드로, 다시 러시아와 동유럽 전체로 고대 바리새주의는 돌아다녔다.

그는 또『유대인- 그들의 역사, 문화와 종교』에서 이렇게 적는다.

> 탈무드의 권위는 바리새파의 고대 학교들에서 온 것이다. 그 학교의 스승들은 바벨로니아와 팔레스타인 모두에서 더 오래된 산헤드린의 정당한 후계자로 여겨졌다 … 현재 유대인들은 그 지위에 있어서 고대 산헤드린이나 그 후의 학교들에 비견할 만한 살아있는 핵심 권위자를 갖고 있지 않다. 따라서 탈무드는 당시 살아있던 권위자들의 가르침의 최종적 개론으로서, 유대종교에 관한 모든 결정들의 토대가 된다.[15]

---

15 Elizabeth Dilling. The Pharisees, Talmud, and Modern Judaism. blog.daum.net/thisage/41.

5. 유대교의 바벨론 기원

탈무드는 출생지에 따라 팔레스티니안 탈무드와 바벨로니안 탈무드 두 종류가 있다. 그러나 전자는 수천 년간 손실되고 상실되어서 지금은 단지 학문적 호기심을 위해서만 사용될 뿐, 후자가 유대교의 탈무드를 대표한다. 그것에 바벨로니안이라는 이름을 붙은 이유는 그것이 바벨론 유배에서 유래되었기 때문이다. 랍비 핑클슈타인은 바리새주의가 바벨론 유배에서 유래했다며 바벨론 유배시기를 격찬한다.

> 바벨론 유수는 중요한 기간이다 … 유수 기간 동안 이스라엘은 자신을 발견했다. 토라를 재발견했으며 이것을 삶의 규칙으로 만들었다 ….[16]

여기서 토라를 '재발견'했다는 것은 구약성경을 재해석하면서 전승되어 온 신비주의 카발라 사상을 도입했다는 것이다. 이후에도 살펴보겠지만, 바벨론의 밀교는 인류 역사상 줄곧 이어져오며 하나님을 대적하는 거의 모든 우상숭배 종교의 요람이 되었다. 하나님을 숭배하던 이스라엘의 신앙에 바벨론 밀교가 합쳐지면서 마법적인 카발라가 생겨나고, 카발라에 의해서 성경을 '재해석, 재발견'하면서 탈무드가 발전되었을 것이다.

유대주의의 하시딤 지파가 카발라를 전문화시켜서 19세기 말경에는 유대인의 절반 가량이 카발리스트가 되었다. 『세계 유대백과사전』은 카발라에 대해 이렇게 기록한다.

> 팔레스타인이 유대 신비주의의 탄생지이기는 하지만 카발라가 잉태된 땅은 바벨론이다. 탈무드와 카발라의 신비성은 하나에서 기원해 서로

---

16 Elizabeth Dilling. The Pharisees, Talmud, and Modern Judaism. blog.daum.net/thisage/41.

안에서 완성되어 간다.[17]

유대교에게 바벨론은 탈무드와 카발라가 기원했다는 점에서 찬미의 대상이 되지만, 성경에서 바벨론은 저주와 책망의 단어로 불린다. 성경에서 바벨론이라는 이름은 하나님의 거룩함과 주권에 도전하며 물질주의와 불경건한 삶으로 인도하는 인간의 정치 경제 종교 구조를 대표한다. 특별히 요한계시록은 마지막 시대에 모든 사람들을 미혹할 사악한 세력에 대해서 이렇게 경고하고 있다.

> 그 이마에 이름이 기록되었으니 비밀이라, 큰 바벨론이라, 땅의 음녀들과 가증한 것들의 어미라 하였더라 또 내가 보매 이 여자가 성도들의 피와 예수의 증인들의 피에 취한지라 내가 그 여자를 보고 기이히 여기고 크게 기이히 여기니(계 17:5-6).

1) 마법의 카발라

음녀 바벨론에서 잉태된 카발라에 대해서 랍비들은 최고의 찬사를 보낸다. 랍비 아론 라스킨Aaron Raskin은 "성경과 탈무드는 율법과 역사다. 카발라는 역사를 생동감있게 하고 인생에 의미를 부여하는 '영혼'이다"고 말한다. 그런데 '유대교의 영혼'이라고 불리는 카발라는 신비한 상징과 암호로 가득찬 마법사상의 원조가 되었다.[18]

우리나라에서도 카발라 입문서 『미스티컬 카발라Mystical Qabalah』가 번역출판되었다. 마법의 근본을 설명해준다는 이 책은 오컬티스트가 인정하는 베스트셀러로 불린다. 저자인 다이온 포춘은 서양 정통 카발라의 절

---

17 Judaism Not Monotheistic. blog.daum.net/thisage/57.
18 The Occult Magic of the Jewish Cabala. blog.daum.net/thisage/58.

대적 권위자, 20세기의 실존 마법사, 강력한 심령술사, '황금새벽회' 출신, '내면의 빛 공동체'의 설립자, 손꼽히는 계몽주의자, 20세기를 이끈 밀교사상Esoteric Thought의 표상이라고 소개된다. 책에 대한 광고를 읽어보면 카발라의 성격을 짐작할 수 있다.

> 철학과 심리학, 종교, 점성학, 타로, 요가, 연금술, 신화학, 상징체계 등의 다양한 시스템을 동원해 카발라의 역사와 이론뿐만이 아니라 실천적 카발라의 비전을 제시한다. 실제로 마법사였던 다이온 포춘이 경험했던 것들을 토대로 마법, 연금술, 점성학, 타로 카드와 관련된 '열쇠'를 공개하고 있다.
> 소환이나 탈리스만, 향과 보석 등의 마법 원리를 분명하게 정리해주고 있기 때문에 이론적인 책이자 실천적인 책이기도 하다. 고대 이집트, 그리스, 바벨론, 로마 등의 지역에서 다양한 역사의 흐름을 타고 넘어 발전을 거듭해온 카발라는 서양철학을 논하면서 결코 빼놓고 말할 수 없다 ….

연금술을 연구하던 레오나르도 다빈치나 아이작 뉴턴 같은 당대의 유명한 과학자나 예술가, 철학자들에게 카발라는 어떤 영감을 주었던 매혹적인 학문이었음이 분명하다. 이것이 지금은 뉴에이지로 대중에게 어필되어 전파되고 있다. 이에 대해서는 프리메이슨과 관련하여 본서 제9장에서 구체적으로 언급한다.

2) 프리메이슨의 뿌리

프리메이슨의 사상을 체계화시킨 알버트 파이크Albert Pike는 그 기원을 카발라에서 둔다고 증언하며 루시퍼를 찬양한다.

메이슨은 '빛'을 추구한다. 이 추구는 우리를 바로 카발라로 인도한다 … 모든 메이슨 조직은 그 비밀과 심볼을 카발라에서 빌렸다 … 카발라는 오컬트 과학의 핵심이다 … 카발라인들은 사탄의 진짜 이름이 야훼를 거꾸로 한 것이라고 한다. 루시퍼, 빛을 가진자! 기이하고 신비한 이름이 어둠의 영에게 주어졌다니! 루시퍼, 아침의 아들! 그가 빛을 가진 자임에 의심의 여지가 없다![19]

프리메이슨이자 뉴에이지의 모체가 되는 신지학회의 설립자인 블라바츠키도 동일하게 말한다.

비의秘儀들로 이루어진 고대 지혜인 프리메이슨의 뿌리는 카발라다. 카발라로부터 모든 고대와 현재의 종교들이 생겨났다. 모든 프리메이슨단들은 카발라의 심벌과 비밀들을 갖고 있다. 그 카발라의 심벌과 비밀들을 통해서만 인간의 이성과 신에 대한 신앙, 힘과 자유, 과학과 신비가 서로 조화를 이루게 된다.
카발라는 과거와 현재와 미래의 열쇠다. 초고대 (예를 들어 아틀란티스 시대와 같은), 즉 인류의 초기로부터 자연과 우주에 대한 근원적 진리들이 프리메이슨의 아데프트들에 의해 안전한 성소에 보관돼 있었다. 고대 비전秘傳의 신전들에서 비의秘儀들을 통해 그 진리들이 가르쳐졌다. 근대의 메이슨은 고대 오컬트 메이슨의 희미한 반영에 불과하다. 그것은 고대의 신성한 메이슨의 가르침에 바탕을 두고 있다.[20]

카발라는 모든 마법뿐만 아니라 이후에 언급될 프리메이슨, 신지학, 뉴

---

19 Masonry and the Cabala. blog.daum.net/thisage/59.
20 Handbook of the Theosophical Current. blog.daum.net/thisage/60.

에이지, 영지주의, 신비주의 종교들의 뿌리가 되었다. 기독교의 관점에서 볼 때 유대교의 탈무드와 카발라는 마법적이고 사탄적이다. 이 카발리즘이 지금 헐리웃의 스타들에게 유행되어 문화를 이끌고 있다.[21]

---

21 Satanism-Magical Signs of the Jewish Cabala. blog.daum.net/thisage/61.

제3장
자칭 유대인과 프리메이슨

성경은 모든 인류의 기원이 노아의 세 아들 셈, 함, 야벳이라고 밝힌다. 아브라함을 조상으로 하는 유대인은 황인종인 셈의 후손이다. 그런데 또 다른 유대인들이 있다. 후에 유대교로 개종한 자들로서 백인종인 야벳의 후손이다. 둘을 분류해서 전자는 세파라딤, 후자는 아슈케나지 유대인이라고 부른다. 성경에도 아슈케나지에 대한 언급이 있다.

> 야벳의 아들은 고멜 … 고멜의 아들은 아슈케나지 Ashkenaz … 였다
> (창 10:2-3).

유대인들은 디아스포라로 세계에 흩어졌지만 강한 민족주의 때문에 단일민족으로 알려지고 있었다. 8세기 이전까지 세계에는 아주 적은 혼혈 유대인만이 존재했을 뿐이다. 그런데 돌연 수많은 백인 유대인이 등장하게 되었다. 그에 대한 의문이 제기되었지만 백인 유대인의 뿌리에 대한 수수께끼는 세계사에서 금기사항이 되어 비밀에 붙여 있었다.
그러던 중 1977년 유대인 역사 작가인 아서 쾨슬러Arthur Koestler가 『제13지파*The Thirteenth Tribe*』를 통해서 아슈케나지 유대인의 뿌리가 카자르Khazars 민족이라고 주장했다. 카자르는 한때 왕성하다가 역사 속에서 갑자기 사라져 버려서 수수께끼로 남아 있는 나라다. 갑자기 사라진 카

자르와 갑자가 등장한 백인 유대인이 동일인이라는 주장이다.[1] 이런 주장은 1869년에도 있었지만 크게 주목받지 못했다. 한편 자신이 백인 유대인으로 자신의 뿌리를 성실하게 찾아가며 탄탄한 증거로 제시한 『제13지파』는 엄청난 반응을 일으켰다. 역사학자 케빈 부룩Kevin Brook이나 보리스 지브코브Boris Zhivkov 등도 저서를 통해 카자르에 대해 증언한다.[2] 그럼 그들이 주장하는 카자르 제국의 역사를 간단히 살펴본다.

1. 제13지파 카자르

7세기경 코카서스에서 카스피해 북쪽 중앙아시아에 인구 약 100만 명 규모의 카자르라는 나라가 존재했다. 투르크계에 속하는 카자르족은 중국 북부로부터 흑해까지 펼쳐진 광대한 초원을 방랑하던 유목민족으로, 7-10세기에는 러시아 남부와 우크라이나, 카프카즈 산맥, 중앙아시아를 망라하는 대제국을 건설했다.

카자르 왕국은 동로마 제국과 사라센 제국으로부터 계속되는 종교적 압박으로 생존의 위협을 당한다. 두 종교의 공통분모가 유대교라고 생각한 카자르의 불란 왕은 740년 유대교를 국교로 선포한다. 샤머니즘을 숭배하던 카자르 왕국이 여호와를 숭배하는 유대교로 개종한 것은 종교적 목적이 아니라 생존전략이었다. 역사상 유대인이 아니면서도 유대교를 국교로 삼은 유일한 국가가 되었다.

카자르 제국의 지배계층은 8-9세기에 모두 유대교로 개종하여 강대한 유대제국을 세워나갔다. 그 후 카자르는 몽고제국의 공격으로 12세기경 멸망하고 이후의 역사는 전해지지 않는다. 그러나 여러 연구가들에 의해

1　The Thirteenth Tribe. blog.daum.net/thisage/66.
2　A Resource for Turkic and Jewish History in Russia and Ukraine. blog.daum.net/thisage/67.

서 그들의 역사가 다시 추적될 수 있었다.

카자르 왕국이 망한 후 이산민들은 가까운 우크라이나 러시아를 비롯해 헝가리 폴란드 보헤미아 모라비아(오늘날의 체코) 루마니아 불가리아 등지로 흩어졌다. 그들은 유대인으로서의 정체성을 표방하며 각지에 회당을 세워 유대신앙의 공동체를 유지해 갔다. 정통인 세파라딤 유대인보다 더 철저하게 유대교의 신앙을 지켜왔다. 이들이 제2차 세계대전 때 미국과 서방세계로 많이 넘어온 백인 유대인들의 뿌리다.

1984년 밀로라드 파비치Milorad Pavic는 소설 『카자르 사전』을 통해서 매우 독특한 방법으로 전설 속의 카자르 제국을 재현했다. '십만 개의 단어로 이루어진 사전소설'이란 부제가 붙은 이 책에는 이런 광고 문구가 있다.

> 역사속에서 사라진 한 제국의 역사가 종교적 논쟁을 통해 다시 쓰여진다. 7-10세기 흑해와 카스피해 사이에서 크게 세력을 떨쳤던 카자르인들에 관한 역사 미스터리 소설이다. 마치 경전 읽기와 낱말 맞히기 게임 사이를 오락가락하는 듯 신비하고 환상적인 형식으로 전개된다 … 스핑크스의 수수께끼가 모험가들을 매혹시켰듯이 이 정체불명의 책은 그 난해함으로 전설이 되었다.[3]

2008년 「연합뉴스」에는 "전설 속 유대왕국, 카자르 제국 수도 발견"이라는 제목의 기사가 실려서 다시 한번 관심을 끌었다.

> 러시아의 드미트리 바실리예프 교수 팀이 9년간의 발굴 끝에 카스피해 아스트라한 항구 서남쪽 습지에서 구운 벽돌로 지어진 삼각형 성채의 기초를 찾았다. 그것은 1천여 년 전 카프카스 지역에서 세력을 떨치

---

3 카자르 사전. blog.daum.net/thisage/68.

다 홀연히 사라진 고대 카자르 제국의 수도 이틸Itil로 추정된다. 인구 6만의 대도시였던 이틸은 실크로드의 주요 거점으로 엄청난 부를 축적했던 것으로 알려져 있다. 실제 유적에서는 8-9세기경 유럽과 비잔틴 제국, 북아프리카 등으로부터 전래된 도자기와 갑옷, 목제식기, 유리램프, 컵, 보석류, 약품그릇 등 다양한 유물이 발견됐다 ….[4]

2. 진실 또는 거짓

몇 년 전 이스라엘에서 두 부류 사이의 대립이 격화되었을 때 세파라딤이 붙인 포스터에는 "아슈케나지는 카자르로 돌아가라"는 문구가 있었다. 자신들이 정통 유대인으로 이 땅의 주인이니까 저들은 자신의 고향인 카자르로 돌아가라는 말이다. 그러나 현실로는 아슈케나지 유대인이 정통이 되어버렸다. 숫적으로도 압도적 다수고, 세력 면에서도 절대적으로 우위며, 유대교 신앙에 더 철저하기 때문이다. 굴러들어온 돌이 박힌 돌을 빼어버린 격이다. 두 부류 간의 갈등을 다룬 「타임」 2010년 6월 17일 기사는 이렇게 시작한다.

> 사태는 유럽계 유대교 부모 40쌍이 자신의 딸이 중동·아프리카계 유대교 딸들과 한 학교에 다니는 것을 거부하면서부터 시작됐다. 이들의 갈등은 유대교의 교리 해석과 유대인의 역사적 이주 과정에서 생긴 차이 때문이었다. 유대인은 이주 지역에 따라 크게 세파라딤(북아프리카·중동계)과 아슈케나지(유럽·미국)로 구분된다. 아슈케나지는 부유한 국가에서 유대교 교리를 철저히 지키며 극우 성향을 유지해 '초정통파' 성향을 갖게 된 데 비해, 세파라딤은 생존을 위해 교

---

4 전설속 유대왕국 카자르제국 수도 발견. blog.daum.net/thisage/69.

리가 비교적 개방적으로 유화됐고 가난을 면치 못하고 있다. 아슈케나지 측 랍비는 타임과의 인터뷰에서 "우리는 인종차별을 하는 것이 아니라 세파라딤의 신앙심이 충분하지 않기 때문에 학급을 분리해 달라고 요구하는 것"이라고 밝혔다.[5]

아슈케나지는 철저한 유대교 신앙으로 자신들이 진짜 유대인이라고 주장하지만, 혈통상 아브라함과 아무런 관계가 없는 카자르의 후손이다. 오늘날 유대인들은 이런 주장에 대해 대답하기를 피한다. 만약 자신들이 카자르족의 후손임을 인정한다면, 셈족과 가나안에 근거를 둔 유대인의 정통 정체성과 시온주의를 주장할 근거가 없어지기 때문이다. 쾨슬러가 그들을 '제13지파'라고 부른 이유도, 원래 이스라엘에는 12지파가 있는데 아슈케나지는 새롭게 추가된 지파라는 의미였다. 이런 사실을 자세하게 밝힌 그의 저서는 엄청난 충격과 논란을 불러 일으키며 어느 나라에서는 출간이 금지되기도 했다. 그는 큰 위협을 받으며 1983년 결국 자살한다.

물론 그의 이론에 반대하는 주장들도 있다. 1997년 「Journal Nature」에 세파라딤과 아슈케나지 유대인에 대한 유전자 검사의 결과가 실렸는데, 그들이 로마에 의해 유대 디아스포라가 일어나기 전부터 이미 공통의 조상을 두고 있다는 것이다. 그러나 한편으로 쾨슬러의 글을 계기로 현재까지 많은 연구가 이루어지면서, 당시의 서한이나 기록에 근거한 학술연구가 대부분 사실로 판명되었다는 연구 결과도 제기된다.[6]

쾨슬러 자신은 반유대주의자가 아니라 오히려 유대인의 국가 건설을 지지했던 아슈케나지 유대인이었다. 그렇다면 그가 아슈케나지와 시오니즘을 반대할 목적으로 거짓 증거할 필요가 없었다는 이야기가 되므로 그의 주장은 더 신빙성을 갖는다.

---

5 유대인과 유대인의 전쟁. blog.daum.net/thisage/70.
6 Jewish Genetics. blog.daum.net/thisage/71.

어쨌든 유대인이 지배하고 있는 미국이나 유럽에서 유대인 문제를 공개적으로 떠들고 다니는 것은 매우 위험한 일이다. 관련 서적도 구하기 어렵다. 트라이앵글, 바이킹 프레스, 하퍼 콜린즈, 사이먼 앤 슈스터, 랜덤 하우스 등 미국 내 주요 출판사나 대형 서점망은 대부분 유대인 소유이기 때문에 비유대인이 반유대적으로 쓴 책은 출판되거나 유통될 수 없다. 유대인 관련 서적이나 자료들은 대부분 유대인에 의해 직접 쓰여진 것이다. 아슈케나지 유대인의 이야기가 나올 때마다 그들은 바로 반박하는 저서를 출간하곤 했다.

그런 중에 『시온 의정서Protocols of the Learned Elders of Zion』는 유대인들에게 가장 치명적인 반유대주의의 고전으로 꼽힌다. 유대인의 세계 지배를 위해 세계 정복을 모의하며 유대인 지도자 장로들이 작성한 책으로 알려진 이 책은, 지난 100년 넘게 유대인 문제가 나올 때마다 첨예한 대립을 불러 일으켰다.[7]

스티븐 제이콥스Steven Jacobs와 마크 바이츠만Mark Weitzman 등을 비롯해 유대인 또는 친유대주의자들은 이것이 위조 내지는 사기라고 주장한다.[8] 일반인들도 그 내용이 너무 터무니없고 황당하다는 이유로 부정하려 한다. 특히 그리스도인들은 이것이 나치의 유대인 학살의 명분으로 사용되었다는 것만으로도 이 문서 자체를 부정하고 싶어한다. 하나님은 아브라함의 자손을 축복하는 자를 축복하고 그들을 저주하는 자를 저주하겠다고 하신 말씀을 내세우며 유대인의 편에 서려는 것이다.

하지만 그 많은 반발에도 불구하고 그 내용이 신빙성을 갖는 이유는 현재 벌어지는 일들이 그 내용과 일치하기 때문이라고 한다. 『시온 의정서』를 꼼꼼히 읽고난 후 현재 벌어지는 일들과 비교해 본다면 그 사실을 발견할 수 있을 것이다.

---

7 The Protocols of the Learned Elders of Zion. blog.daum.net/thisage/72.
8 시온 의정서의 허구. blog.daum.net/thisage/73.

1976년 헤롤드 로젠탈Harold Rosenthal은 월터 화이트Walter White 와의 심도깊은 인터뷰에서 자신이 속한 유대사회에 대해 아주 상세하게 밝혔는데 그 내용은 『시온 의정서』의 것과 완전히 일치했다. 그의 증언이 공개된 직후 그는 비행기 사고로 죽임당했다.[9] 그것이 사실인지 거짓인지 논란의 중심에 선 『시온 의정서』에 대해서 잠깐 살펴본다.

3. 『시온 의정서』

이스라엘은 AD 70년 로마에게 패하고 세계로 흩어져 살면서 크게 미움을 받았다. 그 절정이 히틀러의 600만 유대인 학살로 나타난다. 흔히들 알고 있기로, 인류의 메시야로 오신 예수님을 동족인 유대인들이 죽였다는 이유에서였다. 그러나 예수의 피값으로 유대인이 핍박받는다는 이야기는 13세기 이후에 고착화된 것이다.

중세 초기에 유대인이 박해받았던 이유는 더 심각한데 있다. 유대인들이 기독교 소년 소녀들을 납치해서 소위 '피의 의식Blood Libel'을 한다고 믿었기 때문이다. 실제로 이 의식이 행해졌다는 기록이 있다. 최초의 피의 의식에 대한 재판은 영국 노어위치에서 행해지고, 이후 나폴리, 사라고사, 다마스커스, 키시니에프 등 전 유럽과 중동에서 이런 재판이 행해졌다. 마법의 카발라 의식을 행하는 유대인들이 서구 사람들의 마음 속에 잔인한 인상을 심어주었다.

또 포주나 고리대금업자로서의 이미지도 유대인에게 나쁜 작용을 했다. 유대인에 의해 세워진 자본주의 사회에서 사는 우리들은 돈을 빌리며 이자를 내는 것이 당연하게 받아들여지고 있지만, 이전에는 그것을 매우 부정한 것으로 여겼던 것이다. 이런 이유 등으로 유대인들은 세계에서 미움

---

9 The Hidden Tyranny. blog.daum.net/thisage/74.

과 핍박을 받으며 살아야 했다. 유대인들은 뛰어난 머리와 상술로 유럽의 금융과 산업을 장악하며 복수의 칼날을 세워갔다.

세계 각지에 흩어져 살던 유대 민족이 예루살렘으로 돌아가 나라를 세우자는 시온운동이 본격적으로 시작된 것은 17-18세기부터다. 유대인 최고 장로들은 모여서 이를 위한 논의를 했다. 그들은 이스라엘의 회복뿐만 아니라 세계를 정복해 모든 사람을 유대인의 노예로 만들고 기독교인은 다 죽여 없애자는 결의를 했다. 유대인의 세계정복 계획을 문서화한 것이 바로 『시온 의정서』다.[10]

『시온 의정서』는 1884년 애굽의 미즈라임 랏지에 소속된 한 프리메이슨이 러시아 정보원에게 2,500프랑에 팔아 1897년 러시아에서 출판되며 세계에 공개되었다. 그 중 한 권이 영국으로 흘러가서 현재 대영박물관에 보관되어 있다. 이것은 1920년경 유럽에서도 출판되었다. 훗날 히틀러는 600만의 유대인 대학살을 자행했다고 알려지는데 그의 저서 『나의 투쟁』에서 『시온 의정서』를 언급하며 대학살의 명분을 주장했다.

유대인들은 예수님을 메시야로 인정하지 않고 다른 메시야를 기다리고 있다. 랍비 모세 헤스Moses Hess는 "신은 자신의 민족이 조상의 땅으로 돌아가기를 원한다. 그래서 이스라엘 땅에 정착하면서 메시아를 기다려야 한다"고 주장하며 온 세계에 흩어진 유대인의 이스라엘 귀환을 촉구했다. 그의 시오니즘 주장에 따라서 이스라엘 땅에 오게 될 '메시야'를 기다리기 위한 알리야Aliyah(이스라엘로 이주)의 행렬이 지금도 이어지고 있다.

『시온 의정서』는 점차 수정되고 현대화되어 지금 우리가 보는 것은 1897년 스위스 바젤에서 열린 제1차 시오니스트 회의에서 만들어진 것이다. 시오니즘의 아버지라 불리는 데오도르 헤르즐Theodor Herzl의 지도하에 시오니스트들은 유대 민족기금을 조성하고 아랍인들로부터 팔레스타인의 불모지를 구입하면서 이스라엘 국가 건설의 꿈을 키워갔다.

---

10 The Protocols of the Learned Elders of Zion. blog.daum.net/thisage/72.

나치에 의해 유대인 대학살이 자행되면서 국제사회에서 동정을 얻은 그들은 국가재건을 승인받을 수 있었다. 시오니스트의 오랜 염원대로 1948년 결국 이스라엘 공화국은 건국되었다. 그런데 동정과 특혜를 받은 자들은 시오니스트/카발리스트/아슈케나지 유대인인데, 정작 죽은 자들의 대부분은 정통 유대인이었다고 한다.

홀로코스트와 반유대주의가 진행될 때 시오니즘의 지도자들은 죽어가는 유대인들의 적극적 구출 노력에 반대했었다는 증언도 많다. 예를 들어 1943년 말 유럽에서 대학살이 자행되고 있을 때 미국에서 시오니즘의 주요 대변자로 활동하던 랍비 스테판 와이즈Stephen Wise는 유대인 구조 법안에 반대하는 증언을 했는데, 구조 법안이 팔레스타인의 식민지화에 대한 관심을 분산시킬 수 있다는 이유에서였다.

파리스 글럽Faris Glubb도 저서『시오니스트와 독일 나찌와의 관계 Zionist Relations with Nazi Germany』에서 동일하게 증언한다. 1944년 유대인구조위원회The Jewish Agency Rescue Committee의 루돌프 카스트너 Rudolf Kastner 박사와 나치인 아돌프 아이히만Adolf Eichmann이 헝가리의 유대인 문제 해결을 위한 비밀협약을 맺었는데, 600명의 저명한 유대인을 살려주는 대신 80만 유대인의 학살에 침묵하기로 한다는 내용이었다는 것이다.

시오니즘의 최고 원조자는 단연코 유대인 대부호 로스차일드다. 믿기 힘든 얘기지만, 스탠포드대학 후버연구소의 안토니 서튼Antony Sutton 박사는 로스차일드가 히틀러에게 막대한 자금을 원조했다고 주장한다. 로스차일드뿐만 아니라 J. P. 모건, 록펠러 등의 은행가와 산업가들이 세계대전 중에 나치 독일과 소련 공산주의에게 자금을 대주었다고 한다.[11] 그들에게는 목적을 위해서라면 수단과 방법은 중요하지 않았던 것이다.

---

11 Rothschild Cartel Behind the Rise of Hitler. blog.daum.net/thisage/76.

4. 시오니즘에 반대하는 유대인

모든 유대인이 시오니즘을 지지하는 것은 아니다. 유대국가 재건은 인간의 힘이 아니라 하나님의 손으로 하나님의 방법에 따라 이루어져야 한다고 믿는 유대인들도 있다. 1979년 당대 최고의 랍비였던 요엘 테이텔바움Joel Teitelbaum이 뉴욕에서 의문의 죽음을 맞았다. 정치적 시오니즘으로 세워진 이스라엘 국가는 '사탄의 작품'이라고 주장하며 아슈케나지에 정면으로 맞서다가 결국 그들의 표적이 되어 살해된 것이다.

추모 인파가 몰리지 않게 하기 위해 장례식은 당일에 치뤄졌다. 그러나 소문에 소문을 듣고 무려 10만이 넘는 유대인들이 장례식에 참석해 고인을 추모했다. 「뉴욕 타임스」에는 그를 위한 조사가 실렸는데, 그 내용은 시오니스트 유대인에 대해 반감을 품고 있던 많은 유대인의 마음을 대변해주는 것이었다.

> 그는 세계 도처에 있는 유대인들 가운데 결단코 시오니즘에 물들지 않은 모든 유대인의 진정한 지도자였다. 그는 이 시대에 참으로 발휘하기 힘든 용기를 갖고 "시오니스트 국가는 사탄의 작품이자 신성모독이며 불경한 처사다"라고 외쳤다.[12]

자신이 아슈케나지 유대인인 벤자민 프리드먼Benjamin Freedman도 시오니즘에 반대해서 이렇게 말한다.

> 미국사람들은 유대인이 '신이 선택한 민족'이라고 믿게끔 세뇌되었다. 이러한 신화는 소수 유대인 그룹이 만든 것이다. 몇몇 유대인 지도자들이 성경에서 몇 가지 문구를 발췌해서 이것을 근거로 하여 하나님이 그

---

[12] 유대인과 관련된 미스테리 하나. blog.daum.net/thisage/77.

들을 '선택된 민족'으로 정했다는 것이다. 그런데 이상한 점은 '신이 선택한 민족'이라는 개념을 만든 사람들은 사실 신을 믿지 않는 사람들이라는 것이다. '우리는 신이 선택한 민족'이라고 외치는 사람들은 시오니스트/막시스트/아슈게나지/카발리스트 유대인들인데, 이들은 정치적인 목적으로 유대교를 선택한 자들이지 성경에 나오는 실제 유대인과는 아무런 관계가 없다.[13]

5. 미국 이주의 역사

제1차 세계대전을 전후로 해서 유럽에 거주하던 카자르계 유대인들이 대거 미국으로 이주했다. 1917년 러시아가 공산주의에 점령당하고 1924년 미국의 이민 제한법이 통과되기까지 이 짧은 기간 동안에 공산주의에 경도된 동유럽 출신의 유대인들이 대거 미국으로 밀입국할 수 있었다. 당시 유대인의 이민자 수를 300만, 또는 500만 내지 600만 명이라고 추산한다. 많은 유대인들이 공산주의 국가를 탈출해 미국으로 향했을 때 미국 사람들은 민주주의의 승리라며 이들을 환영하며 맞아주었다.[14]

그러나 저들의 이주의 속셈은 미국의 정복이었다고 한다. 애초에 저들은 과학기술로 미국을 정복하려는 계획을 세웠지만 공산주의가 지식층 엘리트를 너무 많이 죽였기 때문에 실패할 수 밖에 없었고, 그러자 모든 재산을 빼내어 미국으로 망명하기 시작했다는 것이다. 미국에서 직접 미국을 정복하겠다는 속셈이다. 이후 제2차 세계대전이 발생하며 또 많은 유대인들이 나치의 박해를 피해 유럽 각지에서 미국으로 이주했다. 천재 물리학자 알베르트 아인슈타인을 비롯해 많은 지식인들이 포함되어 있었다.

---

13 Benjamin Freedman Speaks on Zionism. http://blog.daum.net/thisage/78.
14 하자르계 유대인들의 미 정부 침투사. blog.daum.net/thisage/79.

당시 이주한 유대 지식인들의 직종을 보면 변호사가 900명, 의사가 2,000명, 음악가가 1,500명, 작가가 1,700명, 기타 학자와 교수가 3,000명이었다고 한다. 그중에는 노벨상 수상자가 10여 명이나 있었다.

당시까지만 해도 미국의 학문·과학·기술·문화·예술은 뿌리가 깊지 못했기 때문에 이들 지식인 유대인은 미국에서 크게 환영받고 미국의 발전에 엄청난 기여를 했다. 이들의 활약으로 전쟁 후 미국은 각종 분야에서 비약적인 발전을 이룩했다. 제2차 세계대전 중 핵무기 개발사업인 '맨해튼 프로젝트'에 참여해 원자무기를 완성시킨 두뇌들도 거의 전부가 유대인이었다.[15]

많은 정치인들과 사회학자들은 지금 미국이 공산화, 사회주의화되어가고 있다며 그 증거들을 제시한다. "오바마 대통령이 미국을 사회주의 국가로 변환시킬 것인가?"라는 제목으로 인터넷 토론이 있었는데 74%가 "그렇다" 26%가 "아니다"고 대답했다. 그렇다고 대답한 사람들 중에는 그 상황을 긍정적으로 지지하는 사람들도 많다. 공산주의 시오니스트 유대인이 미국에 진출했던 오랜 계획이 잘 성공하고 있는 것 같다.[16]

6. 프리메이슨

지금껏 유대인의 권력과 역사와 종교와 사상과 영향력 등을 살펴보면서, 이들이 프리메이슨과 매우 흡사하다고 생각한 사람들이 많았을 것이다. 이제 유대인 자신이 언급한 내용을 보면서 그 둘은 결국 한 몸이라는 사실을 알게 될 것이다. 유대인들이 드러난 집단인 반면에 프리메이슨은 감추어진 비밀집단이다. 우리는 유대인들을 보면서 프리메이슨을 알 수

---

15 유대인의 미국 이민. blog.daum.net/thisage/80.
16 Will Obama Turn the U.S. into a Socialist Country? blog.daum.net/thisage/81.

있다. 물론 정통 유대인이 아니라 아슈케나지/카발리스트/시오니스트/막시스트 유대인이다.

이후의 글은 『그림자 정부』에서 발췌 요약한 것이다. 저자 이리유카바 최는 이 둘이 언제부터 연합하기 시작했는지에 대해서 두 가지 이론을 제시한다. 그 하나는 구즈노 데 무쏘Gougenot des Mousseaux와 코뺑 알방셀리Copin Albancelli의 이론으로 그들의 주장은 이렇다.

> 유대인들이 기독교 문명국가들을 붕괴시키고 장막 뒤에서 일반 혁명을 증식시켜 이스라엘의 지배를 이끌어내기 위해 전적으로 프리메이슨 조직을 만들었다. 프리메이슨 조직은 단지 유대인 수중에 들어있는 도구이자 수단이다.

유대인 랍비 아이작 와이즈Isaac Wise 박사가 이 이론을 지지하는데, 1866년에 쓴 논문 「이스라엘인」에 이런 글이 나온다.

> 메이슨 조직은 유대인의 제도다. 그것의 역사, 계급, 문장紋章, 암호, 의미는 처음부터 끝까지 유대인의 것이다.

그 두 번째는 웹스터 윈치틀Webster Winchtl의 이론으로 그들의 주장은 이렇다.

> 프리메이슨은 원리적으로는 선하고 건전한 조직체지만, 혁명적 선동가들인 유대인들이 주로 이 단체를 비밀사회로 이용하고 있으며 조금씩 조직 안으로 침투해 들어갔다. 그들은 혁명적인 목적으로 그것을 활용하기 위해 그것을 변질시켰으며, 본래의 도덕적 박애적 목적을 바꾸어 버렸다.[17]

---

17 그림자 정부. blog.daum.net/thisage/82.

베르나르 라자르Bernard Lazare가 이 이론을 지지한다. 그의 저서 『반셈족정책Anti Semitism』에 이런 글이 있다.

> 둘의 관계는 무엇인가? … 유대인들이 반드시 메이슨 조직의 영혼, 머리, 그랜드 마스터는 아니었다. 그러나 메이슨 조직이 생겨난 배경에 카발리스트 유대인들이 함께 했었다는 것만은 확실하다 … 가장 가능한 추론은 프랑스 혁명 이전 유대인들이 대거 비밀교단 지부에 밀려 들어갔으며 그 뒤에 그들 스스로 비밀사회들을 창립했을 거란 것이다. 그 중에는 바이샤프트와 마르티네 드 파스칼리스와 함께 일하는 유대인들도 있었다 ….

유대인과 프리메이슨의 관계를 밝혀주는 글은 이외에도 많다. 1927년 「쥬이시 트리뷴」의 사설에 이런 글이 있다.

> 프리메이슨리는 유대교에 기반을 둔다. 메이슨의 의식에서 유대교의 가르침을 빼면 무엇이 남겠는가?

다음은 2004년 레이 노보셀Ray Novosel이 쓴 글이다.

> 시오니스트 세계의 리더들, 도처의 메이슨 조직에서 영향력있는 사람들은 세계 단일종교와 세계단일정부를 가져올 세계혁명을 위해 결탁하여 노력해 왔다. 많은 메이스닉 랏지들은 유대인들로만 구성된다. 매우 악명높고 위험한 반인종주의연맹Anti Defamation League을 탄생시킨 브나이 브리스 랏지B'nai B'rith Lodges가 그 한 예가 된다.

1869년 구즈낫 데 모소는 『유대인, 유대주의, 그리고 그리스도인의 유대화』에서 말한다.

프리메이슨이라는 엄청난 조직의 명목상 우두머리가 아닌 진짜 우두머리는 유대주의의 강경 멤버와 고위 카발들과 엄격하고 복잡하게 연합되어 있다. 조직의 엘리트는 이스라엘 카발리스트의 비밀부서에 고용되어 있다.

친 프리메이슨적 인기 사이트인 "유대교와 프리메이슨리"에는 이런 기사가 실렸다.

유대인들은 미국 프리메이슨의 시초부터 참여해 왔다. 최초 13개 주 중의 7개 주에서 메이슨리를 설립한 사람들 중에 이들이 있었다는 증거가 있다 … 유대인 메이슨인 모세 헤이즈는 미국에 스카티시 라이트를 소개하는 것을 도왔다 … 랍비들을 포함한 유대인들은 우리 온 역사를 통해 미국의 메이슨 운동에 지속적으로 참여해 왔다. 지금까지 51명의 미국 유대인 그랜드 마스터가 있었다 … 메이슨과 유대교의 의식과 상징 그리고 용어에는 많은 공통적 주제와 이상이 발견된다.

1928년 7월호 프랑스의 메이슨 잡지 「르 심볼리즘」에서는 이런 기사를 읽을 수 있다.

프리메이슨의 가장 중요한 의무는 유대인들을 영화롭게 하는 것이 되어야 한다. 그것은 변함없이 신성한 지혜의 기준을 간직하고 있다.

프리메이슨의 최고 리더였던 앨버트 파이크의 말이다.

프리메이슨리의 상징들과 의식들은 모두 유대 카발라의 오컬트 철학에 기초한다. 프리메이슨의 모든 비밀은 유대 카발라의 덕택이다.

1922년 4월 12일자 「유대 가디언」에 실린 기사다.

프리메이슨리는 이스라엘에서 탄생했다.

고위직 프리메이슨인 루돌프 클레인 박사는 1928년 『라토미아』에 이런 글을 실었다.

우리의 의식은 처음부터 끝까지 유대적인 것이다. 이로부터 대중은 우리가 유대인과 실제적으로 관련이 있다는 것을 알 수 있어야 한다.

1929년 비콤테 폰신은 『프리메이슨과 유대교: 혁명 뒤의 비밀세력』에서 이렇게 말한다.

프리메이슨리는 온 세계에 퍼진 비밀 단체들이 겹쳐져 이루어진 몸이다. 이것의 목적은 기독교 원리에 입각한 현재의 문명을 파괴하는 것이며 그 자리에 - 비록 과학과 이성을 종교로 내세우지만 사실은 물질주의로 바로 인도하는 - 무신론적 이성주의 사회를 세우는 것이다. 겉모습은 종종 바뀌었지만 이 목적은 바뀌지 않고 유지되어 왔다. 이 몸부림의 본질은 영적인 것이다. 이것은 이성주의와 기독교 사상과의 충돌이며, 신인 神人이 될 인간의 권리와 하나님의 권리와의 충돌이다. 이 최종 목표를 이루기 위해서 권위와 전통의 원칙을 내세우는 군주제를 뒤엎기 시작하고 그 대신에 이를 보편적 무신론적 메이슨 공화국으로 차차 대체할 필요가 있었다. 프리메이슨의 역할은 직접 행동하는 것보다는 혁명적 정신 상태를 창조하는 것이다.[18]

---

18 Freemasonry and Judaism. blog.daum.net/thisage/83.
   What is the Connection between Judaism and Freemasonry? blog.daum.net/thisage/84.

히틀러는 "프리메이슨은 유대인의 하수인으로서 국가 마비 상태를 조장한다"고 주장하며 1935년 독일 내 모든 프리메이슨 지부를 해산했다. 비슷한 시기 이탈리아와 스페인에서도 단원들이 체포되거나 살해됐다. 히틀러가 세계대전 중에 엄청난 유대인 학살을 일으킨 것도 그들이 프리메이슨이라고 믿었기 때문이었다. 그런데 죽은 자들의 대부분은 힘있는 프리메이슨 유대인이 아니라 가난한 정통 유대인이었다고 한다.

7. 그리스도인들의 오해

하나님은 당신의 지시를 따라 본토를 떠나온 아브라함에게 약속의 말씀을 주셨다(창 12:3). 유대주의자들은 이 말씀을 인용해서, 세상이 이스라엘을 축복할 때 하나님의 복을 받고 저주할 때 하나님의 저주를 받는다고 주장한다.

실제로 이태리, 스페인, 네덜란드, 영국 등을 예로 들며, 역사상 어느 나라든지 유대인들에게 호의적이고 기회를 주었을 때 문화가 번영하며 경제가 성장하는 복을 누렸고, 반대로 유대인들을 박해할 때는 나라가 영적인 암흑기에 빠지며 몰락하게 되었다고 주장한다. 지금의 미국이 최강대국이 된 것도 바로 미국에 유대인들이 가장 많이 살기 때문에 하나님이 복을 주신거라고 해석한다.

이것은 그리스도인들이 평생 들어왔던 말이다. 하지만 과연 유대인으로 인해 하나님께 복을 받아 영국과 미국 등의 나라들이 강대국이 된 것일까?

다음 장부터 말하겠지만 유럽과 미국은 프리메이슨 유대인들의 주요 활동 무대가 된다. 그들이 세상을 지배하므로 그들의 활동 무대가 강대국이 될 수 밖에 없었다.

성경은 사탄에 대해 "정사와 권세와 어둠의 세상 주관자"(엡 6:12)라고 말한다. 아담이 죄 때문에 쓰러졌을 때 사탄이 세상에 대한 지배권을 얻게 되었다. 사탄을 숭배할 때 이 세상에서 권세를 받고 지배자가 될 수도 있게 된 것이다. 사탄이 감히 예수님을 시험할 때도 자신의 권능과 나라를 과시했다.

> 마귀가 또 그를 데리고 지극히 높은 산으로 가서 천하만국과 그 영광을 보여 이르되 만일 내게 엎드려 경배하면 이 모든 것을 네게 주리라 (마 4:8-9).

세상을 비밀리에 움직이고 있는 프리메이슨 등의 엘리트집단들이 하나님을 대적하고 사탄을 숭배한다는 사실은 본서 제5장에서 증거한다.

제4장

프리메이슨의 탄생과 업적

　역사적으로 가장 오래되고 가장 영향력 있으면서도 비밀스럽게 감추어진 집단인 프리메이슨에 대해서 의견이 다양하다. 사탄을 숭배하는 엘리트집단으로 세상을 마음대로 조종하며 세계정부를 세우려 한다고 주장하는 사람들이 있다. 지식을 넓히며 친목을 추구하는 귀족 상층부의 사교클럽일 뿐인데, 비밀을 지키려는 성격 때문에 신비주의적인 요소가 과장되어 오해를 사고 있다며 음모론으로 일축하는 사람들도 있다. 세계평화와 형제애를 이념으로 하는 친목 단체라며 좋은 집단으로 보는 사람들도 있다. 또는 그들이 어떤 집단이든 상관없다며 또는 어두운 면을 파헤치려는 것은 정신건강에 나쁘다며 알기를 회피하는 사람들도 있다.

　그들은 비밀집단이지만 이젠 더 이상 수수께끼에 싸여있지 않다. 생명을 무릅쓴 내부자 고발이나 전문적 연구를 통해 그들의 비밀이 이미 세상에 공개되어 버렸기 때문이다. 또는 그들이 의도적으로 비밀의 일부를 흘리고 있기 때문이다. 언론인 팻 섀넌Pat Shannon은 투퍼 소시Tupper Saussy의 저서 『악의 지배자들Rulers of Evil』에 이런 서문을 썼다.

　　세상에서 음모론을 믿는 자들은 오직 그것을 연구해본 자들이다. 프랭클린 루스벨트 대통령은 "정계에서는 어떤 것도 우연히 일어나지 않는다. 만약 어떤 일이 생긴다면 그것은 계획된 것이다"라고 말했다. 빌 클린턴이 가장 존경한다는 조지타운대학교의 캐롤 퀴글리 교수는 그의 1996년도 저서 『비극과 희망』에서 "대중은 이미 세계정복을 목표로 하는 소수의 강력한 그룹의 주관 아래 있다. 나 자신도 그 그룹에 소속되어 있다"고 담대히 공인했다 … 정말로 세상을 주관하고 있는 소수의 그룹이 있다. 그러나 우리는 이것을 음모론이라고 말할 수 없다. 왜냐하면 이 그룹은 상징들과 신조들과 기념물들을 통해 자신의 정체를 밝히고 있기 때문이다.[1]

프리메이슨의 정체를 공개적으로 또는 상징적으로 밝히는 자료들은 무수하게 많아서 섀넌의 말처럼 이젠 음모론이라고 말할 수도 없을 지경이 되었다. 그러나 그것을 믿지 않겠다고 결정한 대중들은 절대로 자료를 읽지 않으면서 그런 정체는 없다고 끝까지 부인한다.

비밀집단 프리메이슨이 1717년 공개적으로 모습을 드러낸 이후 그에 관련해서 무수한 책, 논문, 기사, 동영상, 영화, 소설, 그림, 음악 등이 제작되었다. 제작 의도는 상반된 태도로 대조된다. 매우 사악하고 위험한 집단이라고 경고하려는 의도로 제작된 것들이 많다. 구체적 설명보다는 영화나 미술이나 음악이나 소설에서 상징적으로 암시하는 것들도 많은데, 그 정체를 사실로 고발하기에는 너무나 위험하고 복잡하고 방대해서 예술의 형식을 취해 드러내려는 것이다.

반면에 신비하고 비밀스런 성격을 매력적으로 묘사하면서 친근하게 다가오려는 의도로 그들 입장에서 제작된 것들도 많다. 어느 것을 선택할 것인가는 독자의 몫이다.

논픽션으로는 『그림자 정부』, 『300인 위원회』, 『빌더버그 클럽』, 『세계 금융을 움직이는 어둠의 세력』, 『화폐전쟁』, 『사악한 화폐의 탄생과 금융몰락의 진실』, 『인사이드 잡』, 『다크플랜』, 『오바마의 속임수』, 『프리메

---

[1] Rulers Of Evil. blog.daum.net/thisage/87.

이슨과 유대교』, 『프리메이슨 비밀의 역사』, 『예수 프리메이슨』, 『시온 의정서』, 『모짜르트』 등이 있다. 픽션으로는 소설 『1984년』, 『멋진 신세계』, 『다빈치 코드』, 『로스트 심벌』 등이 있고, 영화 "메트로 폴리스", "컨스피러시", "매트릭스", "젠틀맨 리그", "헝거게임", "천사와 악마", "인페르노", "엑스 파일", "푸코의 진자" 등 무수하게 많다.

그것이 신비한 상징풀이나 신비의식 등으로 재미와 흥미를 유발하는 내용이라면 괜찮지만, 비밀스런 목적이나 사악한 역사 등을 노골적으로 폭로하는 것이라면 저술자나 제작자가 살해되거나 행방불명 또는 자살 처리되는 경우들도 많았다.

여기 그 이야기의 일부를 소개한다. 프리메이슨에 관한 소문들은 그 출처를 밝히지 못하거나 일부의 조각 정보들이라서 신뢰를 받지 못한 경우가 많았지만, 무수하게 흘러 다니고 있는 이야기들의 대부분은 사실이었다.

1. 성경 인물들에 기원

하나님을 정면으로 대적하는 집단인 프리메이슨이 자신의 기원이나 사상을 하나님의 말씀인 성경에서 취한다는 것은 흥미롭다. 프리메이슨과 같은 오컬트 세계는 성경의 기록을 부인하지는 않는데, 그것을 일부만 취하고 영지주의적으로 왜곡 해석하면서 정반대의 결론에 도달한다.

1) 에녹

프리메이슨의 성경이라고 불리는 『프리메이슨의 윤리와 교리 Morals and Dogma』를 저술한 알버트 파이크는 그 기원을 에녹에서 찾는다. 그들이 전수받은 신비한 지식은 에녹으로부터 유래된 것이라고 한다.

에녹의 이름은 히브리어로 Initiate(착수, 전수, 계몽자) 또는 Initiator (개시인, 전수자)라는 뜻을 가졌다. 화강암, 청동 혹은 놋쇠로 만든 그가 세운 기둥들의 전설은 아마도 상징적일 것이다. 홍수를 견디어낸 청동 기둥은 합법적 후계자인 메이슨들이 이어받은 신비들을 상징한다. 그들은 시작부터 그 신비의 관리인과 저장고였다. 세상 대부분은 이것을 모른다. 시대 속에서 끊임없는 유전의 흐름으로 이어져 온 위대한 철학과 종교적 진리와 도식과 상징과 그리고 우화 속에 구현된 것이다.[2]

성경에는 하나님과 동행한 에녹과 살인자 가인의 아들 에녹이 있는데 어느 에녹을 말하는걸까?

스코트랜드파 프리메이슨은 그들의 시작을 BC 3760년에 둔다. 성경학자 J. 어셔의 성경 연대기에 의하면 하나님과 동행한 아담의 7대손 에녹은 BC 3382년에 탄생했다. 프리메이슨의 조상 에녹이 하나님과 동행한 에녹보다 378년이나 더 앞서 탄생한 것이다. 그렇다면 그들이 말하는 에녹은 가인의 아들 에녹을 지칭한다.

가인은 인류의 첫 살인자이자 인류 처음으로 도시를 세운 인물이다. 그는 아들의 이름을 따서 그가 건설한 도시를 에녹이라고 불렀다. 오늘날 자신을 메이슨 즉 건축가의 후예라고 부르는 것은 이런 점에서 일리가 있다. 이후 인류의 범죄는 가공할만하게 되었고 그에 대한 심판으로 대홍수가 나면서 인류의 역사는 노아의 세 아들인 셈, 함, 야벳으로부터 다시 시작하게 된다. 그중 함의 손자이자 구스의 아들인 니므롯이 하나님을 크게 대적해 일어나며 그를 따르는 인류는 또 다시 하나님께 크게 반역하기 시작했다.

---

2 프리메이슨의 역사. blog.daum.net/thisage/88.

2) 니므롯

프리메이슨은 기원을 니므롯에 두기도 한다. 『프리메이슨 퀴즈북 *Masonic Quiz Book*』에는 "니므롯은 누구였는가?"라는 질문이 있는데, "그는 구스의 아들이다. 오래된 헌법은 그가 메이슨리의 아버지였다고 언급한다. 성서는 그가 많은 도시의 건축가였다고 한다"가 정답이다.

니므롯은 홍수 후 처음으로 도시들을 세우며 바벨탑도 건축했다(창 10:8-12). 유대 역사가 플라비우스 요세푸스는 니므롯과 그의 바벨탑에 대해서 이렇게 기록한다.

> 사람들이 하나님을 모욕하고 경멸하도록 이끈 것은 니므롯이다. 그는 함의 손자로 대담하고 강한 힘의 소유자였다. 그는 사람들이 누리는 행복이 하나님에게서 오는 것이 아니며 하나님께 감사하지 말도록 사람들을 설득했다. 그리고 사람들이 자신의 용기를 믿음으로 행복을 찾을 수 있다고 설득했다. 그는 사람들이 자신을 지속적으로 의존하도록 만들지 않고는 하나님을 경외하는 것을 막을 수 없다는 것을 깨닫고 그의 정부를 천천히 독재정부로 변화시켰다. 그리고 하나님이 다시 세상을 물에 잠기게 할까봐 물이 닿지 못할 높은 탑을 건설하면서 자기 조상을 멸한 하나님을 복수하려 했다.

『프리메이슨 새 백과사전 *A New Encyclopedia of Freemasonry*』은 바벨탑의 건설에 대해서 이렇게 말한다.

> 바벨은 분명히 프리메이슨 사업을 상징하며 그것에서 충분히 이득을 얻었다. 그들은 시험받고 검증된 마스터 메이슨처럼 하나의 언어와 하나의 말을 갖고 동쪽에서 서쪽으로 이동한 사람들을 기억했다. 그들이 시날 땅에 도착했을 때 그곳에서 노아의 후손들로 거주했고 처음으로

메이슨이라는 이름의 특징을 가졌다. 그곳에서 그들은 혼란의 높은 탑을 건설했다 … 악에서 선이 나온다. 그러나 언어의 혼란은 '말하지 않고 대화하는 고대 메이슨들의 방법'을 고안하게 했다.

유럽연합 포스터　　　피터르 브뤼헐의 '미완성 바벨탑'　　　유럽국회 건물

바벨탑이 프리메이슨 선조들의 사업이었다고 밝히는 이 인용문에는 흥미롭게도 "악에서 선이 나온다"는 내용이 있다. 나중에도 다시 언급하겠지만 "선을 이루기 위해서 수단과 방법을 가리지 않는다"는 그들의 모토와 일치하는 문구다. 물론 그들 기준의 '선'이다.[3] 그리고 언어의 혼란 때문에 '말하지 않고 대화하는 법'을 고안했는데 그것은 바로 프리메이슨의 무수한 상징체계를 말한다.

니므롯은 사람들의 관심을 자신에게 돌리게 하기 위해서 하나님을 대적하는 높은 바벨탑을 쌓으려 했지만 하나님의 방해로 저지되고 말았다. 이제 니므롯의 후예라고 자칭하는 프리메이슨은 그들의 시대인 물병자리 시

3　프리메이슨의 역사. blog.daum.net/thisage/88.

대가 도래되었다며 미완성의 바벨탑을 완성시키려 하고 있다. 그것은 하나님을 대적하는 세계정부NWO의 건립이다.

세계단일정부의 전신이라고 일컬어지는 유럽연합의 포스터에는 프리메이슨의 바포멧을 상징하는 뒤집힌 오망성들, 완성되지 않은 바벨탑 등의 노골적인 그림과 함께, '많은 방언, 하나의 목소리' 등의 메시지가 담겨 있다. 유럽국회의 건물도 네덜란드 화가 피터르 브뤼헐이 그린 '미완성의 바벨탑'을 그대로 본따서 만들었다.

3) 히람

프리메이슨은 BC 10세기경 솔로몬 성전을 지었다는 전설적 인물 히람 아비프Hiram Abiff에도 그의 기원을 둔다. 히람도 역시 건축가였는데 그의 이야기는 매우 구체적이다.

이스라엘 왕 솔로몬은 신에게 직접 설계도를 받고, 그 비밀을 성전 건축의 총감독관이었던 히람과 나눈다. 그는 '비밀 중의 비밀, 성스러운 진리'를 알고 있는 인물이 되었다. 솔로몬 성전에 관한 비밀을 알고 싶었던 석공 3명은 히람으로부터 '마법의 힘을 가진 비밀암호'를 얻길 원했다. 히람은 '신성한 계획의 비밀'을 알려주기를 거부하면서 그들에게 살해당한다. 신의 계획을 알면서도 죽음으로써 그 비밀을 지켰던 히람은 이후 부활한다.[4]

그렇게 프리메이슨의 영웅이 된 히람은 지금도 그들의 건물에서 그림으로 볼 수 있다. 그들에게 히람은 성스러운 솔로몬 성전의 건축을 통해 우주 창조라는 거대한 신의 역사를 재현하려 한 인물이었다. 이후 프리메이슨이자 과학자인 아이작 뉴턴은 '현자의 돌Stone of the Philosophers'의 비밀 제조법(연금술)이 솔로몬 성전에 숨어있다고 생각하며 성전 연구에 몰두하기도 했다.

---

4 The Legend of Hiram Abiff. blog.daum.net/thisage/89.

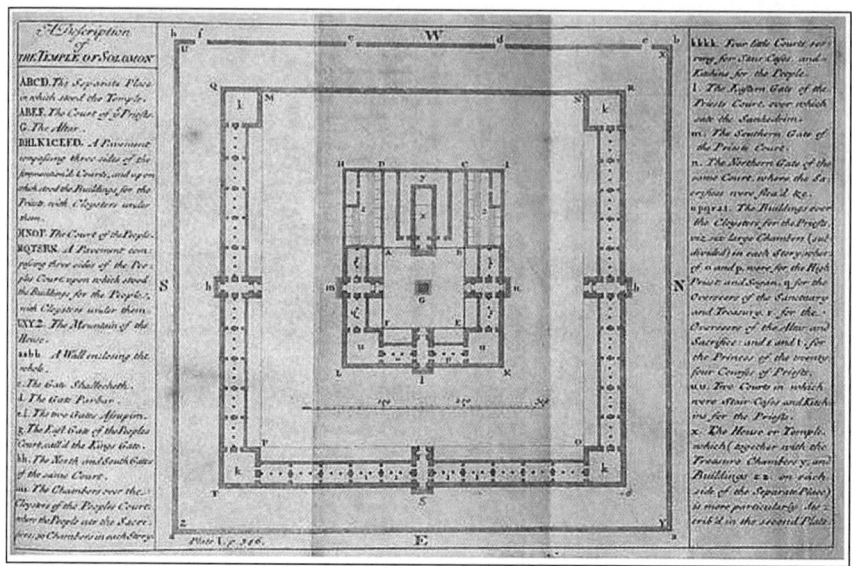

아이작 뉴턴의 솔로몬 신전 설계도

프리메이슨에게 있어 건축이란 우주의 신비에 다가갈 수 있는 수단이자 표현이었다. 프리메이슨의 신화와 의식에서 건축과 관련된 상징물들이 다수 등장하는 이유를 이해할 수 있다. 지금도 프리메이슨 지부의 가장 은밀한 곳에서는 히람 아비프의 살해를 재현하는 비밀 입회식이 치뤄진다. 입회자는 눈가리개를 쓰고 기존회원이 이끄는 대로 주발로, 주발라, 주발룸으로 분장한 3명의 앞에 차례대로 선다. 3명에게 차례로 비밀 암호를 대라는 요구를 받는데 대답하기를 거절하면서 가짜공격을 당하고 마지막에는 가짜 죽음을 맞는다. 물론 결국 부활한다.[5]

성경에도 솔로몬의 성전 건축을 도왔던 히람이라는 인물이 나온다. 그는 두로의 왕인데, 성경은 두로 왕을 매우 지혜롭고 영화로왔지만 신처럼 되려하다가 타락한 루시퍼에 비유해서 말씀한다. 지혜를 숭배하는 프리메이

---

5 Death, Burial and Resurrection in the Masonic Lodge. blog.daum.net/thisage/90.

슨이 왜 루시퍼를 숭배하는지 추측해볼 수 있다. 다음은 하나님이 선지자 에스겔을 통해 두로 왕에게 하신 말씀이다.

> 또 여호와의 말씀이 내게 임하여 이르시되 인자야 너는 두로 왕에게 이르기를 주 여호와께서 이같이 말씀하시되 네 마음이 교만하여 말하기를 나는 신이라 내가 하나님의 자리 곧 바다 가운데에 앉아 있다 하도다 네 마음이 하나님의 마음 같은 체할지라도 너는 사람이요 신이 아니거늘 네가 다니엘보다 지혜로워서 은밀한 것을 깨닫지 못할 것이 없다 하고 … 네 마음이 하나님의 마음 같은 체하였으니 … 네가 옛적에 하나님의 동산 에덴에 있어서 각종 보석 … 으로 단장하였음이여 … 너는 기름부음을 받고 지키는 그룹임이여 … 네가 지음을 받던 날로부터 네 모든 길에 완전하더니… 마침내 네게서 불의가 드러났도다 … (겔 28:1-19).

2. 전신들과 공식적 탄생

프리메이슨은 에녹, 니므롯, 히람 등 성경의 오래전 인물들에게 그 기원을 두고 있지만, 일반적으로 알려진 역사는 약 천년 전부터 시작한다. 유럽의 감추어진 역사를 연구해온 원종우님의 『비딱한 유럽사』의 내용 일부를 엮어서 그 탄생을 짧게 소개한다.

예루살렘이 회교도들에게 유린당하자 1118년 프랑스는 십자군의 이름으로 성전기사단Knights Templar을 발족한다. 그들은 성지회복과 순례자 보호를 외치며 교황의 후원과 지지 아래 예루살렘으로 진군하지만, 현 근대와 중세의 연구가들에 의하면 그들의 실제 목적은 솔로몬 성전 터에 묻혀있는 보물을 찾는 것이었다. 솔로몬 성전 자리에 본거지를 세운 성전기사단은 오랜 동안 그곳에 머물면서 일종의 발굴 및 탐사작업을 폈을 것이다. 그렇게 해서 그들은 막대한 보물을 차지할 수 있었다.

그들은 또한 유럽과 중동 간의 무역과 금융업을 통해 엄청난 부를 축적해갔다. 거대해진 기사단은 이후 예루살렘을 이슬람에 다시 빼앗긴 후에도 백여 년 이상 번창할 수 있었다. 한때는 교황청과 유럽의 왕들에 필적할 부와 권세를 누리며 가히 하늘을 찌를듯한 위세를 떨치기도 했다. 성전기사단이 유럽 전역에 손을 뻗치며 세력이 강해지자 이들을 후원하던 교황과 왕들은 경계심을 갖게 된다.

그런데 성전기사단이 십자군 전쟁을 통해 얻은 것은 막대한 보물과 재물만이 아니었다. 이들의 십자군 원정은 알렉산더 대왕이나 로마 시대 이후 유럽군대가 동방으로 진출한 최초의 사건이 된다. 십자군이 예루살렘을 점유하고 있던 백 년 가까운 기간 동안 그들은 예루살렘과 그 주변에서 쉽게 접할 수 있었던 동양의 신비주의 종교에 큰 흥미를 가졌을 것이다. 그들은 카발라 유대교, 수피즘 이슬람교, 우파니샤드 힌두교, 신비주의 불교의 사상을 접하고 이를 기독교적 관점에서 통합하며 그들 나름의 독특한 종교와 사상으로 발전시켜 나갔다.

이 신념은 이후 유럽 은비주의인 프리메이슨의 모태로서 굳건히 자리매김하게 된다. 지금까지도 맹위를 떨치고 있는 프리메이슨의 불가사의한 생명력과 흡인력은 천 년 전 성전기사단으로부터 전수받은 것이다. 이 신비는 근대와 현대의 대 석학과 정치가들, 각 분야의 대표적 천재들을 끌어 모을 수 있을 정도로 강력한 그 무엇이었다. 설득력 강한 철학과 사상이라는 명분과 그에 동반하는 실제적인 힘이 없었다면 세기의 천재들을 모을 수 없었을 것이다.

그러나 크게 번성하던 성전기사단은 1307년 갑작스런 재앙을 당하게 된다. 바포멧Baphomet이라는 염소 머리 형상을 우상숭배하고, 십자가에 침을 뱉고, 입단식에서 피의 맹세를 하는 등 이단적이고 악마적인 종교행위 때문에 교황에 의해 이단 선고를 받은 것이다. 지도자는 화형을 당하고 사람들은 흩어졌다. 교황이 이렇게 극단적으로 처벌한 이유는 그들이 소유하고 있는 막대한 재물을 차지하기 위해서였다는 주장도 있다. 이래서

성전기사단은 하루 아침에 몰락하는 것 같았다.[6]

1614년 요한 발렌틴 안드레아에 의해서 장미십자회Rosie Crucian가 일어나며 다시 유럽을 흔들어 놓았다. 그는 젊어서 이집트와 아랍 등지를 돌아다니며 구전되어온 신비지식을 전수받고 이후 독일로 돌아와 소수의 제자들과 함께 장미십자회를 결성한 것으로 알려진다. 그들은 기독교 신앙에 드루이드교, 게르만 설화, 동양의 신비종교들을 섞어가며 점점 신비하고 과장된 것으로 진화시켜 갔다. 그들은 신이 깃든 돌, 불로불사, 생명을 초월하는 영약, 생사의 비밀을 풀어내는 열쇠, 환생 등 신비하고 매력적인 이론을 만들어내며 무수한 지식인들을 현혹했다.

그의 저서 『장미십자회의 화학적 결혼Chymische Hochzeit』은 연금술을 소개한다. 그는 어떤 물질이 화학 반응을 거쳐 다른 물질로 전환되는 것을 보고 값싼 금속을 금으로 변환시킬 수 있다고 생각했다. 마찬가지로 보통 인간이 신비한 능력을 통해서 초월적 존재로 질적 변환할 수 있다고 믿었다. 연금술의 최종 목표는 삶과 죽음, 선과 악을 초월해 그 비밀을 이해하고 나아가 우주의 진리를 깨우치는 것이었다. 이런 엄청난 목표가 있었기에 수은과 납 중독으로 죽어가면서도 수많은 사람들이 몇백 년간이나 연금술에 매달릴 수 있었다.

연금술에 관심을 가진 사람들 중에는 중세 최고의 지성인으로 일컬어지는 토마스 아퀴나스, 로저 베이컨, 근대 최후의 천재 라이프니츠, 근대 역학의 체계를 세우며 근대 과학의 아버지라고 불리우던 아이작 뉴턴도 포함된다. 뉴턴은 말년에 매우 진지하게 이 주제에 심취하면서 '최후의 마법사'라고 불리기도 했다.

장미십자회와 성전기사단은 이집트와 아랍의 이교적 신비주의 색채를 배경으로 하기 때문에 기독교와는 매우 다른 세계관이나 의례 절차를 갖지만, 한편으로는 계속적으로 기독교 단체를 표방해 왔다. 그들은 기독교

---

6 Secret Society, The Knights Templar. blog.daum.net/thisage/91.

로 가장했다기보다는 스스로를 기독교 단체의 한 분파처럼 믿고 있었던 것 같다.[7]

1717년 영국 런던에서 프리메이슨이 공식적으로 탄생을 선포한다. 그것은 새로운 조직이 아니라 프랑스에서 시작된 성전기사단, 독일에서 발흥된 장미십자회가 전신이 되어 탄생한 것이다. 프리메이슨은 그외에도 유사한 여러 조직들을 흡수하거나 연계하면서 크게 성장해갔다. 르네상스를 지나면서 중세 기독교(로마가톨릭교)의 파워는 상당히 약화되었고 종교개혁과 계몽사상 등으로 교황권과 왕권이 동시에 흔들리기 시작했다. 과학, 수학, 기술, 각종 철학이 등장하면서 지식인들은 점차적으로 기독교에서 이탈하는 기미를 보였다. 이때 프리메이슨은 그들의 커다란 공감을 얻을 수 있었다.

기독교(로마가톨릭) 도그마에 반감을 갖고 있는 지식인들, 새로운 세상을 염원하는 혁명가들, 표현의 자유를 추구하는 예술가들, 왕족과 귀족들에게 집중된 부와 권력을 나눠 갖고자 하는 부르주아지들, 우주의 비밀을 습득하고자 하는 과학자들, 부패한 가톨릭의 박해를 피하고자 하는 프로테스탄트들 … 모두가 프리메이슨의 포섭 대상이 될 수 있었고, 실제로 프리메이슨에 참여했다.

문화, 정치, 경제, 사회 등 각 분야의 지식인들이 프리메이슨으로 모여들었다. 불과 20년이 채 지나지 않은 1733년에는 이미 126개 지부를 거느리게 된다. 당시 유럽에서 그들의 파급력이 얼마나 대단했는지 알 수 있다. 프리메이슨은 자선기관으로 자칭하면서 대중에게도 문을 열고, 또 자유, 평등, 박애정신을 주장하면서 대중의 호응을 얻어 결국 1789년 프랑스 대혁명도 성공시킬 수 있었다. 그러나 그들의 궁극적 목표인 신세계질서의 구축과 기독교 멸절을 위해서 내부로는 오컬트 사교

---

7 Connection between the Rosicrucians and Freemasons. blog.daum.net/thisage/92.

집단의 비밀을 이어가고 있다.[8]

3. 일루미나티와 연계

프리메이슨은 여러 조직과 복잡하게 연계되어 있는데 그중 '광명파 프리메이슨'이라고도 불리우는 일루미나티Illuminati가 가장 핵심적 조직으로 알려진다. 위키백과에 의하면, 이 조직의 창설자 아담 바이샤프Adam Weishaupt는 7세부터 예수회Jesuit 소속의 학교에서 교육을 받으며 20세 나이에 잉골슈타트대학에서 법학박사를 받고 1772년 24세의 나이에 동대학에서 법학교수가 되었다. 그는 뛰어난 머리와 재능을 가졌지만 극단적인 자유사상으로 인해 보수파들로부터 강한 견제를 받기도 했다.

그는 세계적인 유대인 금융재벌가이자 프리메이슨인 로스차일드와 손잡고 1776년 5월 1일 일루미나티를 창설한다. 그리고 자기와 의견을 같이 하는 동지들을 규합해서 비밀리에 집회를 열어 그들의 사상과 세계관을 계몽해 갔다. 당시 유럽을 지배하던 기독교 배척과 자유 선호 사상과 맞아떨어져서 일루미나티는 짧은 기간 동안에 회원 수를 증가해 나갔다.

이 회의실은 귀족, 사상가, 문인들에게 개방되어 이곳의 출입 여부가 18세기 유럽 사회의 명예와 관련되어질 만큼 사교계의 중심점으로 부상했다. 결국 '이상적인 사회 조직의 현실화'라는 그들의 정신은, 유럽사회의 정치, 경제, 사회, 문화, 종교 등 전 분야에 걸쳐 엄청난 영향을 끼치게 되었다.

그러나 그것은 매우 비밀스럽고 위험스런 조직이었다. 그들의 핵심 요원이 되기 위해서는 고대의 신비적인 비밀교리나 의식을 배워 익혀야 했고, 모든 개별 국가의 파괴, 모든 종교의 파괴, 세계정부의 수립 등 일곱

---

8 프리메이슨 그들은 누구인가. blog.daum.net/thisage/93.

가지 목표에 대한 교육을 철저히 받아야 했다. 회의 내용은 일절 누설하지 못하게 했으며 회원들은 조직 내에서 절대 권력자였던 바이샤프트에게 절대 복종을 맹세해야 했다.

바이샤프트는 이미 유럽에서 활발히 활동하던 프리메이슨에게 관심을 갖는다. 일루미나티를 조직할 때 후원한 로스차일드가 프리메이슨인데다가 프리메이슨 사상이 일루미나티와 공통점을 갖고 또 치밀한 조직력을 갖추고 있었기 때문이다.

드디어 1782년 7월 16일, 프리메이슨과 일루미나티 양 조직이 결합함으로 3백만 명이 넘는 인원의 대 조직이 되면서, 일루미나티 정신이 프리메이슨 내에서 활발하게 확산됐다. 신생 조직 일루미나티는 젊고 행동력이 강한 데다가 급진적이었기 때문에 오랜 역사를 가진 프리메이슨과는 노선의 차이가 있었고, 혁명적 군사 행동 등에 대한 견해차로 인해 갈등 또한 없지 않았다. 프리메이슨은 전면에 나선 거대 조직으로서 전체 그림을 그려 나가고, 일루미나티는 프리메이슨 내에서 다소 독립적인 또 다른 비밀결사로서 보다 급진적으로 활동했던 것으로 보인다. 프리메이슨의 수뇌는 대부분 일루미나티에 관련되었다고 알려져 있다.

프리메이슨은 이렇게 조직을 확장해 가면서 유럽 전역에 지부를 세우고 미국건설, 프랑스 혁명, 러시아 혁명, 세계대전 등에 깊이 관련해 유럽과 세계에 영향을 미치면서 일종의 숨은 세계정부로서 커 갔다. 메이슨의 입회식에서 서약하며 멤버가 된 당시 유럽의 왕과 황제로서, 영국의 에드워드 7세와 8세 및 죠지 6세, 프러시아의 프레데릭 대제, 그리스의 죠지 1세, 노르웨이의 하콘 7세, 폴란드의 스타니슬라우스 2세 등이 있다. 유럽의 근대는 프리메이슨에 의해서 만들어져 갔다.

그러나 프리메이슨의 야심은 유럽의 근대화에서 멈추지 않았다. 유럽에서 막대한 인원과 조직, 자금력, 영향력을 행사하게 된 이들은 동시에 대서양 건너의 대륙에 지대한 관심을 갖고 있었다. 기독교 중세 유럽을 넘어서 새로운 세계의 건설에 강한 열망을 품고 있던 이들에게 거대한 미국 신대륙은 강한 유혹일 수밖에 없었다.

이런 이유에서 이들은 이미 백 년 전부터 동료들을 그 먼 곳에까지 보내며 지속적으로 관여하고 있었다. 오래 전부터 내려오던 고대의 꿈을, 어쩌면 그 옛날 황금 시대의 기억을 현실에서 다시 재현하기를 소망하면서, 잊혀진 제국의 영광, 세계단일정부의 이상, 신세계질서의 수립의 꿈을 위해서 그들은 대서양을 건너와 신대륙에 미국을 건국하기에 이른다.[9]

4. 신아틀란티스로 선택된 미국

오컬트 세력은 그들의 이상국가인 '신아틀란티스New Atlantis'를 실현할 장소로 신대륙 미국을 선택했다. 플라톤의 『대화록』에 의하면, 고대 아틀란티스는 풍부한 천연자원과 고도로 발달한 과학과 문명을 가졌고 모든 인간의 필요를 채워줄 수 있는 제국이었다. 그런데 갑작스러운 대지진과 대홍수로 순식간에 물속에 잠겨 버렸다고 한다.

고도로 문명이 발달했으나 대홍수로 멸망한 나라는 역사상 어디를 말하는 것일까? 성경에서 언급된 노아의 대홍수는 여러 나라의 신화에도 나와 있고 과학적으로 여러 각도로 증명된 역사적 사실이다. 노아 홍수 이전에 인류는 대문명을 이루고 살았다는 것도 많은 고고학자들의 주장이다. 그렇다면 그들이 말하는 고대 아틀란티스란 홍수 이전의 세상을 가리킬 것이다.

프리메이슨의 가장 위대한 철학자로 존경받는 최근 인물 맨리 홀Manly P. Hall(1990년 사망)은, 아틀란티스가 과거 온 세상을 다스렸던 제국으로 실존했으며 언젠가 다시 재건될 운명이라고 주장했다. 그들은 지난 3,000년 이상 동안 깨달음을 얻은 국가들의 민주주의를 이룩하기 위해 줄곧 열

---

9 프리메이슨 그들은 누구인가. blog.daum.net/thisage/94.

심히 예비지식을 수집했고 그렇게 해서 미국이 선택되었다. 그는 저서 『미국의 숨겨진 운명The Secret Destiny of America』에서 이렇게 기록한다.

> 미국의 많은 건국자들이 메이슨이었다. 그들은 유럽에 존재하는 비밀스럽고 위엄있는 조직의 도움을 받았다 … 프랜시스 베이컨이 설계한 프로그램에 따라 신아틀란티스는 잘 형성되어갔다.[10]

미국에 신아틀란티스를 세우려는 그들의 목적은 워싱턴의 도시설계나 정부건물들에 반영됐고, 프리메이슨 이념인 '신세계질서Novus Ordo Seclorum' 문구가 담겨진 국새Great Seal와 1달러 지폐 등에서도 두드러지게 드러난다. 뿐만 아니라 건국 초기의 우표에서도 볼 수 있다.

'아는 것이 힘'이라는 명언을 남기고 또 신비소설 『신아틀란티스The New Atlantis』의 작가로도 유명한 프랜시스 베이컨은 오컬트 비밀조직인 장미십자회의 수장이었다. 그는 각국에 흩어져 있던 석공 조합들을 세계적인 프리메이슨으로 조직화하여 미국으로 보냈다. 그가 미 대륙을 신아틀란티스를 실현할 곳으로 보았던 것은, 바로 '인도하는 영Guiding Spirit'의 계시에 의한 것이었다. 어떤 '신령한 영'이 오컬트 비밀조직들에게 신대륙 미국에 어떤 국가를 세워야 하는지에 관한 정보를 주었다는 것이다.[11]

그가 신대륙에 끼친 영향력을 기념하는 뉴 파운드랜드 우표가 1910년에 만들어졌는데, 거기에는 베이컨의 이름과 함께 '식민자화 정책의 인도하는 영The Guiding Spirit in Colonization Scheme'이라고 기록되어 있다. 'Guiding Spirit'은 프리메이슨의 종교인 뉴에이지에서 사용되는 용어다. 이에 대해서는 본서 제9장에서 다시 다룬다.

---

10 Secret Mysteries of America's Beginnings. blog.daum.net/thisage/95.
11 New Atlantis, A Work Unfinished. blog.daum.net/thisage/96.
    Posts Tagged 'Manly Marie Hall'. blog.daum.net/thisage/97.

제 4 장 프리메이슨의 탄생과 업적　85

프랜시스 베이컨의 업적을 기리기 위해 만들어진 우표

조지 W. 부시는 두 번째 대통령 취임식에서 이렇게 말했다.

> 미국의 건국자들이 미국의 국새Great Seal에 그것을 새겨넣었을 때 그들은 결국 실현될 고대 염원에 의해 행했던 것이다.

그의 말은 톰 혼Tom Horn 박사의 다음과 같은 말에서 설명이 된다.

> 미국 국새에 새겨진 이 문구는 쿠메안 시빌(로마신전의 무녀)의 예언에 의한 것이다. 그 예언에 의하면 지금 같은 혼돈의 시기에 신세계질서 NWO가 시작될 것이다. 이때 아폴로 신(이집트의 오시리스 신과 동일)이 육신을 입고 구세주이자 '약속의 아들'로 하늘로부터 이 땅에 올 것이다 … 로마의 최고 신인 쥬피터가 여호와의 대적자였듯이, 그의 아들 아폴로는 예수의 대적자가 된다 ….
>
> 신약성경은 NWO 시대에 도래할 적그리스도에 대해서 경고한다. "누가 어떻게 하여도 너희가 미혹되지 말라 … 멸망의 아들이 나타나기

전에는 그날이 이르지 아니하리니 그는 대적하는 자라 신이라고 불리는 모든 것과 숭배함을 받는 것에 대항하여 그 위에 앉아 자기를 하나님이라고 내세우느니라"(살후 2:3-4). 여기서 '멸망의 아들'은 Apoleia, Apollyon으로 표기되는데 Apollyon은 Apollo의 변형이다 ⋯.[12]

혼 박사는 이 '신'이 성경에 기록된 적그리스도의 영과 동일한 것으로 미국 건국에서 실현된 것으로 보았다. 그는 『잃어버린 심볼의 발견The Lost Symbol Found and the Final Mystery of the Great Seal Revealed』을 출간한 이래 하루에 8개가 넘는 TV와 라디오 프로그램에 출연했고 미 상원의원과 프리메이슨 33도들과도 인터뷰를 가졌는데 그중 어느 누구도 그의 발견과 이론을 반박한 사람이 없었다고 한다.

5. 미국 건국과 장악

미국 건국을 말할 때 흔히 신앙의 자유를 찾아 신대륙으로 건너간 청교도들을 말한다. 그러나 신대륙으로 건너간 사람들 중에 청교도인은 단지 102명뿐이었다. 그나마 인디언의 습격과 추위와 질병으로 1년 만에 절반이 죽고 50명 정도만 남게 되었다.

둘째 부류는 황금을 찾아온 사람들이다. 1492년 콜럼버스의 신대륙 발견 이후 황금을 찾아서 수많은 유럽인들이 남북 아메리카에 들어왔다. 그들이 미국 건국 과정에 합류되어 미국 사회의 주류층으로 진입하게 되었다.

셋째 부류는 영국 사회의 골치아픈 범죄자 무기수들이다. 영국 정부는 영국 사회의 골치아픈 범죄자들을 국내에서 추방하기 위하여 신대륙 개척

---

[12] The Lost Symbol Found and the Final Mystery of the Great Seal Revealed. blog.daum.net/thisage/98.
America is Freemasonry's "New Atlantis". blog.daum.net/thisage/99.

단으로 건너가는 것을 조건으로 출옥시켰다. 이런 정책으로 인해 아메리카 대륙은 영국 사회 범죄자들의 유배지가 되어 버렸다.

넷째 부류는 노동을 위해 끌려온 노예와 노동자들이다. 남부의 농업이 활성화되면서 노동력 확보를 위해 아프리카의 흑인들이 노예로 대거 끌려왔고, 대륙횡단 철도와 다리 건설, 후버댐 축조 등의 대규모 토목공사를 위해 중국인 노동자들이 몰려왔다.

다섯째 부류는 영국의 프리메이슨 자본가들이다. 신대륙 미국에서 본격적인 개척이 이루어지면서 큰 붐이 일어나자 거대한 자본력을 갖고 있던 유럽의 프리메이슨들이 대규모 사업확장을 위해 무더기로 건너왔다. 미국 북부의 공업지대가 형성되고, 때마침 유럽에서 일어난 산업혁명과 방적기술의 발달로 목화의 수요가 늘어나자 프리메이슨 자본가들은 아프리카 흑인노예들을 잡아다가 남부지역에서 대규모 목화농업을 시작하며 부를 축적해갔다.

미국은 당시 영국령이었는데 영국이 세금을 인상하고 자체적인 화폐사용을 금지하자 이에 반발한 폭동이 일어나면서 독립전쟁이 시작되었다. 그것은 영국과 미국의 프리메이슨들이 공모해 일으킨 전쟁이었다. 당시 버지니아의 대령이었던 조지 워싱턴이 혁명군의 사령관이 되어 전쟁에서 승리하자 1776년 미국은 독립을 얻고 그는 미국 초대 대통령이 되었다. 워싱턴의 초상화를 보면 '조지 워싱턴 프리메이슨'이라고 자신의 신분을 분명히 밝힌다. 워싱턴뿐만 아니라 독립선언문을 작성한 벤자민 프랭클린, 독립선언서에 서명한 56명 중 50명, 심지어는 신대륙의 발견자 콜럼버스도 모두 프리메이슨이었다.[13]

워싱턴 대통령의 위업을 기리기 위해서 국회의사당을 정면으로 마주 보는 자리에는 오벨리스크를 본 딴 대형 기념탑이 세워졌다. 오벨리스크는

---

13 America's Secret Destiny. blog.daum.net/thisage/100.
What Are America's True Roots? blog.daum.net/thisage/101.

고대 이집트에서 태양신을 섬기기 위해 세웠던 탑이다. 프리메이슨의 영적 뿌리가 이집트의 태양신이라는 것은 잘 알려진 사실이다. 워싱턴의 도로 건설, 연방 정부건물들의 건설에도 프리메이슨의 상징이 반영되어 있다.

미국 국새와 1달러 지폐의 뒷면에 새겨진 피라미드, 전시안, 32개 깃털의 독수리, 13개의 별, Novus Ordo Seclorum(신세계질서), Annuit Coeptis(그가 우리의 일을 승인한다), E Pluribus Unum(여럿에서 하나로) 등의 상징과 문구에서 프리메이슨의 NWO(신세계질서)를 향한 사상을 볼 수 있다. 수도 워싱턴 D.C.에서 D.C.는 District of Colombia의 약자인데, 컬럼바 여신의 이름을 딴 프리메이슨 컬럼버스파의 지역이란 뜻이다. 뉴욕 New York도 영국 프리메이슨 요크파의 새로운 근거지란 뜻으로 붙여진 이름이다.

미국의 건국을 기념해 세워진 자유의 여신상은 1884년 프랑스 프리메이슨이 미국 프리메이슨에 준 선물이다. 여신상의 설계자인 바르톨리 Bartoli의 얼굴이 인쇄되어 있는 신분카드의 아래쪽을 보면 프리메이슨의 컴퍼스와 삼각자 심볼을 선명하게 볼 수 있다. 여신상의 실제 건축가인 구스타프 에펠은 파리 에펠탑의 건축자이기도 한데, 그도 역시 프랑스 프리메이슨의 주요 인물이다. 여신상의 설계자, 건축자, 전달자 모두 프리메이슨인 것이다. 이 여신상을 세우면서 뉴욕 프리메이슨들은 엄숙한 메이슨 의식을 치루었다고 한다.[14] 미국이 프리메이슨의 나라라는 증거는 그외에도 여러 곳에서 드러난다.

1826년 무렵 미국의 메이슨은 5만 명에 달했고 대부분이 엘리트나 전문가들이었다. 메이슨 단원이었던 윌리엄 모건William Morgan 대위가 프리메이슨의 해악을 담은 책을 출판하려 하자 납치되어 살해되는 일이 발생했다. 그는 죽었지만 1827년 그가 쓴 『30년 동안 헌신했던 한 형제가 쓴

---

14 Freemasonry and the Hidden Goddess. blog.daum.net/thisage/102.

메이슨의 실상』이란 책이 유작으로 출간되었다.[15]

대중들은 프리메이슨의 정체를 알게 되면서 범죄자들에 대한 공정한 처벌을 요구했고, 당시 뜻있는 사람들이 최초로 메이슨을 반대하는 목적으로 제3의 정당을 창당하기도 했다. 그들에 대한 공식적인 조사가 있고 공개적인 발표도 있었다. 1829년 뉴욕주 상원의원회의는 이렇게 발표했다.

> 프리메이슨은 굉장히 강력하다. 높은 고위층, 부유층, 각 기관의 능력있고 권력있는 거의 모든 곳에 그들이 존재한다 … 프리메이슨이 정부 요직을 장악하고 있고 언론도 프리메이슨의 위세에 눌려 있다.

1834년 매사추세츠 합동 위원회는 이렇게 발표했다.

> 프리메이슨은 우리 정부 안에 존재하는 분명하고 독립적인 기관이지만 비밀스러운 방법들 때문에 땅의 법령들이 닿지 않는다.[16]

그들의 세력은 점점 견고해져 갔다. 프리메이슨으로 알려진 역대 대통령으로 국부인 죠지 워싱톤을 비롯해, 제임스 몬로, 앤드류 잭슨, 제임스 폴크, 제임스 뷰캐넌, 앤드류 존슨, 제임스 가휠드, 씨어도어 루즈벨트, 윌리엄 태프트, 와렌 하딩, 프랭클린 루즈벨트, 해리 투르먼, 린든 죤슨, 제랄드 포드, 로날드 레이건, 아버지 부시, 아들 부시, 빌 클린턴 등이 있다. 펜실바니아의 그랜드 랏지Pennsylvania Grand Lodge 홈페이지에는 최근의 대통령들을 제외한 이름들이 자랑스럽게 올라가 있다.[17]

현재 상원의원의 대다수도 프리메이슨이다. 최근 CNN 방송은 프리메이슨과 관련해 국회를 방문해서 "프리메이슨이 전 국회를 뒤덮고 있다"고

---

15 William Morgan Anti Mason. blog.daum.net/thisage/103.
16 프리메이슨의 역사. blog.daum.net/thisage/104.
17 Masonic Presidents of the United States. blog.daum.net/thisage/105.

보도했다. 프리메이슨이 아니면 미국의 정계진출이 사실상 불가능한 실정이다. 그러나 프리메이슨으로 대통령이 되어도 말을 듣지 않으면 닉슨의 경우처럼 워터게이트 같은 사건이 터져 낙마되기도 하고 케네디처럼 살해되기도 한다. 그는 자신의 아버지와 프리메이슨과의 커넥션으로 대통령이 되었지만 이후에는 프리메이슨에 저항함으로 이스라엘 정보기관 모사드와 미 CIA 등 막강한 세력에 의해서 암살되었다고 알려진다.

이를 파헤친 책으로 마이클 파이퍼Michael Collins Piper의 『마지막 심판: 증발된 JFK 암살음모의 고리』, 데이빗 이케David Icke의 『진리가 그대를 자유케 하리라』 등 여러 권이 있다. 쑹훙빙은 저서 『화폐전쟁』에서 이렇게 말한다.

> 현대사를 통틀어 케네디 대통령 암살 사건만큼 노골적으로 민주정치를 짓밟은 예는 없을 것이다. 케네디 암살 후 불과 3년 만에 18명의 결정적 증인이 연이어 사망했다. 여섯 명이 총맞아 죽고, 세 명이 자동차 사고로 죽고, 두 명이 자살하고, 한 명이 목잘려 죽고, 한 명이 목졸려 죽고, 다섯 명이 자연사했다. 영국의 한 수학자는 「선데이 타임스」에 기고한 글에서 이런 우연이 발생할 확률은 10경분의 1이라고 했다.[18]

6. 프랑스 혁명

1789년의 프랑스 혁명도 우리가 배운 것처럼 왕의 폭정에 못 견뎌 가난한 민중들이 일으킨 전쟁이 아니었다. 당시 프랑스는 평화로웠고 경제는 풍족한 편이었으며 국민들은 큰 불만이 없었다. 프리메이슨이 의도적으로 사회 혼란을 야기시키고 거짓정보를 유포하고 민심을 선동하고 이를 해결

---

18 세상을 움직이는 빨간 방패. blog.daum.net/thisage/106.

해주는 척 하면서 왕정을 무너뜨리고 목적을 이룬 것이다. 혁명이 성공하자 그동안 목적을 이루기 위해 포섭되고 이용되었던 귀족계급은 단두대로 보내졌다. 이후 수많은 사람들이 처형되며 극심한 공포정치가 시행되었다. 결국 민중은 가혹한 독재정치와 가난 속으로 들어가고 나라는 엄청난 피해를 보게 되었다.

소련 공산 혁명이 자유와 평등을 외치며 '평화와 빵과 토지'라는 구호를 내걸었지만 결국은 최악의 독재와 억압과 불평등과 가난과 전쟁과 죽음을 가져왔던 것처럼, 프랑스 혁명도 '자유 평등 박애'라는 멋진 구호를 외치며 성공했으나 결국은 독재 공포 분열 가난을 초래했다. 저들은 전형적 수법인 분열, 협작, 전쟁, 배신의 전술을 사용해 목적을 이루어왔고 대신에 무수한 대중들이 고통받고 죽어야 했다.[19] 이런 전쟁들을 일으킨 프리메이슨은 궤변으로 자신의 거짓말과 악행을 합리화시킨다. 아담 바이샤프트의 말이다.

> 목적은 수단을 정당화한다는 것을 기억하라. 사악한 자가 악한 일을 할 때 수단과 방법을 가리지 않듯 현자도 선한 일을 하기 위해서는 모든 방법을 강구해야 한다. 이는 비밀결사에 의하지 않고서는 달리 이루어질 수 없다.[20]

프랑스 혁명이 일루미나티에 의해 일어났다는 것은 여러 측면에서 증명할 수 있다. 일루미나티가 '빛', '계몽', '깨달음'을 주장하는 것처럼 혁명의 정신도 계몽주의다. 또 둘 다 '자유 평등 박애'의 구호를 외쳤다는 공통점이 있다. 그리고 혁명의 인권선언문을 새겨넣은 기념비에서 천사의 그림을 볼 수 있는데 그의 오른손 끝에서 일루미나티의 상징인 '전시안 All

---

19 그림자 정부: 숨겨진 절대 권력자들의 세계 지배 음모. blog.daum.net/thisage/107.
20 One Evil. blog.daum.net/thisage/108.

Seeing Eye'이 빛나고 있다. 프랑스 혁명을 이끌었던 볼테르는 계몽주의자이자 반기독교 인사로 유명한데, 『메이소닉 사전』에 의하면 그도 프리메이슨이었다.

반기독교적인 프랑스 혁명 기간 동안 성경은 불 태워지고 예배는 금지되었다. 대신 프리메이슨의 경신박애교Culte Theophilanthropique가 새로운 종교로 태어났다. 경신박애교는 국가차원의 후원을 받아 한때 노트르담 대성당이 이들로 채워지기도 했다. 이외에도 '이성 숭배', '최고 존재 숭배', '혁명 영웅 숭배', '자유의 여신 숭배' 등이 기독교를 대체한 혁명 종교로 오랫동안 지속되었다.[21]

프랑스 혁명이 성공한 후 인권 선언문이 작성되고 이를 기념해서 제작된 우표. 일루미나티의 상징인 전시안이 선명하게 보인다

7. 전쟁의 계시와 실행

프리메이슨의 최고 지도자 알버트 파이크가 주세페 마찌니Giuseppe Mazzini에게 보냈던 장문의 편지에는 그가 '스피릿 가이드Spirit Guide'로부터 받았다는 계시가 상세하게 기록되어 있다. 이 비밀 편지는 지금 런던

---

21 인류를 파괴해온 악마적 사상들. blog.daum.net/thisage/109.

대영박물관의 도서실에 보관되어 있는데, 이 내용이 놀라운 것은 그가 사탄에게 받은 '계시'대로 역사가 움직였다는 것이다. 다시 말해 사탄의 지시를 따라 그들이 계획적으로 전쟁을 실행했다는 것이다. 1891년에 사망한 그가 앞으로 일어날 세계대전에 대해 기록한 2건의 예언(또는 계획)은 소름끼치도록 정확하게 이루어졌다.

> 제1차 세계대전은 일루미나티가 러시아에서 황제의 권세를 없애고 러시아를 무신론 공산주의 요새로 만들기 위해 일어나야 한다. 일루미나티 요원들에 의해 생겨나는 영국과 독일 제국들 간에 분기가 이 전쟁을 조성하는 데 사용될 것이다. 이 전쟁의 끝에 공산주의가 세워져서 다른 정부들을 파괴하며 종교의 영향력을 약화시켜 갈 것이다 ….
>
> 제2차 세계대전은 파시스트들과 정치적 시오니스트들 사이의 분기를 기회로 조성해서 일어나야 한다. 이 전쟁은 나치즘을 파괴하고 정치적 시오니즘이 충분한 힘을 얻어서 팔레스타인에 이스라엘 국가가 세워지게해야 된다. 제2차 세계대전 동안 공산주의는 기독교 국가들과 힘의 균형을 이룰 만큼 강성해져야 하며, 마지막 사회적 재앙의 발발이 필요할 때까지 저지되고 유지되어야 한다 ….

제1차 세계대전 중에 러시아 왕정이 무너지고 최초로 공산국가 소련이 세워지면서 그들의 목표가 이루어졌다. 제2차 세계대전에서는 한편에 공산 소련을 세우고 반대편에 나치 독일을 세워 서로 대립시키며 원하는 결과를 창출했다. 이스라엘은 팔레스타인에 기적적으로 나라를 세울 수 있었고, 소련은 1945년의 포츠담 회담으로 동유럽 국가들을 흡수하며 공산주의의 수퍼파워로 부상할 수 있었고, 중국도 공산주의로 장악되었다. 역사가들은 당시 소련이 약세였는데도 불구하고 어떻게 동유럽을 장악하게 되었는지 늘 의문을 가졌다. 처칠, 트루먼, 스탈린 등이 모두 프리메이슨이기 때문에 각본에 따라 움직인 것 뿐이라고 프리메이슨 전문가들은 대답한다.

제1차 세계대전으로 3,000만 명 이상, 제2차 세계대전으로 7,000만 명 정도의 사상자가 있었지만 그들에게 그런 것은 중요하지 않다. 그들의 목적만 이루어지면 된다. "결과가 수단을 정당화한다"는 그들의 모토대로 움직이는 것이다. 그들의 계획대로 세워진 강력한 공산주의로 인해 세계는 냉전의 공포로 떨었지만 목표가 달성되자 공산 소련은 73년 만에 무너지고 미국은 경쟁자 없는 초강력 국가가 되었다.

우리가 아직 경험하지 않은 세 번째 전쟁에 대한 그들의 계획(또는 사탄의 계시)은 이렇다.

제3차 세계대전은 시오니스트들과 이슬람권 지도자들 사이에 생성되는 분기를 기회로 조성해서 만들어져야 한다. 전쟁은 정치적 시오니즘과 이슬람권이 서로를 파괴하는 형식으로 갈 것이다. 그러는 동안 다른 국가들은 이 문제에 대해서 의견이 갈라져 물질적으로, 도덕적으로, 영적으로, 경제적으로 완전히 파탄되는 수준까지 싸우게 될 것이다 … 우리는 니힐리스트들과 무신론자들을 풀어놓을 것이고, 그로인해 가공할만한 사회적 재앙이 일어날 것이다. 국가들은 완전한 무신론과 근원적인 야만성과 피비린내나는 소요들을 통해서 최고의 공포를 경험할 것이다. 그래서 국민들은 소수의 세계 혁명가들로부터 자신을 보호하기 위해 곳곳에서 문명 파괴자들과 기독교에 빠진 수많은 사람들을 몰살시킬 것이다. 그 순간부터 그들의 영은 방향을 잃은 채 이상을 찾아 헤맬 것이며 무엇에게 그들의 경배심을 주어야 할지 모르게 될 것이다. 그때에야 순수한 루시퍼 교리의 진정한 빛이 전 세계에 공개적으로 드러나게 될 것이고 그들은 그 빛을 받아들일 것이다. 이 빛이 드러나게 될 때 일반적인 복고운동의 결과로서 기독교와 무신론의 파괴가 일어날 것이

다. 두 세력이 동시에 정복당하고 제거될 것이다.[22]

이제 알버트 파이크가 예고한대로 제3차 세계대전을 불러올 수도 있을 이슬람과 현대 시오니스트들 사이의 갈등은 2001년 911사태 이후 점점 더 고조되고 있다. 911사태에 대해서는 본서 제6장에서 언급한다.

8. 조직

세계의 정치 경제 군사 외교 문화 종교 등을 조종하고 있는 실세들이 서로 경쟁과 협력과 갈등의 관계를 갖고 '한 목적'을 향해 나아가고 있다. 프리메이슨이나 일루미나티 같은 비밀조직뿐만 아니라, 미국외교협회CFR, 300위원회The Committee of 300, 삼변회Trilateral Commission, 빌더버그Builderberg, 유엔UN, 유럽연합EU, 로마클럽Rome Club, 검은귀족Dark Nobility, 만다라클럽Mandala Club, 원탁회의Round Table, 왕립국제문제 연구소RIIA, 타비스톡인간관계연구소Tavistock Institute of Human Relations, 인간자원연구소Human Resources Research Office, 스탠포드연구소Standford Research Institute, 연구분석코퍼레이션Research Analysis Corporation, 모사드Mossad, 중앙정보부CIA 등과 같이 우리에게 잘 알려진 이름들이 있다.[23]

세계 언론의 도움이 없었다면 저들의 목적은 성취되어갈 수 없었을 것이다. 1991년 6월 5일 있었던 빌더버그 회의의 기조연설에서 일루미나티의 수장급인 데이빗 록펠러David Rockefeller가 이렇게 말한 것이 몰래 녹음되어 세상에 유포되었다.

---

22 Three World Wars Planned by Illuminati Albert Pike in 1871. blog.daum.net/thisage/110.
23 The Governing of the Committee 300. blog.daum.net/thisage/111.
    Institutions through which Control is Exercised. blog.daum.net/thisage/112.

뉴욕타임즈, 워싱턴포스트, 그리고 타임지를 포함해 이 회의에 참석하신 여러 대형언론사를 운영하고 있는 임원 여러분들께 지난 40년간 보여주신 배려에 감사드립니다. 만일 지난 세월 동안 여러분들의 협조가 없었더라면, 세계를 향한 우리의 계획을 발전시키기 어려웠을 것입니다. 이제 세계는 '세계정부'를 향해 나아갈 준비가 되었습니다.[24]

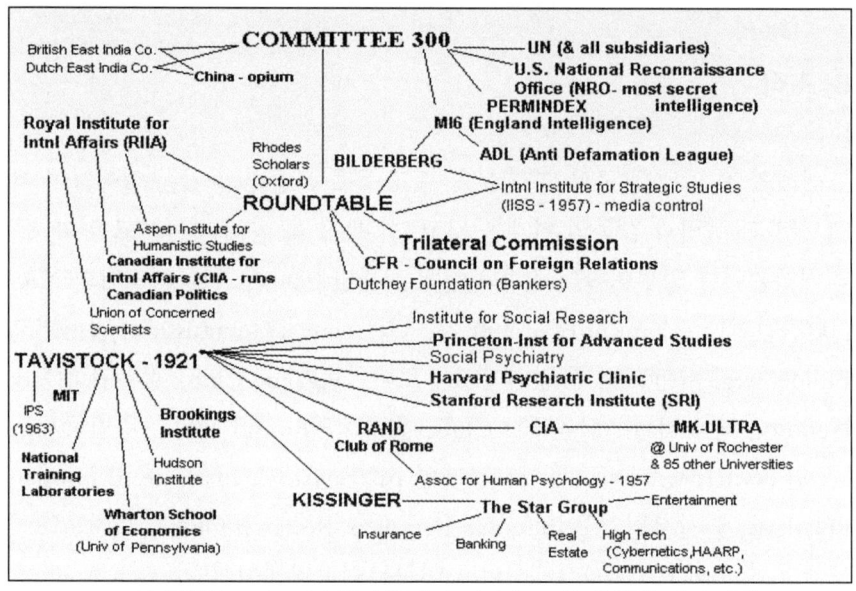

300인 위원회 조직도. 존 콜먼 박사의 저서 『300인 위원회』에서 발췌

모든 언론이 저들의 계획에 침묵하지만은 않았다. 그러나 저들의 비밀을 캐내어 밝히려는 자들은 대니 카솔라로Danny Casolaro, 배리 실Barry Seal, 테리 리드Terry Reed처럼 무고죄로 입건되거나 의문의 죽임을 당해야 했다. 지금도 비밀 엘리트 세력의 음모를 밝히는 자들은 '근거 없는 중

---

24 David Rockefeller's 1991 Bilderberg Quote…Ten Years Later. blog.daum.net/thisage/113
Bilderberg Group: What They May Be Planning Now. blog.daum.net/thisage/114.

상모략의 음모론'이라며 배척받거나 또는 무고죄로 처벌받기도 한다.

9. 예수회

앞에서도 언급했듯이, 아담 바이샤프트는 어려서부터 예수회가 설립한 학교에서 공부하며 그들의 사상을 배워갔다. 젊은 나이에 법학 교수가 된 그는 세계적인 유대인 금융재벌가이자 프리메이슨인 로스차일드와 손잡고 일루미나티를 창설한다. 예수회, 일루미나티, 프리메이슨은 다른 이름을 가졌지만 같은 사상과 목표를 공유한 집단이 되었다. 프리메이슨의 핵심이 일루미나티고, 일루미나티의 머리가 예수회라는 것에 많은 사람들이 동의한다.[25]

1) 바티칸 점령

AD 300년경 로마 황제 콘스탄티누스는 박해받던 기독교를 수용했다. 그러나 기존의 로마교도 용납했기 때문에 기독교와 로마교가 혼합되며 로마가톨릭 종교가 태어나게 되었다. 가톨릭은 정치의 도구로 이용되어 종교권력을 잡으면서 타락이라는 당연한 귀결을 맺는다. 대중이나 귀족이나 모두들 형식적이고 권위적이고 타락한 종교에 진절머리를 내고 있었다. 종교에 적대적인 프리메이슨이 기독교 타도를 외치며 프랑스 혁명을 일으켰을 때 성공할 수 있었던 것도 그 이유 중의 하나였다.

가톨릭과 프리메이슨은 당연히 서로에게 적대적이었다. 교황 클레멘트 12세는 1738년 교서 『인에미넨티』에서 프리메이슨을 '사탄의 무리'로 규정하고 가톨릭 신자들이 이 단체에 가입하는 것을 금지했다. 이후 교황청

---

25 예수회. blog.daum.net/thisage/115.

은 총 21회 프리메이슨을 정죄했으며, 총 53회 이곳에 항의 문서를 발송했다. 1884년 4월 20일 교황 레오 13세는 프리메이슨의 완악한 목표를 본질적으로 파헤친 '후마눔 제누스' 칙서를 발표하기도 했다.[26]

이처럼 바티칸은 프리메이슨에 강력하게 대항하는 것 같았지만 결국은 예수회를 통해서 그들에게 장악되고 만다. 예수회는 1539년 이그나티우스 로욜라Ignatius Loyola에 의해 세워져 1540년 교황의 인가를 받고 가톨릭 내에서 가장 큰 선교 단체로 자리를 잡으며, 이후 가톨릭을 지배하는 세력이 되었다.

말라키 마틴은 예수회의 정체를 가장 신랄하게 파헤친 사람들 중의 하나인데 저서 『예수회 수사들』에서 예수회가 바티칸을 점령했다는 사실을 증거한다. 바티칸에서 40년간 일했던 그의 친구 마리오 마리니 몬시뇰도 2008년 죽기 전에 동일한 고백을 했다.

> 우리 손은 묶여 있다. 중요 직책을 맡은 사람들이 모두 프리메이슨 단원이기 때문에 우리는 아무 것도 할 수 없다. 우리는 프리메이슨에 의해 점령당했다.[27]

2) 악의 축

최근 바티칸의 역사상 처음으로 교황을 배출한 예수회가 하나님의 대적자인 프리메이슨과 한 몸이라는 사실이 잘 믿어지지 않는다. 그러나 혹자가 말한 것처럼 예수회는 가장 거룩한 이름을 가진 가장 거룩하지 않는 집단이다. 역사가, 정치가, 내부자들의 예수회에 대한 증언을 들어보자.

---

26 프리메이슨 결사에 관한 교황 레오 13세의 칙서. blog.daum.net/thisage/116.
27 파티마의 제3의 비밀에서 빠진 것. blog.daum.net/thisage/117.

프리메이슨의 계보를 올라가 보자. 모든 조직들을 타고 올라가 가장 정상에 이르러 세계 메이슨들의 우두머리가 누군지 살펴보면, 당신은 예수회의 끔찍한 수장과 프리메이슨들의 우두머리가 같은 사람이란 사실을 발견할 것이다! —프리메이슨 대통령의 전기 작가 제임스 파튼, 『검은 교황Black Pope』

이렇게 일하는 대부분의 조직들, 예를 들어 고대 스코틀랜드파, 성전기사단, 아비그논파, 훼슬러파, 동서 황제들의 그랜드 의회, 국립 왕자 메이슨 등은 사실 거의 이그나티우스 로욜라(예수회의 창시자)의 아들들이다. 조직의 설립자인 바론 훈트, 슈발리에 람세이, 챠우디, 진젠도르프 같은 인물들도 모두 예수회 장군의 명령 하에서 일했다. —헬레나 블라바츠키, 『베일을 벗은 이시스』

예수회의 목적은 무엇인가? 그들은 오직 하나님의 더 큰 영광을 위한다고 말한다. 그러나 모든 사실들을 종합해보면 그들의 목적은 오로지 세계 통치권일 뿐이란 사실을 알게될 것이다. 그들은 교황에게 꼭 필요한 존재가 되었고 교황은 그들에게 꼭 필요한 존재가 되었다. 그들은 통치자들에게도 꼭 필요한 존재가 되어서 그들의 손에서 혁명들이 일어난다. 어떤 이름을 갖고 있든지 세상을 지배하는 자들은 그들이다. —19세기 신학자 루이지 산치스

공산주의든 나치든 전체주의 운동이 일어나면 예수회 신부가 그 지도자의 고문顧問역에서 발견된다. 쿠바의 카스트로의 고문은 알만도 로렌테 신부였다. —임마누엘 조셉슨, 『루즈벨트의 공산주의 성명서 Roosevelt's Communist Manifesto』

이 요원들은 누구인가? 이들은 대부분 예수회인데 예수회는 가톨릭교

회의 조직으로서 교활한 이중성과 도덕적 원칙의 완전한 상실로 세계적으로 유명하다. 이 조직은 기만술을 예술로 승화시켜 심지어 가톨릭 국가들이나 이탈리아 본국에서도 이들을 감당할 수 없어서 탄압하고 추방해야 했다. -발명가 사무엘 모스

만약 이 땅과 지옥에서 영원한 고통을 받기에 합당한 그룹이 있다면 그것은 로욜라의 조직(예수회)이다. -미국 전 대통령 존 애덤스

남북전쟁은 예수회의 사악한 영향력이 없었다면 일어나지 않았을 것이다. 이 땅에 흘려진 숭고한 아들들의 피는 가톨릭의 책임이다. … 매일 우리 땅에 상륙하는 신부, 수녀, 수도승들이 자신의 종교를 전파한다는 구실 아래 오지만, 실은 나폴레옹 3세와 유럽의 다른 폭군들의 밀사로 오는 것이다. 만일 이 사실을 개신교도들이 깨달을 수만 있다면 개신교도들은 신부들과 예수회를 몰아내는 데 연합할 것이다 … 자유를 원하는 사람들이 있는 곳 어디에서든 그랬듯이 그들은 이곳도 무정부 상태로 만들기 위해 준비하고 있다. -미국 전 대통령 아브라함 링컨

예수회는 마피아와 여러 비밀 단체들과 정보기관과 한 통속이 되고, 거대 기업들과 손을 잡아 비밀스런 목적을 위해서 거액의 돈을 뿌리고 … 정치와 종교와 첩보와 금융과 조직 범죄 사이의 경계선이 희미해져서 마침내 무엇이 무엇인지 모를 지경에 이르렀다 … 예수회는 피흘리는 일에 명수다 …. -미국 전 대통령 아브라함 링컨

예수회만큼 교황권을 위해 복종한 단체가 역사 이래 없었고 또한 사탄을 위해 그들보다 더 잘 사용받은 단체도 없었다. 예수회 둘이 모이면 악마까지 해서 악마 셋이 된다. -전 예수회 수사 말라키 마틴

예수회는 종교 단체가 아니라 군대조직이다. 이 조직의 목적은 권력이다. 가장 전제적으로 행사되는 절대권력, 우주적 권력, 한 사람의 의사에 따라 전 세계를 통치하는 권력이다. 예수회 사상은 가장 절대적이고 전제적이다. 그리고 가장 거대하고 엄청난 악이다. -몬톨론 장군

예수회는 진리의 우물에 독약을 탄 자들이다. -역사가 토마스 칼라일

그외에도 에릭 펠프스, 아브로 맨하탄, 폴 블랑샤르, 조셉 카레라, 로레인 뵈트너, 데이브 헌트, 알렉산더 히슬롭, 레만 스트라우스, 구엔터 레비, 바론 포셀리, 블레이크니, 니노 벨로, 조셉 자켈로 등이 치열한 고증과 함께 예수회의 자체 모순과 위선과 역사적 범죄를 구체적으로 폭로하고 있다.[28]

예수회의 정체는 2007년까지 20년간 세계은행World Bank에서 시니어 고문으로 일했던 변호사 캐런 후데스Karen Hudes에 의해서도 밝혀졌다. 그녀는 세계의 가난을 해결하겠다는 목적으로 설립된 세계은행이 실제로는 가난을 늘려왔다고 폭로한다. 그녀는 FRB와 세계 금융권이 예수회와 한패라고 고발하면서, 세계은행의 부패를 추적해서 돈이 어디로 흘러가는가를 조사하면 그 끝에 바티칸과 예수회가 있다고 주장한다. 그동안 바티칸이 돈세탁한 혐의에 대하여 끊임없는 논란이 있었지만 그것은 금기시되어온 주제였는데 캐런이 용감하게 공개한 것이다. 결론적으로 캐런은 예수회는 '역사상 가장 큰 폭력 행위를 해온 집단'이라고 고발한다.[29]

한국에서는 S목사님이 예수회에 대한 정체를 밝혔다가 이단으로 몰리고 파산하고 엄청나게 위협당하며 아내를 암으로 잃은 사실이 있다. 그래서 대부분은 저들에 대해 아예 알려지지 않거나 알면서도 침

---

28 Famous Quotes about the Jesuit Order. blog.daum.net/thisage/118.
29 예수회와 세계금융권은 한패거리- 역사상 가장 큰 폭력집단. blog.daum.net/thisage/119.

묵하거나 동조한다.

3) 비밀 유지

가톨릭이 중세 시대 천년 이상 동안 하나님의 자리를 차지하며 종교 횡포가 극에 달할 때, 저항가(Protestant, 신교)가 일어나며 가톨릭의 교세는 크게 위축되었다. 이 같은 위기 속에 탄생한 예수회는 가톨릭의 철저한 반성과 혁신을 주장하며 그 방법으로 기도와 고행, 그리고 봉사를 주문했다. 그리고 선교의 일환으로 100여 개 국가에 진출해 현재까지 4,000여 개의 교육기관을 세워왔다. 예수회에 대한 비난과는 전혀 어울리지 않는 거룩한 모습이다.[30]

예수회가 이처럼 선량한 기관으로 가장하며 정체를 잘 감출 수 있었던 것은 "목적을 위해서는 거짓말을 하라"는 가르침 때문이다. 알버트 클로즈Albert Close의 저서 『영국왕좌를 향한 로마의 싸움Rome's Fight for the British Throne』에도 기록되었듯이 예수회의 설립자 로욜라는 선(?)을 위해 거짓말하기를 종용한다. 저들의 유일한 충성은 하나님도 아니고 예수님도 아니고 인간 교황이다. 물론 저들의 가장 큰 원수는 기독교다.

> 내 아들아, 너는 이제까지 위선자로 행동하라고 훈련받아 왔다. 한 교파의 교리만을 고수해서는 안 된다. 자신이 처한 상황에 따라 처신을 달리해야 한다 … 로마가톨릭 내에선 로마가톨릭 신자로, 개혁교도 사이에서는 개혁교도가 되어라. 네 형제들 사이에서도 스파이가 되어라. 누구도 믿지 말고 누구도 신뢰하지 말아라 … 모든 교활한 방법을 동원해 세상의 모든 통치자들, 상류층, 관료들을 지배해서 우리의 손짓에 움직이게 하라. 우리의 이익을 위해 그들의 가장 가까운 친지들이나 친구들

---

30 예수회. blog.daum.net/thisage/115.

까지도 희생하도록 만들라 … 필요하다면 우리의 거룩한 종교와 교황을 비난하며 상대방의 신뢰를 얻어라. 그러면 너는 교황의 충실한 군사로서 너의 예수회 조직에 이로운 모든 정보를 수집할 수 있을 것이다 … 공회 전체가 동의한 바, 개신교 교회를 파멸시키기 위해서는 교리를 혼합시키고 현재 허용된 것보다 더 많은 의식들을 첨가시키는 것보다 더 좋은 방법은 없다.[31]

올란도 램버트Orlando Lambert는 예수회에 대해서 이렇게 주장한다.

바티칸 정치집단이 수많은 폭로에도 불구하고 작금에 이르기까지 살아남은 비결은 간단하다. 그 비결은 '간에 붙었다 쓸개에 붙었다 하는 전략'이다. 중립인 체하면서 정치적 상황에 따라 형편에 맞게 이리저리 옮겨다니는 신앙고백을 한다. 그들은 이 지구상에서 가장 왜곡되고 가장 비도덕적이며 속임수를 일삼고 한 입으로 두 말 하는 갈라진 혀를 가진 정치집단이다.

예수회가 잘 감추어져 왔던 또 다른 이유는 그에 관련된 저서가 없었기 때문이다. 볼테르에 따르면 18세기 말까지 예수회에 관해 기록된 책이 6,000권에 달했고, 아돌프 미셸에 의하면 19세기에 예수회 및 그들의 활동에 반대하는 책이 엄청나게 많이 출간되었다고 한다. 그러나 이후 예수회 관련 서적들이 모두 절판되고 서가에서 사라져 버리면서 그 정체는 사람들에게 감추이게 되었다.

하지만 내부자나 피해자 고발로 그들의 정체는 드러날 수 밖에 없었다. 마리아 리베라 수녀, 토마스 도일 신부, 안젤라 수녀, 샤렛타 수녀, 캐시 오브라이언, 요안나 마이클슨, 윌리엄 딘가너, 매리엠 파키스, 마리아 벤

---

31 Jesuit Plots Against Britain. blog.daum.net/thisage/120.

디탈, 윌리엄 쿠퍼, 클락 버터필드, 존 토드, 캐롤라인 햄릿, 아리조나 윌더, 브라이스 테일러, 케시 오브라이언, 스발리(가명), 샤롯(가명) 등이 구체적으로 증언하면서 대부분 실종되거나 자살하거나 독살 당했다.

4) 루시퍼 찬양

2014년 부활절 날 바티칸은 루시퍼를 찬양하는 미사를 올렸다. 계명성을 뜻하는 루시퍼는 타락한 천사를 지칭하는 사탄(사 14:12)이라고 그동안 가르쳐왔기 때문에 모두 깜짝 놀랐지만, 한편으로는 예수님이 스스로를 새벽별이라고 자칭하셨으니(계 22:16) 이해할 만도 하다. 루시퍼라는 단어가 새벽별을 뜻하는 단순명사로 예수님에게 사용되든, 아니면 자신을 광명의 천사로 가장하는 사탄(고후 11:14)에게 고유명사로 사용되든, 문제는 아닌 것 같다.[32]

문제는 프리메이슨이 루시퍼를 숭배하는 집단이라는 것이다. 물론 그들이 숭배하는 루시퍼가 예수님이 아니라 사탄이라는 것은 그들의 교리를 보아도 분명히 알 수 있다. 그에 대해 상세한 것은 다음 장에서 기술한다. 바티칸이 프리메이슨과 예수회에 점령당해 있는 것이 사실이라면, 그들이 찬미한 루시퍼는 예수님이 아니라 사탄이 분명하다.[33]

5) 기독교 침투

프리메이슨은 가톨릭만 점령한 것이 아니라 개신교도 침투해 들어왔다. 존 다니엘John Daniel은 『거대한 계획의 폭로Grand Design Exposed, 1999』에서 이렇게 말한다.

---

32 루시퍼를 찬송하는 바티칸. blog.daum.net/thisage/121.
33 가톨릭과 프리메이슨의 연관. blog.daum.net/thisage/122.

진실은, 로마의 예수회가 그들의 목적을 달성하기 위한 가장 훌륭하고 효과적인 도구로서 개신교도들 사이에 프리메이슨 조직을 완성시켰다는 것이다.

한때 예수회 신부였던 알베르토 리베라는, 가톨릭이 프리메이슨과 원수인 줄 알았다가 고위급 예수회 신부들이 프리메이슨인 것을 발견하고 큰 혼란을 겪다가 그곳을 탈퇴했다. 예수회에서 리베라 박사의 역할은 교회에 스파이로 들어가 개신교를 파멸하는 것이었다. 예수회 측에서는 리베라 박사가 사기꾼이라는 역정보를 만들어서 그의 증언을 배척하고 있지만 수많은 역사적 증거자료와 내부자 고발이 그와 동일한 것을 말하고 있다.

그는 자신이 몸담았던 예수회의 내부 모순과 범죄를 목격하고 탈퇴한 이후 그것의 실상을 고발하는 내용을 『알베르토』, 『이중 십자가』, 『대부』, 『어둠의 세력』, 『네명의 말탄자』, 『거짓 선지자』 등 6권의 만화 형식으로 출간하고 증언하며 다니다가 1997년 결국 의문의 죽음을 당했다.[34]

예수회가 교회 내에 잠입시킨 프리메이슨은 지금도 그 역할을 잘 감당하고 있다. 그들은 교회 내에 뉴에이지를 들여와 혼합시키고 종교통합을 주장하면서 기독교의 붕괴를 도모하고 있다. 종교통합에 앞장서서 많은 교회를 이끌고 있는 WCC(World Council of Churches 세계교회협의회)는 기독교 기관으로 위장하고 있지만 사실은 프리메이슨의 하부조직이다. 세계은행을 고발한 캐런 후데스 변호사도 WCC의 배후에 예수회와 교황권이 있다고 확인해준다.

지금 교회 안에 만연한 신비주의 영성훈련도 예수회의 작품이다. 교회들은 이그나티우스 로욜라의 영성법에 기초한 훈련에 열심인데 정작 저들의 목적이 기독교의 멸절이라는 것은 알지 못한다. 기독교의 최고 지도자

---

34 알베르토 리베라. blog.daum.net/thisage/123.

들, 최고 강사들, 최고 작가들 중 많은 목사들이 프리메이슨인 것도 드러났다. 이와 관련한 기독교의 타협과 부패와 타락은 본서 제12장에서 자세하게 언급한다.

말라키 마틴은 저서 『예수회』에서 "적과 원수가 예루살렘 성문 안으로 들어오리라고는 세상 임금들도 땅의 주민도 모두 믿지 않았다"라는 예레미야 애가의 말씀을 인용하며 "그 예언이 우리 시대에서 이루어졌다. 이제 우리는 무법의 신비의 최고점을 보게 될 것이다"고 탄식한다. 여기서 '무법의 신비의 최고점'이란 물론 신비주의의 최고봉인 예수회를 말한다.

비밀 결사 단체인 프리메이슨, 일루미나티, 예수회, 그들이 일으킨 프랑스 혁명, 러시아 혁명, 나치즘, 파시즘, 세계대전, 그들이 지향하는 신세계 단일정부와 단일종교, 그들이 선포하고 있는 뉴에이지 등에서 한결같은 공통점을 발견할 수 있었을 것이다. 바로 하나님을 대적하고 기독교를 박멸하는 것이다. 그들은 바로 사탄숭배자들이다.[35]

---

35 오늘날의 예수회. blog.daum.net/thisage/124.
    Jesuits and Communism. blog.daum.net/thisage/125.

제5장

사탄숭배와 그 치명적 매력

프리메이슨은 사탄숭배집단으로 알려져왔다. 모두는 아니고 최고위 5% 정도가 사탄을 숭배한다고 한다. 세상을 좌지우지하는 세계 엘리트들이 어떻게 그럴 수 있을까 믿기 어렵다. 사탄숭배자들은 세상의 어느 한 어두운 구석에서 몰래 활동하는 흉칙하고 무지한 자들일꺼라는 오해 때문이다. 하지만 자신을 광명의 천사로 가장하는 사탄은 지식인도 종교인도 속여 숭배자로 만들 수 있다. 프리메이슨이 사탄을 숭배한다는 것은 스스로 그렇게 언급하고, 그들의 열매가 그렇게 증언하고, 성경이 그렇게 말하고 있다.

1. 그들 자신이 말한다

1) 앨버트 파이크

프리메이슨의 역사에서 가장 존경받는 리더는 앨버트 파이크Albert Pike (1809-1891)다. 그는 30년 이상 프리메이슨의 그랜드 마스터로 있으면서 여러 저서를 남겼는데 특히 『도덕률과 교리 Morals and Dogma』는 프리메이슨의 성경이라고까지 불린다. 프리메이슨의 교리 교본을 만든 파이크는 루시퍼가 그들의 하나님이라고 가르친다.

> 만약 루시퍼가 하나님이 아니라면, 행위가 잔인하고 배신적이며 인류를 증오하고 야만적이며 과학을 혐오하는 아도나이(그리스도인의 하나님, 히브리어로 여호와를 의미)와 그의 제사장들이 루시퍼를 비방하겠는가? 루시퍼는 하나님이 맞다. 그러나 안타깝게도 아도나이도 하나님이다. 왜냐하면 영원한 법에 의하면 빛은 어둠이 없이는 존재하지 않고, 아름다움은 추함 없이는 없으며, 흰색은 검은색 없이 존재할 수 없기 때문에 두 하나님이 존재할 수 밖에 없다. 어둠이 빛을 저지하기 위해 필요하고, 받침대가 동상에게 필요하고, 브레이크가 기관차에게 필요하듯 말이다 ….
> 진실되고 순수한 철학적 신앙은 아도나이와 동급인 루시퍼를 믿는데 있다. 루시퍼는 빛과 선의 하나님으로서, 인류를 위해 어둠과 악의 하나님인 아도나이와 싸우고 있다.
> 우리가 대중에게 꼭 해야하는 말은, 우리는 하나님을 섬긴다는 것이다. 기독교의 하나님은 미신의 하나님이다. 그러나 우리의 하나님은 미신에 의지하지 않고 섬길 수 있는 하나님이다.
> 프리메이슨 신앙은 우리 높은 계급의 메이슨들에게 순수한 사탄주의 교리로 유지되어야 한다.[1]

루시퍼를 상징하는 뿔난 목양신, 멘디스의 염소, 마녀들의 사바스의 숫염소는 마법의 오각별인 펜타그램Pentagram으로 표현된다. 펜타그램은 전 세계의 마녀들, 사타니스트들, 동방의 별Eastern Star의 휘장에서 사용된다. 염소 형상의 바포멧은 프리메이슨의 전신인 템플기사단의 신이다. 프리메이슨은 지금도 엄지와 둘째와 다섯째 손가락을 치켜세우는 수신호

---

1 Freemasonry, the Worship of Lucifer, SATAN. blog.daum.net/thisage/130

로 자신이 섬기는 사탄의 상징인 염소를 표현한다.

2) 알레이스터 크로울리

알레이스터 크로울리Aleister Crowley(1875-1947)도 1923년 프리메이슨의 최고 계급까지 올라 1947년 아편 중독으로 죽기까지 사탄숭배를 전파한 사람이다. 앞서 소개한 파이크와 다음에 소개할 홀이 프리메이슨의 철학을 체계화한 이론가였다면, 크로울리는 이것의 실천가였다고 할 수 있다. 그는 현대 사탄숭배의 아버지, 현대 문화의 아버지, 오컬트주의자, 마약 예찬론자, 작가, 신비주의자, 쾌락주의자, 성 혁명론자, 양성애자 등으로 불린다.

그는 밀턴의 『실락원』을 읽고 루시퍼의 행각에 크게 감명을 받아 어린 시절부터 신비주의, 마법, 이집트 신화, 점성술, 연금술, 신지학, 강신술, 카발라, 요가, 불교, 주역에 관심을 가졌다. 사탄으로부터 영감을 받고 저술했다는 『율법의 서 The Book of the Law(속칭 지옥의 성서)』에서 그는 이렇게 말한다.

> 당신이 하고 싶은 것을 행하라. 그것이 법칙이다 … 마법은 인간의 의지에 따라 원하는 변화를 일으키는 과학이자 예술이다.

그는 이탈리아의 세팔루 지방에 텔레마의 사원Abbey of Thelema을 세워 호루스 신의 율법을 본격적으로 전파했다. 텔레마는 그리스어로 '자유의지'를 뜻하는데, 프리메이슨 연구가들에 의하면 이것은 '신으로부터의 자유', 곧 '여호와 하나님으로부터의 분리'를 뜻한다.

그는 수행 의식으로 매우 극단적인 방법을 사용했다. 예를 들어 무아지경Trance 상태를 유지하기 위해 마약을 사용하면서 이런 상태에서 성 의식Sex Ritual을 통해 악마와 접촉했다. 동물과의 성교, 그룹섹스 등도 종교의식의 한 방법이었다. 이 과정에서 종단의 규율을 어긴 사람들에게 그는 면도날 자해 수련이나 고양이를 잡아 바치는 제사 등의 엽기적인 행동을 강요했다.

스스로 180여 건의 살인 제사의식에 참여했다고 고백했던 그는 결국 아편 중독으로 생을 마감했다. 텔레마의 사원에서 호루스의 율법과 마법을 배우다가 살해당한 자의 사건으로 고소당해 전 재산을 잃고 남은 여생동안 동방 성당기사단의 연금으로 연명하다가 죽은 것이다.[2]

3) 맨리 홀

맨리 홀Manly Hall(1901-1990)은 '미국 성자의 초상'으로 추앙받았던 최고위 프리메이슨이다. 어린 시절부터 세계 고대 지혜의 전통들에 관심을 갖고 공부했던 그는 70년의 사역기간 동안 150여 권의 책과 에세이를 집필하고 8,000여 번 강연하면서 종교적, 철학적, 영적 스승으로 인식되었다. 그가 죽었을 때 33도협의회는 그의 부고에 "메이슨의 가장 위대한 철학자"라고 기록했고, 프리메이슨 잡지 「스코티시 라이트 저널」은 "걸출한 맨리 팔머 홀은 프리메이슨에 대한 공헌으로 인해 1985년 스코티시 라이트의 최상의 명예인 그랜드 크로스Grand Cross를 수여받았다"고 보도했다.

그는 『프리메이슨의 잃어버린 열쇠The Lost Keys of Freemasonry』에서 이렇게 말한다.

> 프리메이슨의 수수께끼를 푸는 열쇠는 살아갈 수 있는 힘을 바르게 아는 것이다. 그 때에 루시퍼의 소용돌이치는 에너지는 그의 것이 된다 ….

---

2 Aleister Crowley From Thelemapedia. blog.daum.net/thisage/131.

그의 저서 『모든 시대의 비밀스런 가르침 The Secret Teaching of All Ages』에는 이런 기록이 있다.

> 나는 여기서 위대한 영 루시퍼, 악마의 왕자에게 언약한다. 매년마다 그에게 인간의 영혼을 가져다주어 그를 기쁘게 할 것이다. 그 답례로 루시퍼는 내게 이 땅의 보화를 제공하고 내가 사는 동안 모든 소원을 채워줄 것을 약속한다. 만약 내가 약속한 제물을 그에게 가져다 주지 못한다면 내 자신의 영혼이 그에게 빼앗길 것이다.[3]

1929년 출판된 저서 『고대철학에 대한 강의 Lectures on Ancient Philosophy』에서는 앞으로 수립될 '신세계질서NWO'의 제국에 대해서도 언급했다.

> 새 빛이 동쪽에서 터지고 있으며 더욱 영광된 날이 다가왔다. 오랫동안 꿈꿔왔던 철학적 선출자에 의한 지배가 실현될 것이며, 이는 그리 멀지 않았다. 프리메이슨의 충성된 자녀들에게 이 나팔소리를 보낸다. 일어나라. 일할 날이 다가왔다. 위대한 작업이 마무리를 기다리고 있다 …그들은 우주의 마스터 장인들이다!

홀은 프리메이슨의 '철학적 선출자'가 장래의 신세계 제국을 다스릴 것으로 보았다. 그는 '프리메이슨을 위한 새로운 날'이 동트고 있다고 말한다. 사람들은 이제 '부족한 신학과 물질주의의 절망'을 외면하고 '옛 질서가 무너지는 새 시대'에서 드디어 '철학의 신'을 찾기 시작할 것이라고 예언한다. 이것이 '철학적 선출자'의 지배를 알릴 것이며, 이는 당연히 메이

---

3 The Real Matrix: Freemasonry. blog.daum.net/thisage/132.

슨의 노선을 따르는 사회의 재구성으로 이어질 것이라는 주장이다.[4]

4) 기타

프리메이슨 33도 최고 계급은 아니지만 일루미나티에서 고위 직책으로 마인드 컨트롤 프로그램을 만들다가 탈출한 스발리Svail(가명)는 이렇게 증언한다.

> 일루미나티는 깨달음enlightenment이라 칭해지는 신앙을 갖고 있다. 이 깨달음은 기본적으로 루시퍼 철학을 근간으로 하고 있으며, 과거로 거슬러 올라가면 바벨론, 이집트, 켈틱 드루이즘과 같은 고대 미스터리 종교에 뿌리를 두고 있다. 그들은 고대 종교들로부터 '가장 좋은' 요소들을 취해 매우 신비스러운 종교를 만들어 냈다고 할 수 있다. 하위 단계의 조직들은 '엘, 바알, 아스다롯, 이시스, 오시리스, 셋'과 같은 고대 신들을 숭배한다 … 이들의 가르침과 신앙의 핵심은 '악'이다.[5]

프리메이슨으로서 뉴에이지운동을 일으킨 앨리스 베일리는 저서 『인간과 태양의 입문*Initiation, Human and Solar*』에서 이렇게 말한다.

> 루시퍼는 실제로 프리메이슨의 설립을 수행했다. 프리메이슨 조직은 세상의 주(사탄)가 집행한 요점적인 케이스며, 위대하고 중요한 운동들을 세우는 데 있어서 점점 그렇게 되어 간다.

프리메이슨이자 신지학회 창시자이자 뉴에이지의 어머니라고 불리우는

---

4 The NWO and the War Against God Ordained Distinctions. blog.daum.net/thisage/133.
5 Svali Speaks. blog.daum.net/thisage/134.

블라바츠키는 저서 『비밀 독트린Secret Doctrine』에서 이렇게 말한다.

> 루시퍼는 생명, 생각, 진보, 문화, 자유, 독립을 상징한다. 루시퍼는 로고스, 뱀, 구원주다. 이 행성의 하나님이자 유일한 하나님은 바로 사탄이다 … 루시퍼는 현세의 성스러운 빛이며 성령Holy Ghost이며 또한 사탄Satan이다.

또 『위대한 작업Great Work』에서는 사탄을 이렇게 설명한다.

> 사탄은 하나님의 다른 이름이며, '선함, 희생, 하나님의 지혜'의 상징이다 … 사탄 또는 루시퍼는 우주의 원심적 에너지이자, 인류의 지적 독립을 위한 자기 희생의 영원한 상징을 대변한다.[6]

저들이 루시퍼 또는 사탄을 '인류를 위한 자기 희생의 상징'이라고 보는 이유는 창세기에서 찾을 수 있다. 하나님은 인간이 지혜를 갖기 싫어해서 지혜의 선악과를 못먹게 금지했지만, 사탄 루시퍼는 자기가 하나님으로부터 저주받을 것을 알고도 뱀을 통해 인간이 선악과를 먹게 함으로 지혜를 갖도록 했다는 것이다. 그래서 예수가 희생양이 아니라 사탄이야 말로 자기 희생의 영원한 상징이며 인간의 구원주 그리스도라는 것이다. 결코 하나님께 순복하려하지 않고 스스로 하나님이 되려는 교만함의 극치의 모습이다. 이것과 관련해서는 본서 제9장 뉴에이지 편에서 자세하게 언급한다.

6　Lucifer Rising. blog.daum.net/thisage/135.

2. 결과가 말한다

1) 록 음악의 사탄성

사탄주의자 알레이스터 크로울리는 '현대 문화의 아버지'라고 불릴 만큼 현대 문화에 지대한 영향을 끼친 인물이다. 60년대의 젊은이들은 그가 펼친 마약 혁명과 히피 운동을 통해서 정신적 깨우침을 받았다고 생각하며 반 물질만능주의와 평화운동을 벌였다. 결국 도덕적 가치관이 무너지고 죄악에 빠지며 인생들이 엄청나게 파괴되었다.[7]

하버드대학교 교수이자 마약 구루Guru인 티모시 리어리Timothy Leary는 자신이 크리울리의 환생으로서 그로부터 사탄적 혁명 바톤을 넘겨받았다고 주장했다. 그는 하버드대학교에서 파직된 뒤에 젊은이들에게 LSD를 사탕처럼 나눠주며 마약 혁명을 계속해 갔다. 그는 PBS와의 인터뷰에서 이렇게 말했다.

> 나는 크로울리를 줄곧 사모해왔고 그가 100년 전에 시작한 일을 계속 진행하고 있다 … 크로울리는 자기 자신을 찾는 일에 찬성하며 "사랑 아래 그대가 원하는 바를 행함이 율법의 전부니라"고 말했다. 굉장히 강력한 발언이다. 그가 시작한 일의 영광을 보지 못하고 죽은 것은 안타까운 일이다.

크로울리의 정신은 특히 록 음악 밴드들에게 큰 영향을 주었다. 비틀즈, 롤링 스톤즈, 레드 제플린 같은 당대 최고 인기의 밴드들은 그를 영웅으로 여겼는데, 특히 비틀즈는 티모시 리어리에 의하면 '크로울리의 전도사'였다. 실제로 비틀즈는 음반 재킷에 크로울리의 사진을 넣고, 존 레논은「플

---

[7] Aleister Crowley and the Drug Revolution. blog.daum.net/thisage/136.

레이보이」와의 인터뷰에서 크로울리를 인용하며 "비틀즈의 아이디어는 '당신이 하고 싶은 것을 하라'였다"고 말했다.[8]

에릭 펠프스Eric Phelps는 저서 『바티칸 암살자들Vatican Assassins』에서 예수회가 마피아를 통해 마약세계를 조종한다고 밝히면서 비틀즈도 예수회의 조종을 받았다고 증언한다. 히피 운동을 선두에서 이끈 리처드 맥솔리Richard McSorley도 예수회 소속의 신부였다. 예수회와 프리메이슨이 하나라는 것을 알 때 놀라운 정보는 아니다. 크로울리의 뉴에이지 사상과 히피즘과 사탄주의는 이후에도 수많은 음악가들을 통해 전해지면서 인기를 모았다. 다음은 김필재 기자의 글에서 일부 발췌한 것이다.

> 블랙사바스의 멤버였던 오지 오스본의 대표 곡으로 알려진 '미스터 크로울리'는 크로울리에게 헌정하는 앨범이다. 실제로 오스본은 공연에서 살아있는 동물들을 죽인 후 그 피를 무대에 뿌리고 제사지내는 흉내를 내는가 하면 박쥐를 물어뜯고 전염병 검사를 받으러 병원에 가기도 했다. 한편 마돈나에게 가장 큰 영향을 끼친 것으로 알려진 영국 가수 데이비드 보위는 '퀵샌드'에서 "나는 황금여명회와 친밀한 관계를 맺고 있으며 크로울리가 입고 있는 환상의 옷을 입고 있다"고 노래부른다. 크로울리에 대한 숭배는 마릴린 맨슨이나 레드 제플린과 같은 헤비메탈 그룹에서 더욱 더 두드러진다. 그들은 잘 알려진 사탄숭배자들이다. 마릴린 맨슨의 앨범 'Antichrist Superstar'는 크로울리로부터 직접 영감 받은 것으로 알려져 있다. 그들은 공연 중에 성경책을 갈기갈기 찢어 던지고 코러스 멤버와 성관계하는 행위를 펼쳐 보이는 등의 괴기하고 타락한 기행으로 유명하다.

크로울리에게서 영감받은 음악 그룹들은 세계적인 인기를 끌면서 젊은

---

8 The Beatles-Illuminati Mind Controllers. blog.daum.net/thisage/137.

이들에게 사탄의 사상을 자연스럽게 전파해갔다. 존 레논은 토니 쉐리든에게 이렇게 말했다고 한다.

> 나는 비틀즈가 다른 어떤 그룹들보다도 더 성공할 것을 분명하게 안다. 왜냐하면 우리는 이 성공을 위해서 우리의 영혼을 사탄에게 팔았기 때문이다.[9]

음악을 통해 사탄주의에 물들어 간 수많은 젊은이들은 자신도 모르는 사이에 접신하고 귀신들고 음란해지고 마약하고 악몽과 우울증에 시달리고 타락하고 범죄하고 살해하고 자살하며 파멸해갔다.

2) 입회식의 사탄성

프랑스 법률학자 에드몽 파리Edmond Paris는 그의 저서 『예수회의 비밀역사The Secret History of the Jesuits』에서 예수회의 입단식 모습을 상세하게 소개한다. 그것은 사탄적이라고 말하지 않을 수 없다.

> 후보자는 길고 엄격한 금식을 통해 육체를 쇠약하게 만들고, 입회식 전에 환각제를 먹음으로 환각을 증진시킨다. 그들은 여러 장소를 지나야 하는데 거기에는 초혼의식으로 불려진 사악한 환영, 지옥의 불꽃을 나타내는 화염, 해골과 움직이는 뼈, 인공천둥과 번개 등이 장치되어 있다. 만일 입후보자가 조금이라도 공포감을 나타낸다면 그는 영원히 하층계급에 머무르게 된다. 이 시험을 잘 통과하는 자는 더 높은 계급으로 올라갈 수 있다. 두 번째 계급의 입회식 때에는 오랫동안 금식을 한 이후 눈을 가리운 채 울부짖는 소리와 끔찍한 소리가 들리는 큰 동굴을 통

---

9 The Beatles. blog.daum.net/thisage/138.

과해야 하는데 이때 준비된 기도문을 암송한다. 동굴의 끝에 다다르면 좁은 입구를 기어나와야 하는데 누군가가 묶인 헝겊을 풀어준다. 그가 동굴을 빠져나오면 자신이 사각형의 지하감옥에 있는 것을 알게되는데 그 바닥에는 매장할 때 쓰는 천이 깔려있고 움직이도록 장치된 해골과 뼈 주위에 세개의 램프가 희미한 빛을 비추어준다. 이 동굴은 죽은 자의 영혼을 불러내는 '초혼의 동굴'로서 '검은 방'이라고 불린다. 입후보자는 여기서 기도문을 외우는데 그의 모든 행동은 하나하나 감시된다. 만일 그의 행동이 만족스러우면 대천사를 상징하는 두 사람이 그 앞에 나타나서 피가 적셔진 흰 천을 이마에 묶어준다. 이 천에는 비밀스러운 상형문자가 새겨져 있다. 그리고 목에 작은 십자가 형태를 걸어주며 순교자들의 유골이 든 가방을 준다. 마지막으로 그들은 입후보자의 옷을 모두 벗겨 동굴 구석에 쌓인 장작더미에 던져 놓고 칼로 자기 몸에 작은 십자가를 그어 피가 나오게 한다. 이때 신비의식을 도울 동료들이 들어와 입후보자 몸 주위에 붉은 천을 둘러준다. 이 천에 피가 배이면 자신들의 단도를 입후보자의 머리 위에 둥근원의 형태로 빼어든다 … 그리고 맹세를 한다 …'.[10]

이들의 입회식은 물론 매우 엄격한 비밀로 엄수되는데 몰래 촬영된 동영상이 터어키 방송에서 방영되며 사람들을 경악시키기도 했다.[11]

3) 제사의식의 사탄성

사탄은 자신을 추종하는 인간들로부터 인신제사를 받기도 한다. 어린아이나 처녀를 신에게 제물로 바치는 종교의식은 고대부터 여러 종교들 가

---

10 Masonic Ritual in the French Revolution & Its Implication. blog.daum.net/thisage/139.
11 Hidden Camera Masonic Ritual Satan Worship Exposed. blog.daum.net/thisage/140.

운데 있어 왔다. 고대 역사가 헤로도투스의 기록에도 인신제사를 드렸던 카르타고의 '타니트 신전'에 대한 이야기가 나온다. 성경을 봐도 몰렉이나 그모스신에게 바치는 어린아이의 인신제사가 가나안 지역에서 성행했던 것을 알 수 있다. 역사 기록에 의하면, 어린아이를 불 위에 두어 태워 죽이는 식으로 진행되었는데 이때 아버지는 자녀의 울음 소리를 듣지 못하도록 큰 소리로 북을 두드리게 했다고 한다. 성경에는 인신제사에 대한 엄중한 경고와 심판의 이야기가 나온다.

로이터 통신에 의하면, 레바논과 스페인 고고학자들에 의해 페니키아 (두로 남쪽)에서 불탄 유아들의 뼈를 담은 항아리 100여 개가 발견되었다. 많은 학자들은 이것이 유아제사 관습에 대한 증거라고 주장한다. 우리나라에도 에밀레 종을 만들 때 아기를 바치거나 처녀 심청이를 용왕신에게 바쳤다는 이야기가 전해지는데 이것도 사실에 근거한 설화라고 추측된다.

그런데 이렇게 미개하고 잔혹한 인신제사가 지금도 비밀리에 행해지고 있다는 증언들이 있다. 캘리포니아 북부의 보헤미안 그로브Bohemian Grove에서는 세계적 인사들이 모여서 휴식도 취하고 정사도 논의하는 모임이 열린다. 1872년부터 시작되어 지금은 약 1,500명 정도가 모이는데, 몰래 잠입한 기자 알렉스 존스Alex Jones의 비밀 카메라에 고위급 프리메이슨이라고 알려진 조지 부시, 지미 카터, 빌 클린턴, 깅그리치, 조지 슐츠, 로날드 레이건, 리차드 닉슨, 칼 로우브, 딕 체니 등의 모습이 잡혔다.

미국 ABC 방송은 그들이 40피트짜리 올빼미 석상 앞에서 고대 바벨론의 몰렉신에게 드리는 괴이한 종교의식을 보도하기도 했다. 신부 神父 의상을 입은 제사장이 '근심 소각Cremation of Care Ceremony'이라 명칭하는 의식을 주관했는데, 캠프 화이어에서 어린아이가 소각되는 것이 보였다. 이것이 아기의 시신이었는지 모조인형이었는지는 계속 논란 거리로 남아있다. 어쨋든 그들이 어린아이(또는 모형)로 제사를 드리는 이유는 몰

렉신과 대화를 하기 위함이라고 한다.¹²

일루미나티의 고위 회원이었다가 탈퇴한 스발리(가명)는 그녀가 목격한 인신제사에 대해 꽤 구체적으로 증언하는데 요약하면 다음과 같다.

> 희생제의식은 바티칸의 지하에서 예수회의 신부에 의해서 행해졌다. 3-4세의 남자아이가 약물에 취해선지 대리석 테이블 위에 꼼짝않고 누워있었고, 주황색 옷을 입은 신부는 라틴어로 계속 "저희의 공물을 받아 주시옵소서"라는 주문을 외웠다. 그리고 "희생으로 의식을 봉인 하겠습니다"라고 말하고 서슴없이 행동했다. 이후 신부는 방 가운데로 걸어갔고 그날 행사에 참석했던 사람들은 모두 그의 앞에 무릎꿇고 신부의 프리메이슨 반지에 입을 맞추며 '신세계질서NWO'에 대한 충성을 맹세했다 ···.¹³

스발리는 2006년 이렇게 증언한 이후 지금까지도 행방불명 상태다.

스발리를 인터뷰한 라디오 해설자 그렉 지맨스키Greg Szymanski는 이전에도 비슷한 고백을 들었다고 증언한다. 그는 바티칸과 일루미나티를 취재하기 위해서 약 6년간 로마에서 프리랜서 기자로 활동한 적이 있는데 그때 마리아 벤디탈Maria Vendital이라는 수녀가 찾아왔다. 그녀는 일루미나티 가정에서 자랐다고 자신을 소개하고 바티칸에서 벌어진 인신제사에 대해서 폭로하며 심하게 울었다고 한다. 그녀는 다음날 베드로 성당에서 떨어져 자살했다. 인신제사에 대한 것은 이외에도 많은 증언들이 있다.¹⁴

---

12 Bohemian Grove, Cult of Conspiracy. blog.daum.net/thisage/141.
    보헤미안 클럽. blog.daum.net/thisage/142.
13 Illuminati Insider Who Witnessed Human Sacrifice at Vatican. blog.daum.net/thisage/143.
14 Satanic Human Sacrifice. blog.daum.net/thisage/144.

4) 우리 곁에 있는 사탄주의

하버드대학교의 메모리얼 홀에서 2014년 5월 12일 사탄숭배 제사인 검은 미사Black Mass가 열린다는 선전문이 걸렸다. 사탄 템플Satanic Temple이 주관하는 것으로, 사탄에 대한 학문적이고 역사적인 해설을 제공할 것이라는 내용이었다. 결국 이번 모임은 무산되었지만 사탄을 알리겠다는 이들의 사업은 계속될 것이라고 선언한다.[15]

사탄 템플은 오클라호마 주 청사 앞에 세워진 십계명 동상 옆과 다른 공공장소들에 바포멧 조각상의 설치를 추진 중이다. 동상은 바포멧 옆에 어린아이 둘이 다가선 모습으로 되었다. 이는 어린 시절부터 사탄을 친숙하고 자연스럽게 받아들일 수 있게 하기 위함이라고 한다. 이제 미국 전역 공공 장소에 이런 조각상이 들어서게 될 지도 모른다. 사탄주의는 더 이상 숨어 있지 않고 공개적으로 선언되고 있다.

사탄 템플이 청사와 공원 등에 설립하려는 바포멧 조각상

---

15 Satanic 'Black Mass' at Harvard Canceled. blog.daum.net/thisage/145.

사탄 사상은 우리가 접하는 모든 문화물 가운데 이미 자연스럽게 들어와 있다. 『해리포터Harry Potter』를 그 한 예로 들 수 있다. 이 책은 환생, 접신, 권위의 경멸, 오컬트 능력으로 행하는 점술, 오각형 팬타그램 앞에서 주문을 외우며 귀신을 부르는 행위, "기분좋은 것이면 행하라, 선이나 악은 없다"는 크로울리의 가르침, "병약자에겐 죽음을, 강한자에겐 재물을"이라는 사탄적 행위와 구호들로 가득차 있다. 책만도 4억부 이상 팔렸다고 선전하는데 영화로도 제작되어 최고의 인기를 누렸다.

중국의 유명 인터넷 판매업체인 알리 익스프레스는 '사탄의 오각형 기호'라는 제목으로 원 속의 오각형 별 모양의 펜던트를 인기리에 판매하고 있다. 다섯 개 뿔을 가진 오망성은 사탄주의자들의 상징으로 사용된다.

이스라엘 국기에는 '다윗의 별'이라고 불리는 육각형 별이 그려져 있다. 육각성은 17세기 이후 전통적으로 유대인을 나타내는 기호로 정착되어 왔다. 그런데 위키백과에 의하면, 육각성은 텔레마에서 자주 이용되는 심볼의 하나로 발안자 알레스터 크로울리의 이름을 사용해서 '크로울리의 육각성'이라고 부른다고 한다.

과연 유대인의 육각성과 사탄숭배자인 크로울리의 육각성은 우연의 일치일까? 크로울리가 유대교의 카발라에서 영감을 받아 그의 사상체계를 만들었다고 주장하는 것을 볼 때 둘의 기원은 같은 것이라고 추측된다.[16]

3. '신'이 된다는 매력적 주장

프리메이슨은 거짓, 기만, 전쟁, 마약, 범죄, 사탄숭배 등으로 악명높은데, 그럼에도 불구하고 세계 최고의 부와 명예와 지혜와 권력의 사람들이

---

16 The Occult Meaning of the 6 Pointed Star. blog.daum.net/thisage/146.
   육각성. blog.daum.net/thisage/147.

모여드는 이유는 무엇일까? 그것이 성공의 발판이 되거나 이미 성공한 자들의 모임이기 때문만은 아니다.

첫째, 그곳에는 신비한 능력이 있다. 그들은 오컬트 훈련과 의식을 통해 뇌가 세타파 상태에 들어가면 높은 뇌 활용으로 초능력의 업적을 이룰 수 있게 된다고 주장하는데, 그것은 어떤 면에서 사실이다. 오컬트의식을 통해 마귀와 접신하면서 그에게 영감을 받는 것이다. 또는 마귀에게 충성을 맹세하고 영감과 부와 명예를 받기도 한다. 연예인이나 창작인들의 경우에는 종교의식이나 훈련 대신에 마약 등을 사용해서 다른 차원의 영적 세계에 도달하며 기발한 영감을 얻기도 한다. 이렇게 만들어진 소설이나 음악들이 엄청난 인기를 끌었던 예는 많이 있다.

둘째, 그것은 인간이 갖는 영원한 질문에 대해 답변을 주는 것처럼 지식인들을 미혹한다. 지식인들의 지적 호기심을 만족케할 만큼 어렵고 신비해서 더욱 깊이 빠져들게 만든다. 프리메이슨인 월터 윌름허스트Walter Wilmshurst는 저서 『프리메이슨의 의식, 상징, 그리고 전통The Meaning of Masonry』에서 이렇게 기록한다.

> 프리메이슨은 종교 단체다. 그들에 의하면, 인간은 윤회를 통해 점점 나은 영혼으로 완성된다. 입문과 수련을 통해 영적인 발전단계로 나아가는 것이 인간의 근본이다. 최종적으로 완성된 영혼은 영원한 안식을 누린다 … 죽음은 겁낼 필요가 없는 자연적 변화이고 일상의 짐들로부터 해방되는 휴식이며 더 나은 존재로 태어나는 과정이다. 앞치마는 이승을 떠날 때의 영혼의 형상을 상징한다. 하급 단계에서 흰색 앞치마는 천상의 색인 연청색 테두리 장식이 둘려져 있다. 상급 단계로 올라가면 영적으로 그만큼 진보했다는 뜻으로 청색 기운이 진하게 감돌게 되며 금색 레이스 장식이 더해진다. 입문의 높은 단계에서는 어떤 상징도 등장하지 않는다. 다만 최고로 중요한 '기질을 변화시키는 일'만 있을 뿐이다 … 첫 단계에서 프리메이슨은 '기하학에 담긴 삶의 예술'과 '인간 정

신을 갈고 닦고 발전시키는 과학'에 대해 배우게 된다. 그 전통은 행여 신비한 미스터리가 속세사람의 눈에 드러날세라 조심해 원칙과 철학을 상징 뒤에 교묘하게 감추는 이집트 철학자들로 거슬러 올라간다. 애초에 교리 편찬자들은 엄청난 이중고에 시달려야 했다. 어떻게 내밀한 교리를 충실하게 표현해 내면서 동시에 큰 노력이나 깨달음 없이는 교리를 완벽히 이해할 수 없으며 그노시스Gnosis(신적 세계를 볼 수 있는 신비한 지식)를 받을 자격이 없거나 준비가 안 된 이에게는 알려주지 말아야 한다는 사실을 간접적으로 전할 수 있을까 고민했던 것이다….

보통 사람들은 이해할 수 없는 신비한 내용들이다. 여기서도 언급했듯이, 그들의 신비 철학은 오직 선택받은 소수의 사람들에게만 해당하는 비밀 지식이었기 때문에 비밀리에 구전되어야 했다. 그러나 그들의 활동을 영구화하기 위해서는 그 특별한 지식과 교리와 신조들이 문서화될 필요가 있다고 생각했다. 그래서 보통 사람들이 알기 힘든 상형문자를 사용해서 기록을 남기기 시작했다. 암호 같은 상형문자와 상징으로 기록된 그들의 비밀조직과 사상은 여러 문명과 세대로 전달되며 해석되고 번역되었다.

그들의 최종 목표는 인간의 기질을 변화시켜서 '신'이 되는 것이다. 납을 금으로 바꾸려는 연금술은 한번도 성공한 적이 없었지만, 인간을 신으로 승화시키려는 연금술의 시도는 지금도 뉴에이지운동에서 계속되고 있다. '인간이 바로 신이다'라는 연금술의 오래된 금언을 지금 뉴에이지에서도 외치고 있다. L.A.공립학교들에 뉴에이지 프로그램을 도입시킨 비벌리 게일린Beverly Galyean은 말한다.

우리가 신이라는 사실 또는 신의 속성을 소유하고 있다는 사실을 깨달으면, 이제 인생의 목적은 우리 안에 있는 신성을 회복하는 것이 되어야 한다. 이럴 때 우리는 완전한 사랑과 완전한 지혜와 완전한 이해와 완전

한 지성을 갖게 된다.[17]

페테르 에르베 Peter Herve의 『우리는 신이다 God I Am』, 베르나르 베르베르 Bernard Werber의 『우리는 신이다 Nous Les Dieux』 등 뉴에이지 관련 저서들이 지금 베스트 셀러로 폭발적인 인기를 누리고 있다.

기독교는 모든 인간이 죄인이므로 죄를 사하시는 예수님이 필요하다고 선포하는데, 반면 뉴에이지는 죄를 심판하신다는 거북스런 하나님은 필요 없고 바로 우리 자신이 하나님이라고 외치니 이 얼마나 매력적인가. 프리메이슨의 사상이자 종교인 뉴에이지에 대해서는 본서 제9장에서 다시 언급한다.

---

17 Beverly Galyean. blog.daum.net/thisage/149.

제6장

신세계질서의 세계정부

    신세계질서(NWO, New World Order)는 1990년대 이후부터 국제정치를 이해하는 화두가 되었다. 전문가들은 세계정부의 등장은 부인할 수 없는 현실이 되고 있다고 말한다.

    NWO는 시대의 흐름에 따라 자연스럽게 진행되고 진보되어온 사상이나 문명이 아니다. 그것은 매우 강력한 배후에서 오래 전부터 의도적으로 조직되고 진행되어온 시스템이다. NWO 세계정부의 중심에 미국이 있을지 아닐지에 대해서는 의견이 다르다. 혹자는 지구상의 모든 나라가 초강대국 미국을 중심으로 하나의 세계정부 아래 통합 관리될 것이라고 해석한다. 혹자는 세계정부주의자들은 세계대전을 통해 미국을 초강대국으로 성장시키고 자신의 세력을 키우는 데 이용했지만, 이제는 목표실현에 방해가 되어버린 미국을 버리고 세계정부로 나아가고 있다고 해석한다. 그래서 숙주 안에서 알이 부화하고 자라나 성충이 되면 결국은 숙주의 몸을 파먹고 나오는 기생벌에 비유하기도 한다.[1]

    사실 NWO는 미국 건국 훨씬 이전부터 계획된 것이었다. 18세기 유럽에서 활동하던 프리메이슨들이 세계정부 수립이라는 비전을 실현하기 위해 선택한 나라는 신대륙 미국이었다. 이제 미국이 세계 국가의 중심이 되

---

[1] 일루미나티의 또 다른 희생양 미국. blog.daum.net/thisage/154.

어 통제 관리하든 아니면 모든 나라들의 통합 속에 녹아들어가든, NWO는 우리 앞에 놓여진 현실이 되어버렸다.

1. 유명인사의 NWO언급

1991년 아버지 부시 대통령이 국정연설에서 NWO를 언급한 이후, 클린턴 대통령, 오바마 대통령, 록펠러 전 부통령, 키신저 전 국무장관, 사르코지 불란서 대통령, 메드베데프 러시아 대통령, 고든 브라운 영국수상, 베네딕토 16세 교황 등 세계 정상 지도자들의 연설 속에서 이 용어가 계속 언급되고 있다.

> 다음 세기에는 우리가 알고 있는 모습의 국가들은 사라지고 없을 것이다. 모든 나라들이 단일화되어 세계정부를 인식하게 될 것이다. 주권국가라는 개념은 결코 좋은 생각이 아니다. —스트로브 탈봇, 클린턴 당시 국무부 차관, 1992년 7월 20일자 「타임」에서

> 국가 주권 개념은 이 시대에 더 이상 생존할 수 없다. 미국 주권도 세계정부의 목표를 위해 공중투하시켜 버려야 한다. —브레진스키, 오바마 대통령의 수석 대외 정책고문, 저서 『두 세대 사이에서 Between Two Ages』에서

> 그동안 우리가 대중들에게 조명받는 대상이 되었다면 세계를 향한 우리의 계획을 진전시키는 것이 불가능했을 것이다. 하지만 이제 세계는 보다 정교해졌고 세계정부를 향해 행진할 준비가 되어있다. —데이빗 록펠러, 미국 금융계의 중심 인물

제6장 신세계질서의 세계정부

1991년 독일 바덴바덴의 빌더버그 회의에서 록펠러와 그의 일당은 거대 자본과 공산주의를 하나의 체제 아래에 두어 세계단일정부를 수립하고 그것을 자신의 손아귀에 두기 위해서 전력하고 있다. 내가 음모를 말하려는 것인가? 그렇다. 나는 그들이 음모를 꾸미고 있음을 확신한다. 이는 수세대에 걸쳐서 국제적 차원에서 꾸며온 일로 그 의도가 사악하기 이를데 없다. -래리 맥도널드, 미 국회의원, 이 언급 후 1983년 대한항공 747기 폭격으로 사망

우리가 미국의 이익을 반하면서까지 정치적 경제적으로 통합된 세계정부 수립을 위해 음모를 꾸미고 있다고 믿는 사람들이 있다. 그것으로 고소한다면 나는 유죄가 되고 그 사실을 자랑스럽게 생각할 것이다.
-데이빗 록펠러, 2002년의 자서전『회고록 Memoirs』에서

신세계질서를 달성하려면 미디어 선동과 금융 조작뿐 아니라 피의 댓가도 치뤄져야 할 것이다. -아서 슐레진저, 퓰리처상을 두 번이나 수상한 미국의 대표적 사상가이며 역사가로 CFR 회원, 1975년 8월 연설에서

세계혁명의 목적을 향해 신속하게 움직이고 있는 우리가 그 전략에서 잘 이해하지 못하고 있는 것 중의 하나는, 신세계질서에 종속될 사람들의 동의를 얻는 중요 방법으로 마인드 컨트롤을 사용해야 한다는 것이다. -K.M. 히튼, 유엔 교육가

우리가 좋아하건 싫어하건 우리는 세계정부를 갖게 될 것이다. 세계정부의 실현이 정복에 의해서일지 또는 동의에 의해서일지가 문제일 뿐이다. -제임스 워버그, 미 상원 외교위원, 1950년 2월 연설에서

수많은 사람들이 NWO를 싫어해서 그것에 저항하며 죽어갈 것이다.
-허버트 웰스, 미래소설가, 1940년의 소설 『신세계질서』에서

세계정부를 성취하기 위해서는 각자의 마음 속에서 가족 전통에 대한 충성, 민족적 애국주의, 종교적인 도그마 등의 개인주의를 없애버려야 한다. -브록 아담스, 유엔 보건기구 이사

누구라도 루시퍼를 숭배하겠다고 맹세하지 않는 한 NWO에 들어갈 수 없다. 누구라도 루시퍼주의에 결단하지 않으면 뉴에이지에 들어갈 수 없다. - 데이빗 스팽글러, 유엔 Planetary Initiative 이사

만일 유엔 군대가 질서를 회복하기 위해 LA로 진격한다면 오늘 미국민들은 분노할 것이지만 내일은 감사할 것이다. 만약 외부로부터 우리의 존재를 위협하는 무엇이 있다는 말을 듣는다면 (그것이 사실이든 아니든) 더욱 그럴 것이다. 그러면 세상의 모든 사람들이 이 악으로부터 구출해 달라고 간청할 것이다. 모두가 두려워하는 한가지는 미지에 대한 것이다. 이 시나리오가 공표되면 세계정부가 제공할 개인의 안녕을 보장받기 위해서 개인의 권리는 자발적으로 포기하려 할 것이다.
-헨리 키신저, 1991년 프랑스 에비앙스 빌더버그 회의에서

우리는 지금 세계 변환의 직전에 와 있다. 우리에게 가장 필요한 것은 큰 재앙이 일어나서 나라들로 하여금 NWO를 받아들이게 하는 것이다.
-데이빗 록펠러, 미국 금융계의 중심 인물

우리는 이 세대의 도전들에 맞서기 위해 국제 질서를 새롭게 만들어 갈 필요가 있다 … 우리는 테러, 핵확산, 기후변화, 경제불황 같은 도전들을 해결하기 위해 더 확대된 국가간의 협조, 더 강력한 국제 표

준과 국제 기구들, 국가간의 협력 증진을 위한 새로운 국제 질서를 모색해야 한다. -오바마, 2014년 5월 웨스트포인트대학의 연설에서

유대인들은 이제 세워질 NWO 세계정부에서 자신이 그 중심에 있을 것이라고 주장한다.

우리 유대인은 지배 종족이다. 우리들 각자는 이 행성에서 신성한 신들이다. 우리는 열등한 다른 민족과는 다르다. 그들은 벌레에서 발생하였다. 사실, 우리 종족과 비교해서 다른 종족은 짐승이자 동물이다. 잘 쳐봐야 소 정도 된다. 다른 인종은 똥으로 간주된다. 우리의 운명은 다른 열등한 민족을 지배하는 것이다. 우리의 지상 국가는 '철권'을 가진 지도자에 의하여 지배된다. 타민족들은 우리의 노예로서 우리의 발을 핥고, 우리를 섬길 것이다. -메나헴 베긴, 1977-1983년 이스라엘 수상

유대인들은 모두 그 자신의 메시아가 될 것이다. 메시아는 다른 인종을 모두 파괴하고 … 모든 곳에서 유대인의 특권이 유지되는 세계정부를 구현함으로써 … 세계를 지배할 것이다 … 이 신세계질서에서 이스라엘의 어린이들은 반대없이 각 부분의 모든 지도자들이 될 것이다. 세계정부를 구성하는 다른 민족의 정부들은 어려움 없이 유대인의 손안에 들어올 것이다. 이 유대의 지도자가 모든 사유 재산을 없애면 모든 자산은 국가가 사용할 수 있게 된다 … 따라서 "메시아가 오면 세계의 모든 자산을 유대인이 가진다"는 탈무드의 예언은 실현된다. -칼 마르크스, 바루쉬 레비Baruch Levy에게 보내는 편지 중에서

이 신세계질서에서 각 정부들은 프롤레타리아의 지원 아래 별 어려움 없이 모두 유대인의 손에 들어올 것이다. 모든 사유 재산은 국가 재산을 관리하는 이 유대인 지도자들에 의하여 통제될 것이다. 그럼으로써 메

시아가 오시면 세계의 모든 재산은 유대인이 가져 간다는 탈무드의 예언은 실현된다.[2] —바루쉬 레비, 칼 마르크스에게 보내는 답장 중에서

2. 빌더버그 모임

NWO의 세계정부가 본격적으로 구상되기 시작한 것은 1954년 빌더버그 모임이 결성되면서부터다. 빌더버그는 영국의 「더 타임즈」에 의해서 일반에게 정체가 드러나기 전까지 20여 년간 그 존재조차 철저한 비밀 속에 있었다. 금융 재벌, 국방 전문가, 미디어 총수, 장관, 수상, 왕족, 국제 경제인, 정치 지도자, 학자 등 세계에서 가장 영향력 있는 사람들이 매년 모여서 무엇을 논의하는지는 아직도 공개되지 않고 있다.[3]

1991년 6월 5일 몰래 녹음되어 세상에 유포된 데이빗 록펠러의 빌더버그 기조연설을 들으면, 그들의 모임이 극비였던 이유가 언론의 통제로 인한 것임을 알 수 있다. 지금은 이미 대중에게 널리 알려진 사실이 되어버렸지만, 이전에는 기자나 정치인이나 내부자들이 그들의 존재와 계획을 폭로했다가 무고죄로 고소당하거나 의문사당하거나 자살처리된 경우가 많았다. 케네디 대통령은 그가 암살당하기 전에 했던 연설에서 비밀집단에 대해 언급한다.

> 기밀이란 용어는 우리처럼 자유롭고 개방된 사회에서는 혐오스러운 어휘다. 우리는 국민으로서 본질적으로나 역사적으로나 비밀 사회, 비밀 선서, 비밀 진행에 반대한다. 그들은 거대한 규모로 인적 물적 자원을 동원하고, 그것들을 치밀하게 연계시켜 고도의 효과적인 시스템을 구

---

2 Jew World Order Exposed. blog.daum.net/thisage/157.
3 세계단일정부 청사진 그리는 그림자 정부 빌더버그 그룹. blog.daum.net/thisage/158.

축하며, 군대는 물론 외교 정보 경제 과학 정치의 모든 영역에서 통합적으로 움직이고 있다. 저들의 준비는 공표되지 않으며 그 실책은 기사화되지 않으며 반대자의 입은 막아진다 ….

이제는 BBC나 CNN 같은 대형언론들도 빌더버그와 세계정부에 대한 사실을 공개적으로 보도하고 있다. '앞으로 세계에서 일어날 일들을 기획하기 위해 비밀회합을 갖는 서방 권력가들의 모임'으로 소개하기도 하고, '유엔과 유럽연합을 능가하는 실질적인 세계정부로 지목받아온 그룹'으로 지칭하면서 "그들은 세계단일정부를 위한 청사진의 골격을 이미 완성해 놓았다"고 보도한다.[4]

"언제나 은밀한 세계 엘리트"에 대한 신문기사

---

4 Top Secret Meeting of the Bilderbergers. blog.daum.net/thisage/159.

"세계를 만들어 가는 비밀회합"에 관한 신문기사

125명의 작은 집단이 어떻게 세계의 일을 결정하며 세계 70억 인구를 지배할 수 있는가?라는 질문에 『빌더버그 클럽』의 저자 다니엘 에스툴린은 이렇게 답변한다.

사실은 생각보다 간단합니다. '시스템적 방법론'을 이용하는 것입니다. 사과파이를 여러 조각으로 만들어서 자신을 따르는 사람들한테 던져주고 그들만 조종하면 전체가 조종됩니다. 예를 들어, 세계은행의 울포위츠 총재를 매수하면 그를 이용해서 전체 금융조직을 조종할 수 있게 됩니다. 접시닦이나 청소부들의 생각까지 조종할 필요는 없고 단지 울포위츠의 일과 생각만 조종하면 됩니다. 그러면 울포위츠의 행동이 전체 조직에 스며들게 되는 것입니다. 이런 식으로 아주 작은 숫자가 세계 70

억의 인구를 조종할 수 있습니다.[5]

빌더버그는 이처럼 앞에서 드러내지 않고 뒤에서 세계를 움직인다는 점에서 '그림자 정부'라는 별명을 갖는다.

2. 사회주의 전체주의

빌더버그의 세계단일정부 이론의 초석을 닦은 인물은 33도 프리메이슨이자 일루미나티인 알버트 파이크다. 1809년 보스턴에서 태어나 하버드 대학에서 수학한 그는 16개 국어에 능통한 천재이자, 변호사이자, 남북전쟁시 남군의 장군이자, 노예제도 옹호론자이자, 백인우월주 KKK의 리더이자, 주술에 심취했던 사탄숭배자로 알려진다.

프리메이슨부터 빌더버그까지 수세기에 걸쳐 하나의 맥을 이으면서 지상 낙원 건설, 세계정부 수립이라는 그들의 목적은 이렇게 은밀하고 조직적으로 진행되어 왔다. 세계를 하나로 묶으려는 거대한 계획을 성취할 비밀의 파워집단을 모른다면 우리는 역사와 시대를 바로 이해하는 데 실패할 것이다.

일찍이 프랭클린 루즈벨트는 "세상에서 일어나는 모든 정치적인 일에는 우연이란 있을 수 없고, 오로지 계획을 했기 때문에 일어나는 것이다"고 말한바 있다. 미국독립 혁명, 프랑스 혁명, 러시아 혁명, 세계대전 이외에도 크고 작은 전쟁들의 배후에는, 새로운 세상을 만들겠다는 환상에 사로잡혀서 세상을 강압적으로 개조하려는 비밀조직의 엘리트들이 있어 왔다.

그들의 오랜 숙원과 계획대로 세계단일정부가 세워진다면, 국가 사이에 국경이 사라져 관세와 비자가 면제되고 국경으로 인한 전쟁이나 종교로

5　Bilderberg : What They May Be Planning Now. blog.daum.net/thisage/160.

인한 분쟁도 없어져서 더 좋은 세상이 되리라 기대하는 사람들이 있다.

하지만 경제주권을 국제기구에 넘겨주고 군사주권과 정부권력을 세계정부에 이양하면 사생활이 통제되고 종교의 자유가 빼앗기는 강압적인 세상이 될 것이라고 사람들은 예측한다. 그들은 미래의 세계정부가 사회주의/공산주의/전체주의의 독재국가/절대국가/통제국가/경찰국가가 될거라고 암시하거나 경고한다. 정치인들과 언론들의 주장을 들어보자.[6]

> 궁극적으로 우리의 목표는 소련의 사회주의를 세계질서로 받아들이는 것이다. 아마도 미래의 세계질서는 진실로 국가들이 한 가족처럼 존재하게 될 것이다. -조지 부시, 1989년 텍사스 A&M대학의 연설에서

> 우리는 지금 미국에서 독재 절대권을 향해 나아가고 있다. 그것은 미국 역사상 처음 있는 일이다. -깅그리치 전 하원의장, 폭스 채널 쇼에서

> 세계 엘리트들의 비밀조직이 공산주의적인 세계정부를 만들어 가고 있다는 것은 결코 음모론이 아니라 실재다. -스탠 존스, 상원의원, 국회 연설에서

> CFR(미국외교협회)의 궁극적인 목표는 사회주의의 단일 세계정부를 수립하는 것이며, 미국을 그 일부로 만드는 것이다. -댄 스뭇, 전 FBI 요원, 저서 『보이지 않는 정부 The Invisible Government』에서

> 미국인들은 결코 의도적으로 사회주의를 택하지는 않을 것이다. 하지만

---

6 New World Order Means World Socialist Government. blog.daum.net/thisage/161.
   U.S. Will Embrace Socialism. blog.daum.net/thisage/162.

그들은 '자유'라는 이름으로 자신도 의식하지 못한 사이에 모든 사회주의적 프로그램들을 선택할 것이다. 어떻게 이렇게 되었는지는 알지 못한 채 어느날 미국은 사회주의 국가가 되어있을 것이다. -노만 토마스, 미 대통령 후보로 나섰던 사회주의자

뉴딜 정책은 미국의 사회 붕괴를 막기 위해 사회주의 제도를 도입한 것이다. 이는 러시아가 시도했던 정책과 계획들의 극단적인 성공사례라 할 수 있다. 미국인들은 사회주의라는 말에 거부감을 느끼지만, 그렇다고 그것을 달리 무엇이라 부를 수 있겠는가? -허버트 웰스, 1939년 저서 『신세계질서』에서

우리는 공산주의의 NWO를 향해 전진하고 있으며, 결코 이 행진을 멈추지 않을 것이다. -미하일 고르바초프, 1987년

오늘날 미국이 완전한 독재국가가 되는 길은 엄격한 법을 통해 가능하다. 이는 의회나 대통령이나 국민들도 깨닫지 못하는 사이에 진행될 것이다. 외부적으로 보면 우리는 헌법을 준행하는 정부를 갖고 있다. 하지만 내부적으로는 또 다른 정부인 '관료 엘리트들'이 정부와 정치 시스템을 움직여 왔다. -윌리엄 제너 전 상원의원, 1954년

국제 사회주의는 NWO를 수립하기 위해 자체 혁명을 시도할 것이다. -아돌프 히틀러, 제2차 세계대전 당시

사회주의 체제에선 여러분이 가난해지는 것이 허락되지 않는다. 여러분은 강제적으로 먹여지고 입혀지고 재워지고 교육받고 그리고 고용될 것이다. 여러분이 그것을 좋아할지 아닌지는 관계가 없다. 만일 여러분에게서 이런 고충을 감당할 성격이나 근면함이 충분하지 않다는 사실

이 발견된다면, 아주 친절하게 처형될 것이다. -버나드 쇼, 1928년

이 문명 세상에서 우리는 최악으로 통치되고 철저히 통제받고 억압받는 정부가 되기에 이르렀다. 자유의견이나 다수의 확신과 투표에 의한 정부는 더 이상 아니고, 적은 숫자의 지배자들의 의견과 협박에 의해 움직이는 정부가 된 것이다. -우드로 윌슨 전 대통령

파시즘이 미국에 올 때 그것은 '독일제'라는 레이블이 없을 것이다. 그것에는 나치의 하켄크로이츠(변형된 십자가 문양)도 없을 것이다. 그것은 파시즘이라 불리지도 않을 것이다. 물론 그것은 '아메리카니즘'이라 불릴 것이다. -룩콕 감리교 목사, 1938년

세계 도처에서 많은 테러사건들이 일어나면서 미국 국민은 우선순위가 프라이버시냐 국가안보냐의 문제로 대립해왔다. 몇 년 전 CIA 직원이던 에드워드 스노우든이 미국 정보기관들이 국민의 전화를 도청하며 개인 정보를 수집해왔다고 폭로하며 큰 파문을 일으켰다. 이에 대해 오바마 대통령은 잠재적인 테러 위협을 파악하고 방지하기 위한 목적이었다고 해명했지만, 혹자는 미국이 절대체제의 감시국가 경찰국가 사회주의 국가로 가고 있다는 증거들 중의 하나라고 말한다. 아론 루소가 제작한 다큐 "미국: 자유에서 파시즘으로America: Freedom to Facism"는 그것을 잘 설명해주고 있다.[7]

흔히 기독교 국가라고 알려진 미국에서 기독교가 핍박을 받고 있다. '오직 예수'만 신앙하는 기독교가 '종교의 자유'를 침해하며 위협하고 있다는 이유에서다. 핍박은 개인 차원이 아니라 정부 차원이다.

예를 들어, 기독교 기관이 건물 내에서 기독교적 구호를 제거하지 않으면 가난한 아이들을 돕기 위한 식량원조를 중단하겠다고 한다거나, 공공

---

7 America: Freedom to Fascism. blog.daum.net/thisage/163.

기관 앞에서 성경을 소리내어 읽거나 전도하거나 '메리 크리스마스' 인사하는 것을 금지한다거나, 동성결혼이 비성경적이므로 동의하지 않는다고 발언했다가 고소당하는 경우 등이다. 기독교의 탄압은 더 강경해질 전망이다.

공산주의 시오니스트 유대인들, 반기독교적 프리메이슨들이 그들의 '이상'을 실현하기 위해 신대륙 미국에 진출했던 오래 전 계획이 잘 성공하고 있는 것이다. 그들의 이상은 물론 NWO의 세계정부 건설이다.

1932년에 씌어진 헉슬리의 『멋진 신세계』는 NWO 세력이 세울 세계 정부를 생각나게 한다. 헉슬리의 멋진 신세계에서 인간은 인공 수정을 통해서 생산되며 철저히 계급에 따라서 양육된다. 유아들은 전기충격을 통해서, 다른 것은 멀리하고 오직 자신의 계급에 필요한 지식만 주입받는다. 아이들은 잠잘 때 수면학습법에 따라서 자신의 계급에 태어난 것을 다행으로 여긴다는 방송을 수십 번씩 듣는다. 성인이 되면 행복한 감정을 유발시키는 인공합성 음악을 듣고, 밤마다 "오늘날은 모든 사람이 행복하다"라고 최면을 받는다. 뿐만 아니라 행복한 감정을 유지시켜주는 '소마'라는 알약까지 복용한다.[8]

3. 인구감소 계획

현재 세계인구는 70억 이상으로 추산된다. 세계정부주의자들은 인류 통제를 용이하게 하기 위해 세계인구의 감소를 위한 여러가지 방법을 모색하고 있다고 하는데, 저들이 공개적으로 하는 말을 들어보면 허황된 소문은 아닌 것 같다.

---

8 Brave New World and the Scientific Slaves of NWO. blog.daum.net/thisage/164.

우리는 세계 변혁의 기로에 서 있다. 지금 우리가 필요한 것은 엄청난 위기를 일으켜 국가들로 하여금 NWO를 받아들이게 하는 것이다.
—데이빗 록펠러, 미국 금융계의 중심 인물이자 일루미나이트의 핵심 인물

오늘날은 대중이 정치에 대해 너무 많이 알게 되어서 통치가 힘들어졌다. 이제는 수백만 명의 사람들을 통제하는 것보다 수백만 명을 죽이는 것이 훨씬 더 쉬워지게 되었다.[9] —브레진스키, 오바마 대통령의 고문. 2008년 11월 런던 채텀 하우스 연설

현재 세계인구의 10%만 남을 때 생태계는 훨씬 좋아질 것이다. 세계인구의 90%를 급속도로 몰살할 수 있는 바이러스로는 에이즈보다 에볼라가 더 빠르고 효과적이다.[10] —생물학자 에릭 피앙카 박사. 2006년 3월 텍사스 과학학회에서 박수갈채를 받은 연설. 비공개를 요청했지만 그의 연설은 당시 지방신문에도 보도되었다.

내가 다시 태어날 수 있다면 나는 치명적인 바이러스로 태어나서 세계의 과잉인구를 막는데 헌신하고 싶다.—필립공, 빌더버그 회원이자 여왕 엘리자베스 3세의 남편

내 평생의 소원은 모든 기술을 총동원해서 인구를 줄이는 백신을 개발하는 것이다. 그럼으로써 지구상의 이산화탄소를 줄이고자 한다.[11] — 빌 게이츠, 빌더버그 회원, 2010년 TED 연설에서 백신 개발의 목적을 밝히며

9　Zbigniew Brzezinski. blog.daum.net/thisage/165.
10　The Best Way to Eradicate 90% of Earth's Populous. blog.daum.net/thisage/166.
11　Bill Gates, Vaccines and Human Depopulation. blog.daum.net/thisage/167.

2012년 아리조나주립대학의 바이오텍 토론회에서 80억 인류를 먹여살리는 것이 적절한 것인지 아니면 인구감축이 이루어져야 하는지에 대한 질의가 있었을 때 찰스 안젠Charles Arntzen 박사는 다음과 같은 해답을 내었다. 그는 전염병과 백신 바이오 연구소The Biodesign Institute for Infectious Diseases and Vaccinology의 책임자로서 록펠러 재단의 후원으로 바나나 유전자 변형을 통해 개발도상국에 사용할 '먹는 백신'을 최초로 개발한 저명한 과학자다.

> "컨테이전"이란 영화를 본 사람 없습니까? 그 영화가 바로 해답입니다. 유전자 변형 기술을 갖고 보다 강력한 바이러스를 만들어 냅시다. 그렇게 하면 25%의 인구가 감염될 수 있습니다.[12]

썬 마이크로 시스템즈의 설립자 빌 조이는 2000년 연설에서 이렇게 말했다.

> 2030년까지 인류는 완전히 노예화될 것이며, 최악의 경우 지배 엘리트를 제외한 인류의 대학살이 일어날 수 있다.

성경은 인류의 마지막 시대에 대해서 "창세로부터 지금까지 이런 환난이 없었고 후에도 없으리라"고 기록한다. 지금 세계 도처에서 일어나는 지진이나 테러나 전염병 등의 재앙들에 대해서 인간의 죄악에 대한 하나님의 진노와 경고라고 말하는 사람들이 있다. 하지만 이것들은 하나님의 심판이 아니라 어쩌면 인구 감소의 목적을 위해 인간들이 만든 인위적 재앙인지도 모른다.

이와 관련해서 '일루미나티 게임카드'가 크게 주목받고 있다. 1975년 로

---

12 유전자 변형 바이러스를 통한 인구감축. blog.daum.net/thisage/168.

버트 쉬아와 로버트 윌슨이 발간한 소설 『일루미나티 트라이로지』를 근거로 해서, 1982년 스티브 잭슨과 데이브 마틴에 의해 출시되고 1995년까지 여러 버전으로 재출시된 게임카드다. 역사 고쳐쓰기, 주식조작, 인구감소, 전염병 등 제목의 카드가 있는데 그중 가장 놀라운 것은 2001년에 발생할 911사건과 펜타곤 공격에 대한 카드였다. 세계무역센터의 쌍둥이 빌딩이 중간에 화염으로 휩싸이며 무너지는 카드 그림은 수년 후 벌어진 911사건의 사진을 보는 것처럼 흡사하다.

아직 이루어지지 않은 두 사건은 성경과 관련이 있다. '메시야'라는 카드에는 NWO의 계획에 가담한 사람들이 곧 나타날 메시야를 기다리고 있다. 그들이 기다리는 메시야는 물론 성경에서 오리라 예언된 적그리스도를 말한다.

'테입이 끝나다'라는 카드에는 테이프로 둘러진 지구가 절반으로 쪼개지는 그림과 함께 '휴거가 오면'이라는 글이 씌어있다. 성경에는 인류 역사의 마지막 때에 신실한 그리스도인들이 하늘로 들림받아 올라가는 휴거 사건이 예언되어 있는데 이것이 일루미나티의 계획과 무슨 관련이 있는 것일까?

사탄 루시퍼의 계시에 의하면, NWO를 반대하는 사람들(즉 그리스도인들)은 잠시동안 다른 공간에 옮겨졌다가(즉 휴거되었다가) NWO가 완성되고 나면 이 지구로 돌려보내져서 세계정부에서 함께 살게 된다고 한다.[13]

일루미나티가 인류에 대해 어떤 계획을 갖고 일하는지를 미리 알려주고 또 이것들을 정확하게 성취시킨 것을 보면서 우리는 크게 경악한다. 일루미나티는 자신의 사상이나 계획을 상징 등의 방법을 통해서 세상에 미리 알려주는 나름의 원칙이 있다고 한다. 그 이유에 대해서는 본서 제8장에서 설명한다.

---

13 일루미나티 게임카드. blog.daum.net/thisage/169.

3. '평화'의 대통령

곳곳에서 자주 일어나는 테러나 성폭행이나 총기사건 등으로 사람들이 불안함 속에 있다. 만일 모든 사람들이 신분증 용으로 몸에 생체칩을 받게 된다면 범죄는 급격히 감소될 것이다. 지금도 곳곳에 설치된 CCTV로 범죄추적이 이전보다 훨씬 더 용이해졌는데 생체칩을 사용한다면 완전한 추적이 가능해진다. 그의 동선에 관한 기록이 칩에 남아있으니 범죄가 들어설 틈이 없게 되는 것이다. 이런 첨단기술로 세상은 범죄없는 곳이 될 것이고 사람들은 평화롭다고 말할 것이다.

첨단기술의 사용으로 이 땅에 범죄를 소탕해주며 완전한 평화를 가져다 준 전능한 '그'는 세계 대통령으로 세워지고 역사상 없었던 세계 최강의 권력을 누리며 구원주나 재림주라는 '신'이 되어 세상의 모든 사람들로부터 숭배받을 것이다.

혹자는 그 '구원주'의 통치 전반부에는 세상이 번영과 평화를 누리는 것처럼 보이지만, 후반부에는 그가 절대 독재자로 군림하면서 인류는 노예화가 될꺼라고 예측한다. 성경은 세상이 평안하다 안전하다 할 때에 갑자기 마지막 날이 임할 것이라고 예언한다.

그래서 많은 그리스도인들은 세계정부가 들어서고 세상에 '평화'를 가져다줄 대통령이 세워지면 그가 곧 성경에서 예언된 적그리스도로서 세상은 마지막 시대에 예언된 대환란이 시작될꺼라고 믿는다.

미래 인류의 디스토피아 세상을 그린 영화 중의 하나인 "매트릭스"에서는 위기 속의 인류를 구원해주는 멋진 초능력자 네오가 나온다. 사탄숭배자 마릴린 맨슨의 음악을 영화의 배경음악으로 깔아서 그 '구원주'가 바로 적그리스도라는 것을 암시해준다. 장차 세계는 정치적, 경제적, 사회적 난제들로 위기에 처해질 것이고, 매트릭스의 네오와 같은 자가 이 문제를 해결할 수 있는 유일한 지도자로 등장하며 세상에 영웅으로 우뚝 서게될 것이다.

4. 신세계질서를 위한 행보인가?

2001년 미국에서 911사건이 발생하며 세계가 경악했다. 이 사건은 중동의 테러집단에 의한 것이라고 알려지면서 세상은 그들에 대한 증오로 들끓었고 그들을 대상으로 전쟁하는 것이 마땅하다고 생각하게 되었다. 이후 미국은 아프가니스탄과 이라크를 대상으로 전쟁을 벌였다. 그런데 두 달이 지난 2001년 11월 10일 유엔 총회에서 당시 미국의 대통령 부시는 이렇게 말한다.

> 우리는 테러에 대하여 진실을 말해야 한다. 9월 11일의 사건에 대한 터무니 없는 음모론들을 허용해서는 안 된다. 음모론들은 범죄자들 즉 테러리스트들로부터 책임을 옮기려는 악의적인 거짓말이다.

왜 그가 이렇게 말하게 되었을까? 그 이유는 많은 미국 국민이 무엇인가 굉장히 잘못되었다는 것을 알게 되었고 항간에서 떠도는 음모론들을 진실로 받아들이기 시작했기 때문이다. 이것은 미국 역사 속에서 일어난 '진실을 요구하는 굉장히 이상한 사건들' 중의 하나가 되었다.

911사건의 진상규명을 주장하는 그룹은 초기에 크게 두 갈래로 나뉘었다. LIHOP(Let It Happen On Purpose)는 정부가 테러에 대한 정보를 사전에 알았음에도 일부러 무시하거나 테러리스트들을 방조했다고 본다. 반면 MIHOP(Made It Happen On Purpose)는 정부의 핵심인사들이 테러를 계획했고 알카에다와 협조관계를 맺고 있었다고 판단한다. 2005년 제작된 영화 "루즈 체인지Loose Change"로 후자의 견해가 더 힘을 얻게 되었다.

영화에서도 언급했듯이, 사건을 분석한 과학자들과 현장의 목격자들은

3개 타워의 붕괴가 외부의 공격에 의한 것이 아니라 내부의 것에 의해 일어났다고 주장한다. 고층 건물 철거 전문가들이 포함된 AE911(911 진실을 위한 건축가들과 엔지니어들)의 주장은 이렇다.

> … 9월 11일에 무너진 타워들에 대한 공식 발표는 "비행기 연료로 인한 화재가 트윈 타워를 약하게 만들어 결국 무너지게 되었고, 빌딩 7은 사무실 내 화재 때문에 지반이 약해져 무너졌다"였다. 그러나 그 발표처럼 무너지는 것은 물리적으로 불가능하다는 충분한 과학적 증거가 우리에게 있다. 역사 속에서 고층 건물이 화재 때문에 무너졌다는 기록은 911사태 외에는 전무후무하다. 그럼에도 그들은 우리에게 세 개의 빌딩들이 기본적인 물리 법칙들을 무시하고 굉장히 극적인 모습으로 화재 때문에 완전히 무너졌다고 말하고 있다 … 가장 핵심은 빌딩 7이 붕괴할 때 자유 낙하 가속을 했고 트윈 타워도 자유 낙하 가속에 가깝게 붕괴했다는 것이다. 전문 건축가, 엔지니어, 건물 철거 전문가들은 건물이 자유 낙하 가속으로 붕괴하는 방법은 통제된 철거 외에는 없다고 이해하고 있다. … 그러므로 다른 이성적인 가능성이 없다.[14]

이에 반해서 정부의 입장을 지지하는 전문가들도 있다. 그러나 의문점은 이외에도 많다. 블랙박스에 대한 것도 그 하나다. 공식발표에 의하면, 이 사건의 주모자가 아랍인 테러리스트들이란 사실을 알게 된 것은 비행기에서 불타다 남은 여권이 발견되었기 때문이다. 비행기와 건물의 엄청난 잔해물 속에서 아랍인들의 여권이 발견되었다는데, 정작 모든 충격들을 견디도록 디자인된 티타늄의 블랙 박스들만 파괴당했다는 것이다. 또 발견된 일부 블랙박스의 내용도 공개하지 않고 있다.[15]

---

14 Science of 9/11. blog.daum.net/thisage/170.
15 Black Boxes. blog.daum.net/thisage/171.

이런 일련의 사건들이 과연 신세계질서를 향한 세계 엘리트들의 의도적인 행보였을까? 911사건 직후인 9월 29일 캐나다의 총리 장 크레티앵이 '래리 킹 라이브'에 출현해 한 말은 의미심장하다.

> 그러나 저는 이 모든 일에서 어떤 좋은 것이 나오기를 바라고 있습니다. 왜냐하면 저는 부시 대통령 및 다른 리더들과 함께 대화를 하고 있기 때문이죠. 세계적으로 거대한 연합이 이루어지고 있습니다. 어젯밤 유엔에서 우리 모두에게 유익할 신세계질서를 세계에 설립할 위대한 결의안이 통과되었습니다.

그의 언급에 대한 한 블로거의 해석을 보자.

> 이 모든 일(911사건 같은 재앙)에서 좋은 것(신세계질서)이 나오기를 바란다고 말하는 것은, '오르도 압 카오'(혼돈 속에서 질서를)를 의미한다고 풀이할 수 밖에 없다. 바벨탑에 대해 설명하는 프리메이슨 백과사전에 '악에서 선이 나온다'라는 말이 있다. 즉 선(신세계질서)이라고 생각하는 것을 이루기 위해 수단과 방법(911사건과 같은 재앙)을 가리지 않는다는 것이다.[16]

이 사건 직후인 9월 14일 상원의원 게리 하트는 "이 재앙을 신세계질서를 위한 기회로 사용할 가능성이 있다"고 언급했다. 과연 이후로 자국민과 외국인을 통제하는 많은 법령들이 만들어졌다.

2001년 10월 26일 '미국 애국법'이 통과되었다. 이 법은 테러리스트로 예상되는 외국인을 공개적인 법정 재판도 없이 무기한 구금할 수 있게끔 허용한다.

---

16 세상을 바꾼 9/11.Blog.daum.net/thisage/172.

2002년 11월 25일에는 '미국 국토 안보법'이 통과되었다. 이 법은 여러 개의 연방 기관들을 하나의 국토 안보국으로 만든다. 감시 정보를 중앙화함으로써 테러의 위협을 더 효과적으로 대처할 수 있다고 주장한다.

2006년 10월 18일에는 '군사위원회법'이 통과되었다. '테러와의 전쟁'이라는 빌미로 인권을 제재할 수 있게 되었다.

2007년 10월 23일에는 '국내 테러리즘 방지법'이 통과되었다. 이것은 '폭력적인 과격화'의 정의를 더욱 넓혀준다.

이들 법안으로 미국 대통령은 헌법을 무시할 수 있게 되었고 미국은 어느 국가든 마음대로 들어갈 수 있는 권한을 허용받게 되었다. 이제 미국은 테러범으로 추정되는 사람들을 재판도 없이 무인공격기로 사살할 수 있다. 혹자는 미국이 그런 권한을 얻기 위해서는 '펄 하버'와 같은 사건이 필요했는데 911테러가 꼭 그런 것이었다고 말한다.

상원의원 로버트 토리셀리는 911사건에 대한 진상규명을 요구하다가 불이익을 당한 사람들 중의 하나다. 당시 부시 대통령이 '테러와의 전쟁'을 선포했을 때 토리셀리는 "부시는 이 재앙에 대해 사적인 청문회를 갖자고 했다. 그러나 공개적인 위원회를 갖는 것이 마땅하다"고 주장하다가 시오니스트 유대인들로부터 집중적인 공격을 받고 다음해 선거에서 불명예스럽게 퇴진해야 했다.[17]

이 가증할 사건이 일어나기 전에 그것을 경고 또는 예언하는듯한 여러 가지 일들이 있었다. 사건의 3일 전에는 항공사 주식이 이례적으로 엄청나게 매각되기도 했다. 누군가는 이 사건이 벌어질 것을 미리 알았다는 것이다. 아론 루소는 친한 지인이었던 록펠러로부터 미리 정보를 들었고 이후에 그 사실을 공개했다. 이후 그는 암으로 사망했다고 한다.[18]

혹자는 이것이 만약 자작극이었다면 너무나 허술한 자작극이었다고 말

---

17 Zionist Jews & the 9/11 Cover-Up. blog.daum.net/thisage/173.
18 아론 루소의 록펠러 911 음모 진실. blog.daum.net/thisage/174.

한다. 진실을 외부로 흘리려고 한 의도가 있었다는 것이다. 당사자들은 사건을 일으켰음을 부인하면서도 왜 한편으로는 은밀하게 사실을 흘리고 있을까? 그 이유에 대해서는 본서 제8장에서 언급한다.

제7장

신세계질서 세력의 경제 조종

　세계적 경제위기가 닥칠 때마다 세계정상들은 강력한 '세계단일정부의 필요성'을 주장하곤 한다. 슈뢰더 전 독일총리, 곤잘레스 전 스페인 총리, 토니 블레어 전 영국총리 등은, 유로존 위기를 극복할 묘안은 오직 단일권력을 만드는 정치적 통합뿐이라고 주장한다. 벨기에 수상과 유엔 총장을 역임했던 폴 헨리 스파악은 "우리가 원하는 것은 경제침체의 늪에서 우리를 건져내고 모든 사람들의 충성을 받아 낼 만한 엄청난 위상을 가진 사람이다. 그가 하나님이든 악마든 상관없이 우리는 그를 영접할 준비가 되어 있다"고까지 말한다.[1]

　종교지도자들까지 NWO의 단일정부가 필요하다고 주장한다. 2011년 10월 24일 Fox News에 의하면 바티칸은 세계경제통합을 위해 NWO를 요청했다고 한다. 세계경제시스템의 급진적인 개혁을 위해 세계경제를 통제할 지구촌의 정치적 세력을 만들어야 한다는 주장이다.

　그런데 많은 경제학자들은 경제위기 때문에 NWO가 필요한 것이 아니라, NWO의 명분을 위해 의도적으로 경제위기가 만들어진다고 주장한다. 경제위기는 대공황에 준하는 엄청난 위기가 올 때까지 순차적으로 일정기간을 갖고 반복적으로 계속될 것이다. 경제 블록화의 선두주자인 유

---

[1] Economic Turmoil and a Coming New World Order. blog.daum.net/thisage/179.

로존이 심하게 흔들리면, 경제적 통합만으로는 위기극복이 어렵다는 것을 대다수 사람들이 자연스럽게 인식하게 된다. 무슨 일을 하는 데 있어서 자발적 동기부여를 차곡차곡 쌓아가는 것이다.

이렇게 사태의 심각성을 인식하게 된 사람들은 새로운 '무엇'을 요구하게 된다. 그 새로운 무엇이 바로 기존의 경제적 통합을 뛰어넘는 정치적 통합을 통한 단일권력을 휘두르는 '단일정부'의 구상이다.[2]

그것은 그저 음모론일 뿐이라고 일축하려는 사람들도 있다. 하지만 그들도 적어도 두 가지 사실에는 동의해야 한다. 하나는 미국의 FRB를 비롯한 금융 선진국의 상당수 중앙은행이 금융 엘리트가문에 의해 지배되고 있다는 사실이다. 세계의 주요 화폐 공급 결정권이 국가가 아닌 극소수 금융 가문의 손에 달려 있다는 것이다.

또 하나는, 인위적이든 우연이든, 경제위기가 터진 후 위기의 피해는 언제나 서민에게 집중됐고 최상위 계급의 부는 더욱 늘어났다는 것이다. 경제위기 이후 때마다 양극화는 더욱 분명해져 갔다.

그와 관련해 제작된 서적이나 다큐물은 아주 많다. 기쿠카와 세이지는 두 권의 저서 『세계금융을 움직이는 어둠의 세력』에서 지난 100년 이상 동안 록펠러 가와 로스차일드 가가 거대자본을 갖고 일으켜온 대표적 사건들과 세계정부 수립의 관계를 통합적으로 설명해준다.[3]

쏭훙빙의 『화폐전쟁 Currency Wars』에서는 '음모' 또는 '배후의 보이지 않는 손'이라는 단어가 처음부터 끝까지 관통하고 있다. 여기서 '보이지 않는 손'은 애덤 스미스가 말하는 시장 또는 가격이 아니라, 화폐를 주무르며 음모를 펼치는 국제금융재벌 또는 그림자 정부를 의미한다.

미국에서 금융 전문가로 활동하던 저자는 1997년 아시아 외환위기를 보면서 배후에 보이지 않는 손이 조종하고 있다는 것을 직감적으로 느꼈

---

2 A Prophetic Warning of the Planned Economic Crisis. blog.daum.net/thisage/180.
3 세계금융을 움직이는 어둠의 세력. blog.daum.net/thisage/181.

다. 이후 팀을 구성해 주요국 정부의 방대한 문헌과 법률 문서, 개인 서신과 전기, 신문 잡지에 실린 글에서 굵직한 금융 사건을 찾아내기 시작해 무려 10년에 걸친 취재와 고증 끝에 책을 완성했다.[4]

엘렌 브라운Ellen Brown도 저서 『빚의 거미줄The Web of Debt』를 통해서 달러와 현대 금융의 사기와 기만의 논리, 그리고 이에 대한 민중의 저항의 역사를 설명해준다. 브라운은 그의 책에서 "현재 세계경제를 좌지우지하는 제1의 변수는 달러다. 달러와 달러의 주인은 돈의 논리에 따라 움직이는 세계경제를 크게 왜곡시키고 있다"고 주장한다. 이어서 달러가 어떻게 세계경제를 망치고 있는지, 달러가 세계 전체에 어떻게 부채의 덫을 놓고 있는지, 우리는 알지 못하는 사이에 어떻게 빚더미에 빠지게 되었는지를 설명하며 달러 속임수의 거미줄을 추적한다.[5]

만화영화로 제작된 "아메리칸 드림", SBS 다큐 "쩐의 제국", EBS 다큐 "자본주의-돈은 빚이다" 등도 볼만하다.[6]

1. 빚의 노예로 추락한 미국

많은 미국인이 빚으로 위기에 내몰리고 있다. FRB에 따르면 모기지(집 구매 대출), 주택담보 가계 대출, 자동차·학자금 대출, 카드 빚 등을 합쳐 가구당 평균 11만 7961달러(1.2억원 정도)의 빚을 갖고 있다. 물론 집이 아예 없어서 모기지 빚도 없는 가계를 포함시킨 평균치가 되므로 집 소유자의 경우 빚의 규모는 훨씬 더 크다. 그에 반해 저축은 1940년대 가구당 1만 2,807 달러였는데 지금은 채 400 달러가 안 된다.[7]

---

4 국제금융자본의 음모. blog.daum.net/thisage/182.
5 엘렌 브라운의 달러. blog.daum.net/thisage/183.
6 쩐의 제국. blog.daum.net/thisage/184.
   아메리칸 드림. blog.daum.net/thisage/185.
7 빚의 벼랑에 내몰린 미국인. blog.daum.net/thisage/186.

김광기 교수는 저서 『미국은 없다』에서 빚에 허덕이는 미국인과 미국 사회의 모습을 충격적이고 사실적으로 묘사한다. 다들 겉으로는 번듯한 집과 차를 갖고 있지만 속내를 들여다보면 빚으로 꾸려가는 가불인생이다. 미국은 빚을 부추기는 사회가 되었다. 빚을 많이 쓸수록 신용도가 높다고 평가받아서 대출받기가 쉽다. 그래서 앞으로 받을 월급을 예상하고 은행에서 대출받거나 신용카드를 사용하며 빚을 진다. 빚으로 집을 사고 물건을 구매하고 허덕거리며 매달 빚의 이자를 내다가 임금이 줄거나 실직이 됐을 때는 빚과 이자를 갚을 수 없어서 바로 파산으로 이어지며 거리로 나가야 한다.[8]

알리 칸 법학교수도 "이제 빚을 지는 것은 미국적 삶의 본질적 속성이 됐다"고 지적하며 그 책임을 금융기관에 둔다.[9]

폴 그릭논Paul Grignon의 다큐 "빚으로서의 돈Money as Debt"을 보면 돈과 자본주의와 금융기관의 속성을 이해하게 되면서 왜 우리는 빚으로 몰릴 수밖에 없는지 그 이유를 알게 된다. 다음 내용의 대부분은 이것을 요약 정리한 것이다.[10]

1970년 짜장면 한그릇은 15원이었는데 40년 후에는 300배가 올라서 4,500원이 되었다. 물가가 이처럼 오른 이유가 수요가 많고 공급이 적어서일까? 실제 이유는 돈의 양이 많아졌기 때문이다. 그럼 시중에 돈이 왜 그렇게 많아지게 되었을까? 모든 돈이 은행을 통해 들어오고 나가면서 시중에는 돈이 넘쳐나게 된 것이다.

예를 들어보자. A가 은행에 10,000달러를 예금한다. 은행은 지불준비율 10%에 해당하는 1,000달러만 남기고 B에게 9,000달러를 대출한다. 그는 그 금액으로 중고차를 구입한다. C는 중고차를 판매하고 9,000달러를 은행에 입금한다. 은행은 9,000달러 중에서 900달러를 남기고 D에게 8,100

---

8 우리가 아는 미국은 없다. blog.daum.net/thisage/187.
9 아메리칸 드림은 없다. blog.daum.net/thisage/188.
10 빚으로서의 돈. blog.daum.net/thisage/189.

달러를 대출한다. 그는 그 돈으로 집수리를 한다. E는 집수리를 해주고 받은 8,100달러를 은행에 입금한다 ….

10,000달러로 시작한 돈이 은행을 통하면서 시중의 통화량은 100,000달러까지 늘어나게 된다. 정부가 정해준 지불준비율이 10%가 아니라 3.5%라면 더 많이 대출해줄 수 있으므로 시중의 통화량은 더 불어나게 된다. 시중의 통화량은 중앙은행에서 찍어낸 통화량보다 훨씬 많을 수밖에 없다. 물론 90%가 빚이다. 이것이 자본주의에서 돈의 탄생 원리다.

현대 금융시스템은 '빚 보존의 법칙'이 지배하는 시스템이라고 할 수 있다. 모든 돈이 빚에서부터 시작되기 때문에, 누군가 빚을 갚으면 다른 누군가는 파산하게 된다. 그래서 자본주의 사회는 경쟁이 필연적이다. 이자 시스템이 존재하는 한 다른 이의 돈을 갖기 위해 경쟁하게 된다. 베르나르 리에테르는『돈의 비밀』에서 "은행은 당신을 각박한 세상으로 내보내 다른 모든 사람들과 싸우라고 한다"고 말한다.

우리의 은행시스템은 아이들의 의자 앉기 놀이와 다를 바가 없다. 노래하고 춤추는 동안은 낙오자가 없다. 그러나 음악이 멈추면 탈락자가 생긴다. 의자는 언제나 사람 수보다 모자라기 때문이다. 약자가 먼저 탈락한다. 이런 일이 연속으로 벌어지면 시중에 돈의 양이 줄어들게 되고, 돈이 부족하니 돈을 못 갚는 사람이 더 많아지고 대량 부도사태가 발생한다. 통화량이 줄기 시작하며 디플레이션이 생기게 된다.

그래서 빚을 갚을 수 있도록 중앙은행은 돈을 더 찍어낸다. 사람들은 은행에서 대출받고 시중에는 돈이 돌면서 경기는 호황을 맞는다. 빚으로서의 돈으로 경제가 활성화된다. 더 많은 대출을 해줄수록 통화 시스템에서는 더 많은 돈이 생겨나고 은행은 이자로 인해 돈을 벌게 된다. 은행이 대출을 자꾸 권장하는 이유다.

부시 행정부는 당시 '서민 모두가 집을 갖는 사회Ownership Society'를 만들어주겠다는 거창한 구호를 내세우며 누구라도 집을 구매하도록 격려했다. 집을 살 때 내야하는 최소의 선수금Down Payment제도까지 철폐해

버렸다. 덕분에 수중에 돈 한 푼 없는 서민들도 오직 빚만으로도 집을 살 수 있게 되었지만, 직장에서 해고되거나 집값이 떨어지면서 결국 길거리로 내몰리는 사태가 대량 발생했다. 사회는 빚으로 호황을 맞고 빚으로 도산해갔다.[11]

전문가들은 경제의 겨울이 2008년 금융위기 때부터 시작되었는데 이를 막기위해 양적완화라는 더 많은 돈을 풀어 놓고 있다고 말한다. 그 효과가 언제까지 될지, 그 지진이 언제 일어날지는 알 수 없다. 언제라도 다시 경제공황이 일어날 수 있다.

마이클 슈나이더Michael Snyder는 1913년 생겨난 FRB의 목적이 미국정부를 끝없는 빚더미의 덫에 걸리게 하기 위함이라고 주장한다.

> 그것은 잘 성공했다. 지금 미국의 빚은 FRB가 생겨나기 이전보다 5,000배가 커졌다. 우리 사회는 빚에 중독되었다. 그것은 즉 노예상태에 중독되었다는 의미다. 미국은 자유의 땅이 아니다. 진실로 그것은 노예의 땅이다.[12]

미국의 빚은 개인만이 아니라 국가 차원으로도 심각하다. 재무부에 따르면 2013년 10월 기준으로 국가부채는 17조 달러가 넘어 GDP의 70%가 넘는 규모가 되었다. 그러나 실제로는 의회예산위원회Congressional Budget Office가 공식 발표한 숫자보다 훨씬 더 크다는 주장도 많다.

보스턴대학교 경제학 교수인 로렌스 코틀리코프Laurence Kotlikoff는 저서 『다가오는 세대 폭풍: 미국경제 미래에 대해 당신이 알아야 될 것』에서 "미국 정부는 회계를 조작해서 재무 총량에 대해 거짓말을 하고 있다"고 주장한다. 그는 미국의 빚이 17조 달러가 아니라 200조 달러라고 추정한다.

---

11 사기극을 닮은 부동산 부양책. blog.daum.net/thisage/190.
12 Money is a Form of Social Control and Most Americans are Debt Slaves. blog.daum.net/thisage/191.

국가세금납부자동맹National Taxpayers Union의 이사인 앤드류 모일 란Andrew Moylan도 비슷한 주장이다. 그는 미국의 빚이 60조 달러라고 주장한다. 이것은 1998년부터 2008년까지 미국 회계 감사원장 US Comptroller General을 지냈던 데이빗 워커David Walker가 인용한 수치와 가깝다. 그는 연방 정부의 빚이 테러보다 더 큰 위협이 된다는 것을 미국인들에게 납득시키려고 캠페인을 벌이기도 했다.[13]

재산보다 빚이 더 많다면 개인적으로는 파산상태가 된다. 정부도 빚이 상한선을 넘어가면 디폴트Default(채무불이행)를 선언하며 파산상태가 된다. 그런데 미국은 지난 10년간 빚의 상한선을 계속 늘려오면서 디폴트의 위기를 모면하곤 했다. 그리고 국민이 낸 소득세의 대부분을 빚에 대한 이자를 지불하는 데 사용하면서 계속 빚을 지고 있다.[14]

미국뿐만 아니라 세계를 주도하는 G20국가 대부분이 빚더미에 앉아있다. 채권국가면서 또한 채무국가이기도 하다. 미국을 비롯해서 각국마다 빚을 떠안고 있다고 하는데, 과연 누가 실질적인 채권자일까?

미국 부채의 가장 큰 채권자는 미국 정부기관 자신이고 대외적으로는 중국이라고 알려지고 있다. 그런데 CNS News에 의하면 2011년 FRB가 중국을 넘어서며 최고 채권자가 되었다.[15] 미국이 FRB에 내는 이자만도 한 해 3천억 달러가 넘는다. 기하급수적으로 늘어나는 천문학적 빚 때문에 미국 정부는 FRB에 지배당하는 처지가 되었다. 미국의 대통령이었던 존 애덤스는 바로 FRB를 염두에 두고 다음과 같은 말을 했다.

> 한 나라를 정복해 예속시키는 방법은 두 가지다. 하나는 칼로 하는 것이고 다른 하나는 빚으로 하는 것이다.

---

13 US Government 'Hiding True Amount of Debt'. blog.daum.net/thisage/192.
14 What Do Your IRS Taxes Really Pay For? blog.daum.net/thisage/193.
15 FRB Now Largest Owner of U.S. Gov't Debt—Surpassing China. blog.daum.net/thisage/194.

2. 연방준비제도이사회 Federal Reserve Board

워싱턴과 월가의 실력자 7명이 부자 휴양지인 조지아주의 지킬섬Jekyll Island에서 회동하며 탄생된 FRB는 2013년에 창립 100주년을 맞았다. 미 국민과 미 정부를 빚장이로 만든 장본인 FRB의 정체에 대해서 알아본다.

1) 세계경제의 중심

FRB는 지구상에서 통용되는 모든 달러를 찍어내는 미국 중앙은행의 공식 명칭이다. 우리나라의 한국은행과 같은 기관으로, 미국 및 세계에서 통용되는 달러의 통화량과 미국 국공채의 금리 및 이에 따른 물가 조절 등의 일을 한다.

미국경제를 움직이는 원동력은, 수출입을 통한 무역보다는 세계 화폐의 기준과 근간이 되는 달러의 통화량과 환율, 미국 국채 및 공채의 금리, 주가와 주식 시세 등에 있다. 그러므로 미국경제는 달러를 만드는 FRB에 의해 조종된다고 할 수 있다. 또 세계경제는 미국경제를 중심축으로 움직이기 때문에 FRB가 세계경제를 움직인다고 말할 수 있다.

세계 주요 경제국들이 FRB의 결정 및 주요 일정에 관심을 갖고 주시하는 이유가 이 때문이다. FRB의 중요성과 파워는 실로 막강해서 무소불위의 권력을 행사하므로 FRB 의장은 '세계경제 대통령'이라고 불리기도 한다. FRB의 현 의장은 자넷 옐런이다. 옐런 의장을 비롯해, 14대 의장인 벤 버냉키, 13대 의장인 앨런 그린스펀, 12대 의장인 폴 볼커 등이 모두 유대인 출신이다.

FRB의장을 지명하는 권한은 미국 대통령에게 있지만 공식적인 발표를 하는 대변인에 불과할 뿐, 실상 신임 의장은 FRB 내부 이사회를 통해 결정된다. FRB가 미국 정부에 예속된 공기관 성격의 은행이 아니라 개인 사설 은행이기 때문이다. 미국 달러는 국제금융재벌이 소유한 사설은행에서 발행되고 있는 것이다. 미국경제뿐 아니라 세계경제에 막강한 영향력을 행사하고 있는 FRB가 정부가 아닌 개인의 소유라는 사실은 충격적이다.

미국 정부는 달러가 필요하면 스스로 달러를 찍어낼 수 없고 FRB에서 돈을 빌려온다. 담보는 국민이 납부할 미래의 세금이다. 그러면 FRB는 종이 값과 인쇄비만 들여 달러를 만들고 정부에 이자를 받고 빌려준다. 이런 FRB가 어떻게 사설 은행이 될 수 있었을까?

2) 화폐권의 장악을 위한 투쟁

유럽의 막강한 금융자본 재벌은 미국의 경제권을 사유화하기 위해, 미국이 독립전쟁과 남북전쟁을 거치는 과정에 금권 조직을 총동원하며 부단한 로비활동을 벌였다. 그들의 최고 과제는 경제의 중심이라 할 수 있는 중앙은행을 사설로 설립하는 것이었다.

정부의 권한에 맞먹는 사설 중앙은행 설립을 위한 시도는 수차례나 있었고, 그때마다 역대 대통령들은 미국경제와 국권이 달린 화폐 발행처인 중앙은행이 개인에게 넘어가는 것을 극구 막으려 애썼다. 그러나 이 문제에 개입한 대통령들은 암살의 위협에 시달리거나 비극적인 종말을 맞아야 했다. 사설 은행이 달러 발행권을 갖게 될 위험성에 대해서 일찍이 링컨 대통령은 이렇게 경고했다.

> 내게는 위중한 적이 둘 있다. 하나는 내 앞의 남부군이며 다른 하나는 뒤에 도사린 금융기관이다. 둘 중 후자가 더 큰 위협이다. 모든 사람의 재산이 소수 금융가들의 손에 들어가 우리 공화국이 붕괴하기까지 위협은 지속될 것이다. 나는 나라의 안위를 걱정하는 마음이 전쟁 때보다 더 초조하다.

그들은 목적달성을 위해 수단과 방법을 가리지 않았다. 무수한 서민들을 파산시키고 거리로 내몰며 자살을 속출시켰던 1907년의 대공황도, 모든 것을 통제할 수 있는 강력한 중앙은행이 미국에 반드시 필요하다는 것을 대중에게 인식시키려는 목적에서 의도적으로 발생된 것이었다. 그에 관련된 긴 이야기는 따로 살펴보기 바란다.[16]

결국 우드로 윌슨이 대통령이 되면서 1913년 연방준비 지급법안을 의회에서 통과시킬 수 있었다. 마침내 미국 화폐를 발행하는 사설 중앙은행 FRB가 설립된 것이다. 이후 윌슨 대통령은 임종 자리에서, 그의 일생에서 가장 후회하는 것은 바로 이 법안에 서명한 것이라며 후세에게 큰 죄를 지었다고 통탄했다.

> 나는 가장 불행한 사람이다. 의도하지 않게 내 나라를 망가트렸다. 이 거대한 나라가 크레딧 시스템에 의해 통제받게 되었다. 나라의 발전과 모든 경제 활동은 완전히 소수에 의해 좌우되고 있다. 우리는 가장 악랄한 통치의 함정에 빠져 들었다. 세계에서 가장 완벽하고 가장 철저한 통제를 받고 있는 것이다. 정부에게는 더 이상 자유로운 발언권도 없고 죄를 다스릴 사법권도 없다. 이제 다수 의견으로 선거하는 정부가 아니라 극소수의 지배권을 가진 자의 강압으로 움직이는 힘없는 정부가 되었다. 이 나라의 많은 상공업계 인사는 하나같이 모종의 대상을 두려워한다. 보이지 않는 이 권력이 얼마나 조직적이고 은밀하며 얼마나 무소불위하고 얼마나 상호 결탁이 잘되어 있으며 얼마나 철저하고 완벽한지, 사람들은 감히 이 권력을 공개적으로 비난하지 못한다.[17]

---

16 미국 정치와 경제를 좌지우지하는 금권 통치기관 FRB. blog.daum.net/thisage/196.
17 Famous Quotations on Banking. blog.daum.net/thisage/197.

제7장 신세계질서 세력의 경제 조종 157

"대통령 서명으로 통화법 제정"이라는 내용의 신문기사

FRB가 탄생한 날 월가가 환호하고 있을 때 찰스 린드버그Charles Lindbergh 의원은 하원에서 다음과 같은 연설을 했다.

> 의회가 저지른 최대의 범죄는 바로 연방준비은행법이다. 이 은행법의 통과는 우리 시대의 가장 악랄한 입법 범죄다. 양당 지도자들이 밀실에서 담합해, 국민이 정부로부터 이익을 얻을 기회를 빼앗아간 것이다. 국민은 당장에야 잘 모르겠지만, 몇 년이 지난 후 모든 것을 알게 될 것이다. 그때 국민은 다시 '독립선언'을 해야 금권에서 해방될 수 있다는 사실을 깨달을 것이다.[18]

---

18 Charles August Lindbergh. blog.daum.net/thisage/198.

이후 미국은 FRB에 진 빚을 갚기 위해서 다시 FRB에 빚을 지면서 엄청난 빚을 떠안게 되었다. 케네디 대통령은 이 모순을 개혁하려고 국가가 직접 달러를 발행하기로 결정하면서 1963년 6월 4일 재무성에 은태환 화폐 발행권을 주었다. 그러나 같은 해 11월 22일 암살당하면서 정부가 발행했던 지폐는 곧 회수되고 폐기되어 버렸다.

FRB의 설립 저지를 위해 링컨을 비롯해 윌리엄 헨리 해리슨, 재커리 테일러, 제임스 가필드 등 4명의 대통령이 살해되었고, 설립 이후에는 케네디가 대항하다가 살해되었다.[19] 링컨의 죽음에 대해 독일의 철혈 재상 비스마르크Bismarck는 이렇게 말한 바 있다.

> 링컨은 의회에서 권한을 부여받고 국민에게 국채를 팔아 자금을 조달했다. 이렇게 해서 정부와 국가는 외국 금융재벌의 올가미에서 빠져나올 수 있었다. 그러나 국제금융재벌들이 자신들의 손아귀에서 미국이 빠져나갔다는 사실을 알아차렸을 때 링컨의 죽음도 멀지 않았던 것이다.[20]

3) 경제 대공황의 주체

1913년 설립된 FRB는 1914년부터 1919까지 계속 돈을 찍어내어 통화량을 거의 2배로 만들고 언론을 이용해서 국민들로 하여금 많은 돈을 은행에서 대출받도록 장려했다. 국민들은 대출받은 돈으로 주택과 주식에 투자하면서 경기가 상승했다.

그러나 1920년 5월 16일 FRB는 대형 은행의 대표들을 모아 빌려준 돈을 당장 거두어들이라는 여신수축 지시를 내렸다. 일시에 통화량이 축소되며 공황이 초래되었다. 그 결과 수백만의 실업자가 양산되고 부동산 가

---

19 What Most Don't Know About Our System of Currency. blog.daum.net/thisage/199.
20 How European Bankers Planned the Civil War and Lincoln's Assassination. blog.daum.net/thisage/200.

격이 2천억 달러 하락하고 5,400개의 소규모 은행들이 문을 닫게 되었다. 하지만 개인과 기업과 은행의 파산에 힘입어 금융재벌들은 이들의 자산을 헐값에 인수하면서 더 큰 부를 축척할 수 있었다.

1921년부터 1929까지 FRB는 또다시 통화공급량을 62%나 늘렸고 많은 사람들이 마진 론Margin Loan을 받아 주식투기에 뛰어들었다. 당시의 마진론은 주식가치의 900%까지 대출을 가능케했다. 가령 100달러 있으면 1,000달러의 주식을 살 수 있도록 은행이 초저금리로 900달러를 융자해 주었기 때문에 주식시장은 활기를 띄고 주가는 5배 이상 올랐다.

그때 금융가들은 자신이 보유한 주식을 다 정리한 후, 1929년 10월 24일 대부회사가 주식대출을 일시에 회수하는 마진콜을 발동했다. 그러자 24시간 이내에 마진론을 갚기 위해서 주식을 팔려는 사람들로 주식시장은 아수라장이 되고 주가는 대폭락했다. 이날은 악명높은 '검은 목요일'로 불린다. 그날 투자자들은 모두 잃어버렸을 뿐 아니라 빚장이로 몰락하게 되었다. 이때 FRB는 금리를 낮추어 경제활동에 활력을 불어넣기보다는, 오히려 무자비하게 통화량을 수축하면서 극심한 디플레를 조장시켜 미국을 장기 침체에 빠지게 했다.

1929년 10월 24일 뉴욕증시의 주가폭락을 시작으로 경제 대공황이 일어나고 세계로 퍼졌다. 공황이 가장 극심했던 1929년부터 1933년까지 4년 사이에 미국 내에서만 9,000개 은행이 도산하고, 예금자들이 파산하고, 16,000개의 기업이 도산하고, 전체 노동인구의 절반이 실업자 또는 실업자 수준이 되고, 경영자 및 실업자의 자살이 속출했다. 그러나 국제금융가들은 도산한 은행과 기업들을 헐값에 인수하고 나중에 비싸게 되팔면서 막대한 이익을 남길 수 있었다.[21]

이후 루이스 맥파든Louis McFadden 의원은 FRB에 경제공황에 대한 책임을 물어 탄핵안을 제출했다. 1929년-1933년 사이에 FRB가 통화량을

---

21 FRB Caused the Great Depression. blog.daum.net/thisage/201.

1/3로 줄였다는 사실은, 대공황이 결코 자연발생적으로 일어난 것이 아니라 FRB가 의도적으로 일으켰다는 증거라고 주장하면서 말이다. 그러나 FRB의 음모를 강경하게 주장하며 유대인 은행가들을 맹비난하던 맥파든 의원은 1936년 갑작스레 사망하고 만다.[22]

4) FRB에 대한 증언들

1920-1931년까지 미 하원 금융통화위원회의 위원장을 역임한 루이스 맥파든 의원은 FRB에 대해 이렇게 말한다.

> FRB는 국제금융가들이 자신의 입맛대로 세계를 노예화시키는 초국가다. FRB가 통과되었을 때 세계 금융가들이 무슨 일을 했는지 꿰뚫어 보는 사람은 몇명되지 않았다. 국제금융가와 산업가들은 합심하여 초국가를 건설하려 했고, 자신들의 이익을 위해서 인류를 노예화하려 했다. 현재 FRB는 대외정책을 포함한 우리의 모든 것을 조종하고 있는 상태며, 그들의 의사 여하에 따라 정부는 흥할 수도 있고 망할 수도 있다. FRB는 세계에서 가장 부패한 기관이다.

1960년대 미 하원 금융통화위원회 위원장을 지낸 라이트 패트먼Wright Patman 의원의 말이다.

> 오늘날 미국에는 사실상 2대의 정부가 존재한다. 하나는 헌법상 정식으로 만들어진 정부고, 또 하나는 누구의 지배도 받지 않으며 누구와도 협조하지 않는 독립적인 정부다. 그 정부는 바로 의회가 헌법에 따라 관리해야 할 미국의 화폐를 가지고 마음먹은 대로 세력을 휘두르는 FRB다

---

22 Congressman Louis T. McFadden. blog.daum.net/thisage/202.

> … FRB는 페니 한 개도 지불하지 않고 국채Government Bond를 샀다.[23]

2005년 4월 25일, 모건 스탠리의 아시아 회장인 스티븐 로치Stephen Roach는 이렇게 말한다.

> 내가 이 업종에 몸담은 이후로 FRB가 지난 6–7년 동안 이처럼 화폐 이론을 왜곡하려고 연구하는 것을 본 적이 없었다. 1990년 말 이른바 '신경제' 붐을 주도할 때부터 최근의 경상수지 조정에 대한 이론을 이끌어 내기까지, 미국 FRB는 전통적 거시 경제학을 다시 쓰려고 시도했다. 또한 시장 참여자들에게 이 '수정'된 이론을 믿게끔 하려고 노력을 기울였다 … 나 자신은 음모론을 믿는 사람이 아니다. 하지만 90년대 말 FRB의 행동을 목격하며 내 생각을 바꾸지 않을 수 없었다.[24]

그럼 FRB의 소유주는 누구일까? 겉으로는 미국에서 가장 부유한 은행가 JP모건이지만, 실제로는 약 80%의 지분이 유럽의 금융재벌들 소유다. 그들은 미국의 FRB 뿐만 아니라 유럽의 ECB(유럽 중앙은행)도 소유하고 있다. 그들 중 대표적인 사람이 바로 유대인 로스차일드 일가다.

앞장에서도 언급했듯이 로스차일드 가문은 바이샤프트와 함께 일루미나티를 창설한 인물로 잘 알려져 있다. 매우 비밀스럽고 금기시된 단어인 일루미나티가 최근에는 미국 의회나 대법관의 입을 통해서 직접적으로 언급되기도 했다. 버니 샌더스Bernie Sanders 상원 의원은 텍사스 주의회에서 이런 연설을 했다.

> 미국 상공업계의 거물들은 하나같이 누군가를 혹은 무엇인가를 두려워

---

23 Quotes on Banking and the Federal Reserve System FRAUD. blog.daum.net/thisage/203.
24 Stephen Roach. blog.daum.net/thisage/204.

한다 … 그 대상은 다름 아닌 1920년대부터 미국의 배후에서 군림하고 있는 일루미나티 세력들이다.

대법관 펠릭스 프랭크퍼터Felix Frankfurter도 이같이 말했다.

> 워싱턴의 진정한 통치자들은 눈에 보이지 않는다. 일루미나티는 무대 뒤에서 힘을 행사한다.[25]

일루미나티의 최고 재정가인 로스차일드 일가가 프랑스 혁명, 워터루 전쟁, 세계대전, 세계경제공황 등을 통해서 어떻게 세상의 돈을 끌어모을 수 있었는지 알아보는 것도 흥미로울 것이다.[26]

3. 인사이드 잡

2008년 9월 투자신탁사 리먼 브라더스의 파산 신청과 최대 보험사 AIG의 몰락은 미국경제를 뒤흔들었다. 월 스트리트 쇼크로 글로벌 주식 시장은 그 즉시 휘청거렸다. 전 세계는 수십 조 달러의 빚더미에 올라 앉았고 세계적인 경기 침체는 계속되었다. 거품이 꺼지면서 집 값과 자산은 대폭락했고 3천만 명이 해고됐으며 5천만 서민들은 극빈자가 되었다.

수천만 명의 직업과 저축과 주식과 집을 잃게 만든 이 사건에 대해 여러 전문가들이 그 이유를 분석하려고 했지만 누구도 근본적인 원인을 제시하지 못했었다.

찰스 퍼거슨Charles Ferguson은 미국 정부의 자문을 역임한 정치학 박

---

25 일루미나티. blog.daum.net/thisage/205.
26 The Rothschild Dynasty. blog.daum.net/thisage/206.

사로, 여러가지 각도로 2008년의 금융위기를 조명해 다큐멘타리 동영상 "인사이드 잡Inside Job"을 제작했다. 그는 이 다큐에서 금융 산업과 경제 전반에 정통한 기업인, 정치인, 저널리스트, 학자 등 여러 인물을 인터뷰하며 2008년 경제사태의 주범, 배후, 공범이 누구인지를 고발한다.

이 사건을 일으킨 금융인들은 아무런 책임없이 빠져나올 수 있었을 뿐 아니라 오히려 엄청난 이익을 챙길 수 있었다. 서민들의 피해 규모가 커져 갈수록 월 스트리트는 더 많은 돈을 벌어들였다. 서민들은 극빈층이 되어 갔고 부자들은 더 부자가 되어갔다. 중산층이 점점 더 사라지고 빈부의 격차는 더욱 커져갔다.

이 다큐는 2011년 아카데미 영화제에서 다큐멘터리 작품상, 미국 감독 조합에서 다큐멘터리 감독상, 전미비평가협회에서 최우수 다큐멘타리상, 뉴욕비평가협회에서 최우수 다큐멘터리상을 받았다. 「타임」은 이 영화를 보고 화나지 않는다면 영화를 제대로 이해하지 못한 것이라고 영화평을 한다. 실제로 이 영화를 본 사람들은 크게 충격받고 분노하며 세계경제의 실상을 깨닫기 시작했다. 그 내용을 짧게 요약해본다.[27]

1) 불량상품에 대한 최상급 평가

전 무디스 신용평가사 이사인 제롬 폰스가 말한다.

> 리먼 브라더스는 추락하기 며칠 전까지 AA의 신용등급을 받았다. AIG 역시 구제 금융을 받기 며칠 전까지 AA였다. 패니 매와 프레디 맥은 정부에 인수되기 전에 AAA 등급이었고, 베어 스턴즈는 파산하기 한 달 전까지만 해도 AA였다. 이 모든 기업은 파산하거나 구제를 받기 하루 이틀 전까지 AA나 AAA의 최상위 등급을 유지했다.

---

27 인사이드 잡. blog.daum.net/thisage/207.

「포춘」 편집장인 알렌 슬론의 말이다

> 서브프라임 모기지론을 받은 사람들은 평균 집값의 99.3%까지 대출받
> 았다. 이는 그 집에 돈의 가치가 거의 없다는 걸 의미한다. 이런 황당무
> 계한 금융상품의 3분의 2 이상이 AAA 등급을 받았다.

2008년 상원 청문회에서 "당신네 직원들이 쓰레기라고 말한 금융상품에 AAA 등급을 매겨서 고객들에게 판매한 것이 옳은 일이냐?"고 비난하자, 골드만 삭스의 최고경영자 로이드 블랭크페인은 "시장 조성이라는 차원에서 그건 모순이라고 할 수 없다"고 답변했다.

모건 스탠리도 AAA 등급의 금융상품을 판매하면서 정작 그 금융상품이 부도날 가능성에 내기를 걸었다. 그의 예상대로 1년 뒤 투자자들은 원금을 모두 날렸지만 모건 스탠리는 수억 달러를 벌었다.

자신의 회사를 파괴하고 세계를 위기의 구렁텅이에 처박은 사람들은 자기 재산에 흠집 하나 내지 않은 채 그 잔해를 빠져 나갔다. 리먼 브라더스의 최고 경영자 다섯 명은 2000-2007년 기간에 10억 달러 이상을 벌었다. 회사가 파산했을 때도 이들은 그 돈을 그대로 가져갔다.

메릴린치의 CEO인 스탠 오닐은 2006년과 2007년 두 해 동안에 9천만 달러를 받았다. 자기 회사를 바닥에 처박았는데도 메릴린치의 이사회는 그가 스스로 사임하도록 허용하면서 퇴직금으로 1억 6천 100만 달러를 챙겨 주었다. 2008년 3월 AIG의 금융상품부서는 110억 달러를 날렸다. 그러나 이 부서의 책임자였던 조지프 카사노는 해고되지 않고 컨설턴트로 계속 재직하며 한 달에 1백만 달러를 받고 있다.

부자를 더 부자로 서민을 빈민으로 만들어버린 경제범죄에, 스탠다드 앤푸어스나 무디스 같은 신용평가 회사들이 공범이었다. 그들은 이 위험천만하고 쓰레기 같은 파생상품들에 AA나 AAA 같은 최고 등급을 부여하고 엄청난 수수료를 챙겼다. 무디스의 이익은 2000-2007년 사이

4배 이상 불어났다.

존경받는 경제학자들 대다수도 경제범죄의 공범이다. 단순한 동조자나 공범을 넘어 이 전대미문의 금융사기극에서 거의 주역에 가깝다고 보여진다. 그들은 기업으로부터 엄청난 규모의 지원금을 받고 금융 산업에 대해 우호적인 여론을 형성하고 금융의 규제완화를 요구하며 정부의 정책을 만들어갔다.

2) 정경유착

영화가 전편에 걸쳐 핵심 화두로 삼고 있는 것은 바로 '금융규제 완화'다. 영화는 은행과 자본을 규제하지 않았을 때 어떠한 악행이 벌어지는가를 낱낱이 목도하게 한다. 자본은 양화일 수 없다. 생태적으로 악화다. 그래서 적절한 통제와 규율이 밑받침되지 않으면 저 스스로 온갖 만행을 저지르게 된다.

그럼에도 불구하고 부시 전 대통령을 비롯한 정치인들은 금융 규제를 반드시 없애야 한다고 목소리를 높였다. 세금 감면도 그가 늘 입에 달고 다녔던 얘기였다. 버락 오바마는 반드시 금융개혁을 실현시키겠다고 약속했다. 하지만 '지금의 미국 정부는 월가의 정부이기 때문'에 그의 약속은 실행될 수 없는거라고 영화는 지적한다.

실제로 오바마 정부의 경제 부처 혹은 관련 기관에서 일하는 수장들, 예컨대 벤 버냉키 전 FRB 의장, 래리 서머스 백악관 국가경제위원회 위원장, 티머시 가이트너 재무장관 등은 문제가 됐던 골드만 삭스, 리먼 브라더스, 메릴린치, JP모건 등에 직간접적인 이해관계를 갖고 있는 사람들이다. 대부분이 이들 투자은행에 큰 지분을 갖고 있는 고위직들이어서 미국 정부는 그동안 규제 완화를 소리높여 외칠 수 밖에 없었다.

결론적으로, 이 모든 경제 재앙은 상위 1%에 의해 의도적으로 진행되었다. 상위 1%는 월가의 금융가들, 백악관을 중심으로 하는 정치가들, 이들을 도와 혹세무민의 이론들을 설파하는 하버드와 케임브리지 같은 대학의 경제학자들로 구성돼 있다. 그들은 상상을 초월할 정도로 정교한 밀도의 네트워킹으로 연결되어 있다.

영화는 미국경제의 향후도 그다지 희망적이지 않음을 보여준다. 갖가지 금융 파생상품에 의해 주도되는 미국식 자본주의 혹은 세계 자본주의는 점점 더 끝장을 향해 달려가고 있다고 말한다. 이 영화가 공포영화 장르에 가까울 만큼 전율과 소름이 끼친다고 하는 이유는 바로 그 때문이다.[28]

4. 경제 저격수

1981년 5월 24일 에콰도르의 하이메 롤도스 대통령이 비행기 추락사고로 사망하고, 3개월 뒤 8월 1일에는 파나마의 토리호스 대통령이 역시 비행기 추락사고로 사망했다. 대통령의 사고 지역엔 접근 금지 바리케이트가 쳐져서 미군과 몇명의 군인만이 접근할 수 있었으며, 이후 그 추락 사건의 증인들은 모두 교통사고로 죽는 사건들이 발생했다.

2008년 존 퍼킨스John Perkins는 에콰도르 수도인 키토의 원형극장에 많은 국민들이 모인 자리에서 자신이 경제 저격수Economic Hit Man였음을 고백했다. 911테러 이후 양심의 가책을 느껴 대통령들의 죽음과 정치경제적 혼란의 배후에 자신과 미국이 있었음을 고백한다고 했다. 이런 양심선언에는 물론 죽음의 각오도 있었다.[29]

경제 저격수란 미국 정부와 대기업의 이익을 위해 세계 각국의 경제시장에서 '작전'을 펼치는 엘리트 조직을 말한다. 그들은 민간 기업에 소속

---

28 Inside Job: How Bankers Caused the Financial Crisis. blog.daum.net/thisage/208.
29 나는 경제 저격수였다. blog.daum.net/thisage/209.

되어 있지만 그 기업의 임원들은 미국 정계와 밀접한 관계가 있는 사람들이다. 그들은 약소국의 대통령에게 접근해서 세계은행을 내세워 돈을 빌려주며 발전소, 고속도로, 항만, 공항, 산업 단지 등의 사회기반 시설을 건설하도록 제안한다. 사실은 제안이 아니라 뇌물과 협박에 의한 강요다.

상대국은 차관을 받아들여 건설사업을 시작하며 성장하는 것 같지만 결국 빚의 늪에 빠지게 된다. 빚을 갚을 수 없는 상황이 되면 경제 저격수들은 채무를 빌미로 상대국이 유엔에서 미국 편을 들게 하거나 이라크 파병에 동의하라고 강요한다. 하지만 무엇보다 원하는 것은 원유나 자원을 헐값에 사는 것이다.

인도네시아, 에콰도르, 콜롬비아, 파나마, 베네수엘라, 이란, 이라크, 사우디 아라비아 같은 원유 생산국들이 경제 저격수가 타겟으로 삼는 나라들인데 이들은 대개 비슷한 운명에 처해졌다. 이것이 약소국 권력자들을 미국의 하수인으로 만드는 새로운 패턴의 식민정책이다.

이론상으로는 세계은행에서 돈을 빌려 댐을 짓고 좋은 정책을 도입해서 경제 성장도 이루고 융자도 갚는다는 것이다. 그러나 이를 통해 부를 축적하는 자들은 개발에 동참한 미국 기업과 상대국의 일부 재벌들일 뿐이고 대다수 국민들은 더욱더 가난한 삶 속에 처박히게 된다. 많은 지역이 더 퇴보되었고 많은 사람들이 예전보다 더 가난해졌다.

에콰도르를 예로 설명해 보자. 1970년대 에콰도르는 석유개발이 성황이었다. 그런데 석유개발 이후 에콰도르의 빈곤선은 50퍼센트에서 70퍼센트로, 실업률은 15퍼센트에서 70퍼센트로, 부채는 2억 4천만 달러에서 160억 달러로 급증했다. 전체 인구 가운데 빈곤층에게 돌아가는 국가 자원의 비율은 20퍼센트에서 5퍼센트로 줄어들었다.

어떻게 이런 결과가 발생한 것일까? 100달러어치의 원유가 생산되면 석유회사가 75달러를 가져가고 남은 25달러 중 15달러 이상이 빚을 갚는데 사용된다. 나머지 10달러 중에서 상당 부분은 군사비와 정부를 위한 돈으로 사용되고, 국민을 위한 보건, 교육 및 기타 프로그램에 사용되는 돈은 고작 2달러 50센트에 불과하다. 엄청나게 많은 석유를 캐내지만 대부분의 돈은 미국기업이 가져가므로 나라의 빚은 더욱 늘어나고 가난한 사람들은 더 가난해진 것이다.

바로 얼마 전 신문에서 읽은 기사다. 석유재벌인 로열 더치 쉘은 1995년 사형당한 나이지리아의 소설가 켄 사로위와의 유족에게 1,550만 달러를 보상하는데 합의했다. 나이지리아는 아프리카의 대표적 산유국이다. 켄은 다국적기업 특히 로열 더치 쉘에 맞서서 자치권과 원유개발 수익 분배 등과 관련해 운동을 이끌며 많은 글을 썼던 인물이다. 그가 이끈 집회에는 30만 명 이상이 참가할만큼 넓은 지지자들이 있었다. 그러나 다음해 군사독재자 사니 아바차가 집권하면서 켄은 친정부 인사의 살해 사주혐의를 받고 곧바로 사형을 선고받았다. 이후 국제기본권보장센터CCR는 증인들이 정부의 뇌물과 로열 더치 쉘의 취업 미끼에 현혹되어 거짓증언했다는 사실을 밝혀내고 소송을 내자 위로금을 주기로 합의한 것이다. 이것은 늘상 자행되다가 겉으로 드러나면 돈으로 마무리 하는 무수히 많은 사건들 중의 한 예일 뿐이다.[30]

개발도상국뿐만 아니라, 최근 아이슬란드의 경우처럼 비교적 경제 상태가 활황인 나라에 이권을 노리고 침입해서 정부와 국민을 설득해 투자를 받게 하기도 한다. 일부러 빚을 쓰도록 한 뒤에 한 번에 자금을 회수함으로써 국가의 부도로 이끄는 것이다. 아이슬란드는 2008년 결국 국가 부도가 났다. 이것은 경제 저격수들이 인도네시아, 나이지리아, 콜롬비아에도 이미 사용했던 모델이다.

부패한 정부가 들어선 나라는 약탈하기가 쉽다. 부패하지 않거나 미국에 저항하는 정부는 골치덩어리다. 과테말라의 아르벤스, 에콰도르의 롤도스, 파나마의 토리호스 등은 미국의 정치권력과 기업이 결탁해 벌이는 기업정치에 반발하며, 토지, 석유, 운하 등의 자국 자원을 자국 국민들의

---

30 독재-석유 자본에 맞섰던 켄 사로위와. blog.daum.net/thisage/210.

최선의 이익을 위해 사용할 권리가 있음을 주장했다.

하지만 경제 저격수의 요청을 거절하는 것은 바로 죽음을 의미한다. 곧 '자칼Jackal'이라고 불리는 CIA의 암살요원이 투입된다. 그들은 우연한 사고를 가장한 암살 혹은 불만 세력의 선동을 통한 쿠데타로 대통령의 지위를 잃게 한다. 위의 두 남미 대통령도 경제 저격수 존 퍼킨스의 제안을 거절하며 석유자원을 지키려다가 암살당한 것이다. 이후 경제 저격수는 다른 남미 대통령들에게 죽은 두 대통령을 들먹이며 협박하거나 거대한 뇌물로 유혹해서 강제로 빚을 쓰게 만든다.

경제 저격수나 자칼마저도 실패하면 그때는 군대가 들어간다. 미국은 1989년 파나마 침공을 감행하는데 사망자수는 미국 통계에 따르면 600명, 인권 단체 통계에 따르면 5,000명에 이른다. 미국에 저항한 파나마 대통령 노리에가는 미국으로 끌려와 마약 밀매, 공갈, 돈세탁 혐의로 재판받고 종신형을 선고받았다. 미국은 세계은행, IMF 등을 이용해서 이런 방법으로 중동과 남미국가들을 탈취해왔다.

이라크 전쟁도 비슷한 맥락에서 이해할 수 있다. 이라크는 사우디아라비아와 다른 길을 걸었다. 사우디아라비아는 넘쳐나는 돈으로 산업화를 계획했고 그 사업을 모두 미국 기업에게 맡겼다. 사우디아라비아가 석유를 많이 팔수록 미국도 함께 돈을 벌었다. 그런데 이라크는 달랐다. 사담 후세인은 미국 정부와 거래하기를 거부했다. 결국 미국은 911테러를 구실로 이라크와의 전쟁을 시작했다. 오사마 빈라덴을 배후 지원한 사우디아라비아나 그가 숨어있는 아프가니스탄은 내버려두고 이라크가 전쟁 대상이 된 것이다.

퍼킨스는 이라크 다음의 희생양이 베네수엘라가 될 거라고 전망한다. 베네수엘라는 세계 5위의 산유국이다. 미국은 그동안 해왔던 것처럼 이 나라에 엄청난 빚을 떠안기고 약탈을 시작했다. 말 안듣는 대통령을 몰아내려고 반정부 시위를 배후 지원하거나 군대를 매수해 쿠데타를 계획하기도 했지만 모두 실패했다. 이라크처럼 자칫 전쟁으로 치달을 위험도 얼마

든지 있다고 그는 경고한다.[31]
한 블로거는 이렇게 결론짓는다.

> 과거와 비교하면 세계는 언뜻 더 평화로운 것처럼 보인다. 무턱대고 무력으로 다른 나라를 집어삼키는 일은 이제 거의 없다. 그러나 우리는 그동안 군대가 했던 일을 이제 기업이 하고 있다는 사실에 주목할 필요가 있다. 이른바 '기업정치'다. 기업은 미국을 업고 가난한 나라들을 마음껏 약탈한다. 그게 미국이 성장하는 방식이다. 이런 일이 가능한 것은 미국이 얼마든지 달러를 새로 찍어낼 수 있기 때문이다. 돈이 없으면 찍어내서 주면 된다. 다른 나라 같으면 화폐 가치가 떨어져서 문제가 되겠지만 미국은 다르다. 달러 가치가 떨어지면 미국에 수출하는 나라들은 그만큼 부담이 늘어난다. 돈을 새로 찍어내서 빌려주면 그 돈은 고스란히 미국 기업들에게 다시 돌아온다. 상대국은 석유를 비롯한 천연자원과 값싼 인력을 빼앗기면서도 빚은 빚으로 남게 된다. 미국은 그렇게 만든 돈으로 다른 나라를 약탈한다. 이게 현대판 제국주의의 작동원리다. 미국의 실체는 곧 기업이다. 이들의 돈을 빌린 나라는 결코 가난을 벗어날 수 없다.

911테러 때는 3천 명이 죽었지만 지금은 날마다 2만 4천 명이 굶어서 죽는다. 가난은 더욱 확산되고 있다. 30년 전에는 굶지 않았던 사람들이 이제는 굶어 죽는다. 퍼킨스는 그들의 죽음에 미국의 책임이 있다고 주장한다. 『그림자 정부』에서 저자는 브라질의 저명한 경제학자의 말을 인용해서 이렇게 말한다.

> 제3차 세계대전은 이미 시작되었다. 이것은 소리없는 전쟁이다. 이 표

---

31 How Greece has Fallen Victim to Economic Hit Men. blog.daum.net/thisage/211.

현은 과장이 아니다. 이것은 브라질과 남미와 제3세계 전체를 파멸시키려 하고 있다. 이 전쟁터에서는 군인 대신에 어린아이들이 죽어가고 있다. 이 전쟁은 제3세계가 진 부채에 대한 전쟁이다. 이 전쟁의 주 무기는 원자탄보다도 더 무섭고 파괴력을 가진 '이자'라는 것이다.[32]

많은 지식인들이 이런 끔찍한 현실을 알게 되면서 자본주의에 반기를 들고 미국 제국주의를 타도하며 좌회전해서 공산주의나 사회주의의 옹호자가 되기도 한다. 그러나 그것은 악을 타도하려다가 더욱 큰 악을 용납하는 격이다. 앞에서도 언급했듯이 자본주의도 만들고 공산주의도 만든 자들은 시오니스트 유대인들이다. 서로 상반된 사상을 만들어서 분열하고 전쟁케 하고 망하게 하려는 저들의 영리한 목적을 성취하려는 것이다.

자본주의와 공산주의는 서로 상반된 것처럼 보이지만 실제로는 '악'이라는 같은 뿌리를 갖고 있다. 우리가 자본주의라는 악에 대항하는 방법은, 되도록 대출을 받지 않고 되도록 신용카드를 쓰지 않는 것이다. 그러나 현실적으로 볼 때 거의 불가능한 일이다. 최근 영화 "성실한 나라의 앨리스"는 우리 사회의 이런 모습을 잘 보여주고 있다.

---

[32] 세계경제를 조종하는 그림자 정부. blog.daum.net/thisage/212.

제8장

신세계질서 세력의 의식 조종

　우리는 자유 민주주의 사회에서 마음대로 생각하고 표현하며 원하는 대로 선택하고 행동한다고 생각하지만, 사실은 누군가에게 긴밀하게 조종받고 지배당하고 있다. 예를 들어서 우리가 옷을 구입할 때 우리는 자신의 취향과 개성에 따라 자신이 선호하는 옷을 고른다고 생각하는데, 실제로는 미국의 대규모 의류업체와 계약이 체결된 어떤 디자이너의 기호에 따라서 의류를 선택하고 있는 것일 수 있다. 그것이 올해의 유행이라고 그들이 결정해주어서 그들의 결정에 따라 우리가 움직이고 있는 것이다.

　에드워드 버네이스Edward Bernays는 그의 저서 『프로파겐더 *Propaganda*』에서 "대중은 사고하지 않는다"고 주장하며, 선동가들이 어떻게 대중을 선동해서 자신의 목적을 이루는가를 설명해준다. 그들은 피아노를 팔고 싶으면 지금 당장 피아노를 구입하라고 재촉하는 게 아니라 구매자의 세계를 통째로 변화시켜 그 제품을 탐내도록 만든다. 예를 들어 '가정 음악실'이라는 개념을 대중 사이에 널리 보급시켜 그것이 유행이라는 생각을 주입시킨다. 그들에게 가정 음악실에 대한 마음이 생기면 피아노는 자연스럽게 사게될 것이다. 구매자는 본인 스스로의 결정으로 피아노를 구매했다고 생각하겠지만, 사실은 자신도 모르는 사이에 선동가의 의도와 목적을 따른 것이 된다. 선동가들이 갈망하는 것을 대중도 갈망하게 된 것이다.

언론은 무대 뒤에서 기민하게 조종의 끈을 움직이므로 대중은 스스로 인식하지 못하는 중에 그들의 지배와 통치를 받는다. 모든 것이 이미 정해진 세팅 안에서 선택하게 되는 상황이다. 우리는 알지 못하는 사람들의 생각으로 주조되고, 취향이 형성되고, 아이디어를 떠올린다. 그들은 정치가일 수도 기업인일 수도 있다. 그들은 우리가 무엇을 구매할지, 투표권은 어떻게 행사할지, 심지어는 무엇이 옳고 그른지, 무엇이 아름답고 아름답지 않은지를 소리없이 결정해준다.[1]

1. 정치가들의 선동

히틀러가 독일 총통이 되고 국민의 마음을 사로잡아 나치즘으로 세계전쟁을 일으킬 수 있었던 것은 언론을 잘 이용한 덕분이었다. 그것은 인간의 감정과 본능을 예리하게 꿰뚫어보는 예술가적 통찰력을 가졌던 괴벨스의 공로였다. 괴벨스는 미디어로 국민의 마음을 얼마든지 조작할 수 있다는 것을 알고 라디오를 싼 값에 배포시켰다. '괴벨스의 입'이라고 불렸던 라디오를 통해 독일인들은 매일 조작된 뉴스를 들으며 거짓으로 세뇌되었다. 그의 선동 철학은 "거짓말을 되풀이하면 사람들은 처음에는 부정하고 나중에는 의심하지만 결국은 믿게 된다"였다.

국민은 세뇌되어 전쟁을 지지했고 교회들도 히틀러를 하나님이 보내신 사람이라고 믿으며 축복해주었다. 세계대전에서 전세는 불리했지만 괴벨스는 계속 근거없는 희망을 전파했다. 연합군이 베를린을 함락할 때까지 전쟁에서 지고 있다는 사실을 대부분의 독일인은 모르고 있었다.

괴벨스는 대중의 마음을 얻기 위해 거짓말을 하면서 "승리한 자는 진실을 말했느냐 따위를 추궁당하지 않는다"고 합리화했다. 그러나 거짓은 처

---

[1] 프로파겐더. blog.daum.net/thisage/217.

음에는 승리하는 것 같지만 필연적으로 멸망한다는 것을 역사가 증명하고 있다.[2]

전쟁은 히틀러에 의해서 강제로 치뤄진 것이 아니라, 거짓에 세뇌된 국민 스스로가 원해서 일어난 것이었다. 그래서 전쟁에서 자국민의 사상자가 엄청나도 괴벨스는 양심의 가책을 가질 필요가 없었다. 그는 이 엄청난 피해에 대해서, 그 책임이 거짓말을 한 자신이 아니라 거짓말에 속은 대중에게 있다며 이렇게 말했다.

> 난 그들에게 미안하지 않아! 이것은 그들 스스로 자초한 일이야! 그들이 우리에게 위임한 것이지 우리가 그들을 강요한 것이 아니야. 그들은 자기가 선택한 것에 대해 지금 댓가를 받고 있는 것 뿐이야.[3]

괴벨스가 선동정치에 라디오를 활용했다면, 레닌은 이데올로기 정책의 가장 중요한 전달자로 신문을 적극 사용했다. 전국적인 선전 선동활동을 계통적으로 벌일 수 있게 해주던 신문은 말 그대로 '집단적 선전 선동 도구'이자 '조직가'였다.

당시 모든 신문에는 담당 검열관이 배정되어서 서구 자본주의에 대해 매일 부정적인 기사를 게재했다. "한줌의 자본가들의 가혹한 착취로 인해 대다수의 노동자가 비참한 상태에 놓여 있으며, 실업과 굶주림 앞에서 끊임없이 위협받고 있다. 내일에 대한 불확실함과 일자리를 찾아 끝없이 떠돌아야 하는 상황은 자본주의 국가의 노동자들에게서 가정생활의 기본 조건들마저 빼앗아가고 있다"라는 내용이다. 반면 공산주의적 삶의 우월성을 선전하는 기사들도 신문에 매일 게재했다.[4]

국민은 자발적으로 공산당을 원하게 되었다. 국민 스스로 자율적으로

---

2 Fraudulent Nazi Quotations. blog.daum.net/thisage/218.
3 Goebbels' 'Throats Cut' Remark. blog.daum.net/thisage/219.
4 Pravda. blog.daum.net/thisage/220.

만들어낸 의식이 아니라 지배계급이 기존 사회를 유지하고 자신들의 권력을 영속화시키려고 심어주는 거짓말에 세뇌되었지만 말이다. 지배자에 의해 우매하게 속고 멸망 받는 대중을 그린 조지 오웰의 우화소설『동물농장』은 소련의 이런 우민 선동정치를 잘 비판하고 있다.

독재 권력자들은 대중 심리를 잘 이해하고 이용한다. 그들은 사람들을 선동할 때 점진적으로 익숙하게 하면 무엇이든지 가능하다는 것을 알았다. 급진적인 변화는 거부하지만 점진적으로 진행하면 결국 뭐든지 받아들인다는 것이다.

세계통합주의자들은 먼저 유럽통합을 시행함으로써 사람들에게 통합의 개념을 익숙하게 만들어 주었다. 사람들은 자신의 권리는 점차 없어지고 정부는 점차로 커지는 것을 순조롭게 받아들일 것이다. 많은 위기상황을 경험하게 된다면 사람들은 심지어 자신의 권리를 스스로 반납하며 거대한 지배세력을 원하게 될 것이다. 그래서 세계정부주의자들은 단일정부를 세운 것이 강제가 아니라 대중이 원했기 때문이라고 주장할 수 있게 된다.

노암 촘스키Noam Chomsky는 주류 언론을 가리켜 '보조정부Adjunct Goverment' 또는 그들의 보도태도가 동일한 사고방식을 유도한다고 해서 '여론 제조기Manufacturing Consesus'라고도 부른다. NWO 엘리트들은 언론을 이용해서 대중의 심리를 조작하며 목적을 이루고 있다.

2. 잠재의식의 통제

런던 교외에 있는 타비스톡인간관계연구소The Tavistock Institute of Human Relations는 인간의 무의식 세계를 심도깊이 연구하며 인간의 내면 심리까지도 조종할 수 있도록 연구하고 실행해 온 기관으로 잘 알려졌다. 처음에는 전쟁 중에 있는 병사의 심리상태를 연구하기 위해 세워졌는데 나중에는 영국 정보부의 지원기관이 되어 심리전쟁에 이용되어 왔다.

그들은 미디어 언론 통제술, 심리통제 기법, 문화정책 등의 전술을 동원해서 사람들의 사고방식, 기호, 행동 등을 원하는대로 통제하고 지배한다. 그래서 그들은 '인류의 집단의식과 무의식을 쉼없이 공격하는 글로벌 심리전쟁의 선두이자 핵심기지' 또는 '여론형성에서부터 잠재의식까지 조작하는 대중정신 통제술의 전문기관이자 거짓말 공장'이라고까지 불린다.[5] 조지 웰스, 버트란드 러셀, 세실 로드, 파비앙 사회주의자 그룹, 프랑크푸르트 학파, 프로이트, 융 등의 쟁쟁한 이름이 타비스톡의 이론 정립에 공헌했다.

존 콜먼 박사의 저서 『타비스톡인간관계연구소』 표지

역사상 NWO 엘리트들은 각종 사상과 철학을 만들어내며 우리의 의식구조를 바꾸고 사고방식을 지배해 왔다. 다윈의 진화론, 마르크스의 공산주의, 니체의 초인사상 등을 만들어 좌익에겐 유토피아 이상주의 사상을, 우익에게는 애국적 안보주의를 주입하는 등 인류에게 다양한 거짓 환상과 혼란을 야기시키면서 전쟁을 발발시켜왔다. NWO의 핵심 인물 중 하나

---

5 The Tavistock Institute of Human Relations. blog.daum.net/thisage/221.

가 대중의 어리석음을 비웃으며 이렇게 말했다.

> 우리들은 논쟁 위에 논쟁을 설정한다. 그 다음 우리는 혼란이 지배하도록 논쟁의 양면을 조장한다. 그들의 촛점을 논쟁점에 고정되게 함으로써 모든 장면의 뒤에 있는 우리들을 아는데 실패하게 만드는 것이다.

프리메이슨의 정신적 지주인 엘버트 파이크는 세계단일정부를 세우기 위해 필요한 3대주의로 파괴주의Destruction, 물질주의Materialism, 강요주의Imposition를 교시했다. 전쟁이나 전염병이나 UFO 등을 통해 세상을 혼란과 공포에 빠뜨리는 파괴주의, 사람들을 빚더미에 앉게 하거나 해결할 수 없는 문제에 봉착하게 만듦으로써 민중들로 하여금 지배계급의 엘리트들에게 의지하게 만드는 강요주의, 그리고 사람들을 타락시켜서 깊은 생각을 하지 못하게 만드는 물질주의, 이런 방법으로 그들의 목표가 쉽게 이루어질 수 있다는 것이다.[6]

3. 빵과 서커스

이 사회가 총체적으로 타락했다는 것에 우리 모두 동의한다. 타락이라는 현상은 문명이 발달해 가면서 자연스럽게 생긴 것일까? 그렇지 않다. NWO 엘리트들의 계획대로 가는 것이다. 그들은 마약과 성범죄와 폭력과 도박 등을 징벌하며 다스리는 것 같지만 사실은 매스컴을 통해서 오히려 조장하고 있다. 대중이 타락한 물질주의에 빠져 우매해지면 지배자들은 그들을 지배하는 것이 더 쉬워진다. 우민화된 대중은 재미있고 자극적인 것에만 관심을 갖고, 실제적이고 본질적이고 중요한 것에는 관심을 갖

---

6   시온 의정서. blog.daum.net/thisage/222.

지 않기 때문이다.
　로마 시대에 정치가들은 국민이 배부르고 재미있는 것으로만 만족하게 만들기 위해 '빵과 서커스'라는 우민화 정책을 펼쳤다. 지금도 대중은 매스컴에 의해 우민화되어 재미있고 배부른 것에 만족되어 가고 있다. 매스컴은 집단여론을 형성해서 개인을 우상화하고 신격화하는 데 훌륭한 도구가 되어 준다. 그들은 엔터테인먼트와 쇼 비즈니스 등을 통해 연예인이나 운동선수들이 무슨 옷을 입었는지 누구와 결혼하는지 등의 허접한 이야기들을 굉장히 중요한 뉴스처럼 전해주어서 대중은 매스컴이 만들어준 우상들의 동정에 마치 자신의 인생이 걸린듯이 열광하며 관심을 갖는다. 대중이 연예인의 스캔들에 정신 팔리고 스포츠에 열광하는 동안 NWO 엘리트들은 방해받지 않고 자신의 목적을 이루어 가고 있다.
　현대인을 열광케하고 정신빼게 만드는 것들 중의 하나로 첨단기기가 있다. 수많은 기능을 익히고 사용해 보기도 전에 다시 놀라운 성능의 신제품이 나와서 사람들은 구제품을 버리고 신제품을 구입하기에 바쁘다. 끝없이 출시되는 신제품과 익혀야 할 새로운 기능과 용어들 때문에 정말 중요한 다른 이슈에는 관심을 갖지 못한다.
　몇 년 전 빌 게이츠가 한국에 초청되어 많은 청중들을 모아놓고 신기술에 대해 강의를 했다. 이제 곧 선보이게 될 신제품의 획기적인 기능을 제시하자 청중들은 놀라움의 탄성을 질렀다. 그때 어떤 서울대 교수가 일어나서 정곡을 찌르는 질문을 했다.

　　그런데 그런 최첨단 기술은 대체 누구를 위한 것입니까?

　그 교수는 아마도 빌 게이츠가 프리메이슨이 주축이 되는 빌더버그 회원임을 알았던 것이 아닐까? 빌 게이츠는 대답하지 못하고 얼굴이 벌게져서 내려갔다고 한다. 신제품이 출시될 때마다 모두가 끌려다니며 성능에 감탄하고 있는데, 의식있는 한 사람은 이 시대를 바르게 비평할 수 있었다.

치열한 경쟁구도는 현대사회의 불행한 특징 중의 하나다. 사람들은 끝없는 경쟁 가운데 아무도 행복해하지 않으면서, 어느새 어쩔 수 없이 그 안에 들어와 있게 되었다. 치열한 경쟁 속에서 머리를 싸매며 놀라운 제품들을 만들어냈고 우리는 지금 어느 때보다도 세련되고 풍성한 세상에 살게 된 것이 분명하다. 그러나 옛날보다 더 행복하지 않다면, 대체 누구를 위한 경쟁이며 누구를 위한 기술이며 누구를 위한 발전인가?

치열한 경쟁구도에서 이미 지칠 대로 지쳐있는 현대인들은 더 이상 복잡하게 생각하는 것을 싫어한다. 그들은 주변에서 무슨 일이 일어나고 있는지, 자신의 생사에 관련된 것조차도 관심 갖지 않고 그저 재미있고 말초적이고 자극적이고 즉흥적인 것만을 추구하려한다.

현대인들 중에 생각하는 사람은 단지 5%에 지나지 않고, 15%는 자신이 생각한다고 생각하는 사람이고, 80%는 거의 생각하지 않는 사람이라는 지적이 있다. 본질적 문제를 인식하는 사람들은 소수고, 대부분은 문제가 무엇인지를 모르거나 아예 관심조차 갖지 않는다는 것이다.

요즘 유행처럼 번지고 있는 '긍정'이라는 단어는 좋은 의미를 갖고 있지만 한편 나쁜 의도로도 사용되고 있다. 그것은 우리가 생각하고 판단하고 비평하는 것을 부정적인 것으로 간주하게 만든다. 선과 악을 분별하지도 말고, 비판하지도 말고, 좋은게 좋은거라고 생각하게 하면서 악을 관대하게 용납하도록 만든다. 긍정이라는 단어에는 악이 구별되지 않기를 바라는 의도가 보인다.

온 인류를 향해 음모를 꾸미고 있는 NWO의 엘리트들은 생각하고 비판하는 사람들을 원치 않는다. 에드먼드 벌케Edmund Burke는 "악이 승리하기 위해 필요한 유일한 것은 의로운 사람들로 하여금 아무 것도 하지 않게 만드는 것이다"고 말했다. 의로운 사람들이 아무런 일도 못하게 하기 위해서는 진실을 은폐해야 할 것이다. 그러기 위해서는 물론 그들의 관심을 다른 곳으로 돌리게 해야 한다. 그런 일을 대중매체가 잘 해내고 있다.

4. 음악으로 영적 의식에 참여시키기

우리는 늘상 접하는 문화물에서 루시페리안Luciferian의 상징인 바포멧, 오각형 별, 거꾸로 된 십자가, 헤르메스주의의 오컬트적 그림, 프리메이슨의 직각자와 컴파스, 일루미나티의 전시안, 피라밋, 흑백 체크보드 등의 문양들을 쉽게 발견할 수 있다. 저들은 비밀 단체로 자신을 감추면서도 한편으로는 대중문화를 통해서 은밀하게 또는 공공연하게 자신을 드러내고 있다. 심볼이 가진 파워나 의식이 끼치는 영향력이 영적으로 얼마나 큰지 잘 알고 있기 때문일 것이다.

또한 음악이나 춤 등을 통해서 자신을 더 적극적으로 드러내기도 한다. 혹자는 그것이 자신을 과시하려는 목적이기보다는, 영적 의식을 치루면서 대중을 세뇌시키고 그 의식에 참여시키려는 의도라고 해석한다. 밥 라슨 Bob Larson도 "사탄의 군대들이 비교적 자신들의 사업을 잘 진행시켜 왔는데 록 음악의 도움이 없었다면 결코 그 성과를 이룰 수 없었을 것"이라고 말한다.[7]

그들은 노골적으로 사탄을 숭배하고 하나님을 저주하는 노래를 한다. 또는 상징적 언어나 은어를 사용해서 간접적으로 또는 직접적으로, 자살, 자포자기, 절망, 허무, 순간적 쾌락, 마약, 술, 현실도피, 폭력, 강도, 강간, 새디즘, 메조히즘, 변태, 동성 연애, 난잡한 성관계, 사회와 권위에 대해 반항 등을 노래하며 신비주의, 인본주의, 파괴주의, 비윤리성을 부추기기도 한다.

악한 메시지를 숨기기 위해 사용하는 백워드 매스킹이라고 불리는 기법에는, 가사를 거꾸로 돌리거나, 앞 뒤 위 아래를 겹치기하거나, 어떤 단어나 구절 또는 짧은 음악소절을 녹음한 뒤 그 테잎을 거꾸로 재생하고 그 위에 비트나 특수효과를 넣어서 최종 믹스다운하는 등의 다양한 방법이

---

7   Backward Messages. blog.daum.net/thisage/223.

있다고 한다.

윌슨 에윈Wilson Ewin은 가사의 내용만 아니라 템포나 리듬에도 사탄주의적인 특성이 나타난다고 말한다. 강렬한 리듬으로 이루어지는 자극적인 음악의 본질은 사람들에게 공격성, 반항심, 반권위적 태도, 성적 방탕함을 충동시키며, 이런 음악은 극도의 분노와 육욕, 좌절 등의 감정을 불러일으켜 바른 사고를 할 수 없도록 만든다고 한다. 이것은 비틀즈의 대표적 앨범에서 사용된 이후로 상당히 보편적인 기법이 되었다.[8]

하나님이 그리스도인들로부터 찬양과 경배를 받으시는 것처럼 사탄도 이런 방법들을 통해서 경배받으려 한다. 하나님은 그리스도인들이 진정한 마음으로 노래부를 때에만 그 경배를 받으시지만, 사탄은 사람들이 의도하지 않아도 의식 자체만으로도 높임을 받는다.

레드 제플린Led Zepplin은 "록 콘서트는 사실 그 자체가 의식이다"고 말한다. 사탄교 교주인 안톤 레비Anton LaVey는 "록 음악은 사탄을 숭배하기 위해 만들어진 것이며, 대중은 그런 음악을 듣고 즐김만으로 사탄을 숭배하는게 된다"고 말한다. 많은 가수들이 알지 못하는 채 노래부르고 춤추며 많은 대중들이 아무런 의미도 모른 채 보고 듣고 즐기지만 그동안 사탄숭배 의식이 치루어지고 있다는 것이다.[9]

우리가 의도하지 않아도 그저 듣는 것만으로 정말 사탄숭배가 되는지는 모르겠지만, 우리의 영혼이 사탄에 의해 더럽혀지고 그의 미혹에 취약해지는 것은 확실하다. 대중은 사탄을 숭배하려는 의도가 전혀 없었다고 말할지라도, 그런 음악을 듣는 중에 사탄이 그들의 잠재의식 가운데 강한 영향력을 발휘하기 때문이다.

록 음악 연주자들도 스스로 그렇게 증언한다. 예수보다 더 인기가 있다고 자랑하던 비틀즈는 "우리의 음악은 감정적인 불안정, 행동장애, 반항,

---

8　록 음악의 위험성. blog.daum.net/thisage/224.
9　Satanic Control. blog.daum.net/thisage/225.
　　Interview with the First Family of Satanism. blog.daum.net/thisage/226.

그리고 혁명까지도 가져올 수 있다"고 말했다. 티렉스는 "우리가 연주하면 여자 관중들은 대부분 의식을 잃어 버린다"고 했고, 미트 로프는 "우리가 무대에 설 때마다 나는 항상 완전히 귀신들린다"고 했다. 그리고 지미 핸드릭은 이런 무서운 말을 했다.

> 우리는 사람들을 음악으로 최면걸 수 있다. 그리고 인간들의 약한 부분을 잘 조절한다면 우리는 우리가 말하는 모든 것을 그들의 무의식 속에 주입할 수 있다.[10]

사탄이 준 영감으로 음악이나 영화를 만든 사람들이 돈과 유명세를 즐기는 것 같지만, 대부분 마약과 음란과 정신질환 등을 경험하며 늘 두렵고 우울하고 어둡고 반항적이고 폭력적이고 엽기적이고 변태적이고 강박적인 사람이 되어 계속적으로 삶에 부정적인 열매가 열리는 것을 본다. 그것은 노래나 춤을 통해 숭배받은 사탄이 그들의 삶에서 강력해지며 역사하는 당연한 결과다.

자신도 모르는 채 사탄에 속아서 노래부르거나 또는 자신의 정체를 숨긴 채 상징적으로 드러내며 활동하는 사람들이 대부분이겠지만 노골적으로 자신의 정체를 드러내는 사람들도 있다. 그중에 레이디 가가와 마릴린 맨슨을 예로 들 수 있다. 2,000만 명이 넘는다는 레이디 가가의 팔로워들은 이것이 사탄주의적인 것이 아니라 단지 예술이며 퍼포먼스라고 항변하지만, 레이디 가가 자신은 "나는 밤마다 귀신 꿈을 꾼다. 악마가 나를 사지가 묶인 금발 소녀에게 데려가 소스라치게 놀라 잠을 깬다. 잠잘 때 만큼은 혼수상태가 됐으면 좋겠다"고 고백한다. 그녀는 마이클 잭슨의 심리치료사로부터 도움을 받고 있다고 하지만, 귀신들림은 심리치료로 없어지는 것이 절대로 아니다.

---

10 Evil Beatles. blog.daum.net/thisage/227.

마릴린 맨슨Marilyn Manson은 섹스 심볼인 마릴린 먼로와 살인자 찰스 맨슨을 본따서 자신의 예명을 만든 가수다. 그는 기독교를 대항해 악마를 숭배하면서 1999년에 사탄교 성직자로 정식 인정받았다. 그는 사탄교 창시자인 안톤 라비와도 친분이 깊다. 두 사람이 찍은 사진에는 사탄을 상징하는 오각형 별의 반지와 프리메이슨의 상징인 삼각자와 컴파스 문양의 반지가 선명하게 보인다. 뒤에는 프리메이슨 일루미나티가 섬기는 염소 모양의 바포멧도 보인다. 자신의 정체성을 분명히 공개하는 것이다. 그가 음반을 만들어준 여자 가수들은 폐인이 되기로 유명하다고 한다. 자살하거나 미치거나 마약 중독되거나 하면서 말이다.[11]

최근 한국의 인기가수가 마릴린 맨슨을 초청해서 함께 컴백무대를 가졌다. 그는 맨슨처럼 혐오감 주는 외모가 아니라 오히려 미소년처럼 청순한 모습을 하고 있다. 거짓의 아비 사탄은 거짓된 모습으로 나타나 사람들의 영혼을 오염시키며 멸망시키고 있다.

세계적으로 유명한 노래나 영화나 소설 등에는 실제로 작가가 악마에게 자신의 영혼을 팔아서 만들어진 것들이 많다. 프리메이슨이 의도적으로 자금을 대어 언론에 띄어줌으로 유명하게 되기도 하지만, 실제로 사탄에게 영감을 받아서 사탄의 능력으로 창작된 것들이다.

그들은 사탄에게 자신의 영혼을 팔고, 사탄은 자기에게 굴복한 그들에게 영감을 주어서 세상에 뜨는 작품을 만들게 하며 세상적인 명예와 부유함을 누리게 해준다. 그들은 아주 잠깐동안 누릴 부귀영화를 위해서 영원한 영혼을 사탄에게 팔아 버리는 것이다. 자신만 사탄에게 팔린 것이 아니라 자신의 창작물을 즐기는 수많은 사람들도 사탄의 목적에 동조하게 만든다.

---

11 사탄숭배자. blog.daum.net/thisage/228.

5. 영화로 경고하거나 선전하기

 NWO 엘리트들의 사상과 목적은 영화를 통해서도 잘 드러나 있다. 그들의 존재를 알지 못할 때는 황당하기 짝이 없는 공상 과학 미래 영화나 소설에 지나지 않지만, 그들의 존재를 알게 되면 그것이 NWO 세력이 세우려는 미래 세계의 모습이라는 것을 볼 수 있다. 저들의 세력을 경고하기 위해서 또는 선전하기 위해서라는 서로 반대의 목적으로 작품들은 제작된다.

1) 메트로폴리스

 1927년 독일 표현주의의 대가인 프릿츠 랭에 의해서 만들어진 무성 공상 과학 영화 "메트로폴리스Metropolis"는, 유토피아와는 반대가 되는 두려운 암흑의 디스토피아 세계를 그리고 있다. 이 세계에는 Thinkers라고 불리는 지배 계급과, 이들을 위해 기계적인 노동을 반복하는 Workers라고 불리는 피지배 계급만이 존재한다.
 이 영화가 관심을 끄는 이유는 이곳에서 보여주고 있는 디스토피아의 메트로폴리스 세계가 장차 이 땅에 펼쳐질 NWO의 모습을 잘 묘사하고 있기 때문이다. 히틀러와 괴벨스는 이 영화에 열광했고 이 영화를 현실화하려 했다. 그래서 아리아 인종은 지배인종으로, 타인종은 노예인종으로 분류하며 엄격한 사회적 질서체제를 확립하려 했다. 히틀러는 세계대전에서 패망함으로써 메트로폴리스와 같은 계급사회를 세우려는 데 실패했지만, 이제 나타날 NWO 엘리트의 세계정부에서는 그들의 이상이 이루어질 것이다.

2) 컨스피러시

1997년의 영화 "컨스피러시Conspiracy"에서 제리는 기억할 수 없는 과거의 공포에 휩싸여 살고 있다. 그는 뉴욕시에서 영업용 택시 운전사로 일하면서 근무시간의 대부분을 승객들에게 자신의 생각을 들려주며 지낸다. 그가 승객들에게 들려주는 이야기는 지배자들의 음모에 대한 것으로 그 자신은 MK 울트라 프로젝트의 희생자라는 정신병자 같은 주장을 한다.

MK 프로젝트는 원래 소련 대첩보 작전을 위한 각종 심리학의 연구로 시작되었는데, 이후에는 MK 울트라 최면 연구, 극초단파 기술, 약물 등을 접목해서 한 개인을 로봇처럼 조종함으로써 원하는 목적을 이루려는 사악한 연구로 발전되었다. 미국 CIA는 이것이 1970년대 실제로 실험되었던 프로젝트라고 공식적으로 인정한 바 있다.

그 외에도 제리가 떠벌리는 음모론에는, 식수에 섞여 있다는 비금속원소 플루오르, 현행 국제금융정책, 세계적인 기업과 군수업체, 그림자 정부, 케네디 암살, 조지 부시, 바티칸, CIA, FBI 등이 있다. 처음 듣는 사람들에게는 실로 황당하기 짝이 없는 엄청난 이야기들이다.

과연 이 영화가 말하려는 것은 무엇일까? 프리메이슨과 NWO 엘리트들의 감추어진 음모를 폭로하며 주의하라고 경고하려는 것일까? 아니면 이런 음모들을 알려 하거나 파헤치려 할 경우에 가차없이 죽을 수도 있다고 위협하는 것일까? 아니면 많은 사람들 사이에 공공연하게 퍼져있는 이런 이야기들이 단지 영화 같은 픽션일 뿐이며 사실은 아니라고 부정하려는 것일까?

3) 매트릭스

1999년의 영화 "매트릭스Matrix"에서, 대중은 정부요원들이 지배하고 통제하며 거대하게 프로그램된 매트릭스 세상을 살아가고 있다. 그러나 대중은 그 사실을 알지도 못한다. 지금 세계의 NWO 지배자들이 빌더버그에 모여서 세계정세에 대해 계획을 세우고 프로그램해준 세상 안에서 살고 있으면서 우리들도 전혀 모르는 것처럼 말이다.

뭔가 잘못됐다는 것을 인식한 앤더슨에게, 모피우스는 파란약과 빨간약을 제시하면서 둘 중의 하나를 선택하라고 한다. 파란약을 먹으면 그저 믿고 싶은 대로 믿으며 아무런 일도 없었다는 듯이 여전하게 살아갈 것이고, 빨간 약을 먹으면 이상한 나라에 들어가 그들이 살고 있는 매트릭스 세상에 대해 몰랐던 위험한 진실과 대면하게 될 것이다. 진실을 알게 될 때 위험할 수 있는데, 매트릭스라는 기계적인 세상의 시스템을 벗어나게 되면 그의 미래는 보장받을 수 없기 때문이다.

진실을 찾아 나서기로 결정한 주인공은 매트릭스의 세상을 만들었다는 노인을 만나는데 그는 스스로를 '건축가'라고 소개한다. 프리메이슨은 직각자와 컴파스를 들고 스스로 건축가라고 자처하는데, 이것은 마치 온 천지의 건축가되시는 하나님의 자리를 대신하려는 것처럼 보인다. 영화는 건축가로 상징되는 프리메이슨이 만든 매트릭스의 세상에서 세상의 모든 사람들이 그들의 지배 아래 살고있다고 주장 또는 폭로한다.

영화 매트릭스가 유명한 또 하나의 이유는 911사태를 미리 예시했다는 것 때문이다. 1999년에 개봉된 영화에서 주인공이 정보부 요원으로부터 심문을 당하는데 그의 여권의 만료일이 2001.9.11.로 선명하게 나와 있다. 911사건이 난 이후에 영화감독은 어떻게 3년 전에 그런 날짜를 알고 시나리오를 꾸몄는지 추궁을 받았다. 감독은 작가 톰 클랜시Tom Clancy가 그 날짜를 제시했다고 답변했다.

톰 클랜시는 911사건 이외에도 이후에 일어날 수많은 사건들을 그의 작품 속에서 미리 언급하면서, '전쟁과 대형 사건의 예언가'라는 별명이 붙은 사람이다. 그는 정말로 예언가가 아니라 CIA와 FBI에서 강의하며 출

입증 없이 펜타곤을 드나드는 정보부 사람이다.[12]

4) 젠틀맨리그

2003년의 영화 "젠틀맨리그The League of Extraordinary Gentlemen"에는 대항하는 두 세력이 등장한다. 악당 '팬텀'은 세계평화를 위협하는 인물로 유럽 정상회담이 열리는 베니스를 폭파하고자 하고, 영국 정부는 이에 대항하기 위해 정보국 요원 M을 통해 당대 최고의 영웅들 7명을 모아 젠틀맨 리그를 결성한다. 7명 수퍼 히어로들의 규합으로 세상은 악당 팬텀의 손에서 건짐을 받는다.

팬텀의 손에 낀 반지에서 프리메이슨의 상징인 컴파스와 직각자를 볼 수 있다. 그런데 팬텀에 대항하기 위해 리그를 소집했던 정보국 요원 M의 방문 앞에도 프리메이슨의 상징이 보인다. 적이었던 두 사람이 놀랍게도 같은 편이었다는 사실이 밝혀진다. 두 세력이 대립하고 싸우는 것처럼 보이지만 사실은 양쪽 모두 프리메이슨이라는 것이다. 무엇이 선인지 악인지 어느 편을 지지해야 하는지 대중들은 혼동될 수밖에 없다.

5) 헝거게임

2012년 개봉된 영화 "헝거게임Hunger Game"은 북미를 통합한 전체주의 가상 국가 '파넴'의 이야기다. 혹자는 NWO의 세계단일정부를 위해 먼저 미국과 캐나다가 하나로 합병될 것이라고 예측하는데, 그런 의미에서 파넴이란 이름이 나온 듯하다.

파넴은 힘 있는 엘리트가 최첨단 경찰력으로 민중을 지배하는 독재국가다. 그곳에는 오직 양극단의 두 계급만 존재한다. 민중들에게 자유나 민

---

12 The Matrix & Other 9/11 Hollywood Symbolism. blog.daum.net/thisage/229.

주주의는 이미 오래 전에 사라져버린 개념이다. 그들은 대중매체를 이용한 마인드 컨트롤, 경찰의 폭압, 감시, 통제를 받으며 끊임없는 가난, 기근, 질병에 시달린다. 이것은 북미지역에서 발생한 경제붕괴의 끔찍한 결과다.

한편 파넴의 지배계급은 번쩍이는 도시 캐피탈에 살면서 모든 종류의 사치와 패션을 즐긴다. 권력자들은 사악하고 음란한 대중언론을 이용해서, 교육받지 못하고 의지가 약한 대중을 조종하며 자신의 부당한 명령체계를 받아들이게 만든다. 반란이 일어나면 삼엄한 경찰력이 동원되어 즉시 진압된다. 이를 위하여 감시 카메라, RFID, 3차원 홀로그램 등의 최첨단 기술이 다양하게 사용된다.

부유하고 똑똑한 엘리트들이 멍청한 대중을 가난으로 몰아넣어 무력으로 지배한다는 개념은 이 영화에서 분명히 드러나는 주제며, 또한 NWO의 중요한 아젠더다.

또 영화에는 신비주의 엘리트들의 중요한 개념인 '피의 제물'이 등장한다. 공물로 바쳐진 소년과 소녀들은 마치 로마 시대의 검투사처럼 야외 경기장에서 서로를 죽일 때까지 싸워야 하고, 파넴의 국민들은 강제적으로 이 피의 희생제를 시청해야 한다.

자신을 조롱하고 학대하는 이런 말도 안되는 게임을 왜 사람들이 받아들이는 것일까? 한 가지 가능한 설명은, 대중매체가 사람들에게 즐거움과 재미를 줄 수 있다면 그 무엇이라도 받아들이게 할 수 있다는 것이다. 영화는 대중매체를 이용해 어떻게 여론을 조작하는지 잘 묘사하고 있다.

현재 시스템이 끔찍한 전체주의로 바뀌는 것에 무관심한 젊은이들에게 경고를 주는 것일까? 아니면 다가오는 신세계질서가 불가피한 것이므로 무조건 받아들여야 한다고 암시하는 것일까?

이것이 NWO 엘리트에 대한 폭로든지 선전이든지, 미래의 디스토피

아의 모습을 보고 있는 것 같다.¹³

6. 예언과 성취로 하나님 흉내내기

NWO 엘리트들은 자신의 계획을 비밀리에 행하지 않고 왜 여러 방법으로 사람들에게 드러내려는가?

한 블로거는 이사야 14장의 말씀을 인용해서 이렇게 설명한다.

루시퍼는 창세 이전부터 하나님의 영광과 권세를 탐내어 이를 흉내내거나 강탈하기 위해 애써왔다. "가장 높은 구름에 올라 지극히 높은 자와 비기리라"는 루시퍼의 말에서, 지극히 높으신 하나님처럼 되고 싶어 하는 그의 본성을 잘 읽을 수 있다.

그럼 루시퍼가 갖고 싶어하고 되고 싶어하는 하나님의 권세와 능력은 구체적으로 어떤 것일까? 만물의 창조자요 근원되신 하나님이 가지신 능력과 권세 가운데 가장 핵심적인 것은 아마도 '만물을 주관하는 권세'일 것이다. 인간의 생사화복과 한 나라의 흥망성쇠, 더 나아가 이 땅의 모든 일들을 계획하고 실현하는 권세와 능력이 하나님께 있다는 것이다.

그렇다면 '만물을 주관하시는 하나님의 권세와 능력'을 단적으로 보여주는 것은 무엇일까? 그것은 물론 성경에 기록된 예언의 실현이다. 수 천년 전에 기록된 하나님의 약속(예언)들이 역사 속에서 하나하나씩 문자적으로 (말씀 그대로) 정확하게 실현되는 것을 볼 때, 우리는 세상의 창조주와 주관자가 바로 하나님이심을 인정할 수 밖에 없게 된다.

예언의 성취야말로 만물을 주관하시는 하나님의 권세와 능력을 단적으로 보여주는 증거인 것이다. 사탄은 이런 하나님의 능력, 즉 예언의 말씀을 주시고 이를 성취하시는 하나님의 권세와 능력을 '흉내내기'하고

---

13 The Hunger Games, A Glimpse at the Future? blog.daum.net/thisage/230.

싶은 것이다.¹⁴

많은 교회에서 행하고 있는 소위 '예언 사역'의 주체도 하나님이 아니라 하나님을 흉내내는 사탄인 경우가 많다. 그의 능력에 한번 매료된 교인들은 성경 속의 하나님이 아니라 '예언'하는 사탄을 추종하기 마련이다.

사탄을 추종하는 비밀의 엘리트 세력들도 자신이 계획한 일들을 실행에 옮기기 전에 이 사실을 먼저 세상에 알림으로써, 세상을 주관하는 권세가 하나님이 아니라 바로 자신들에게 있다고 선전하려한다. 성경도 세상의 임금이 사탄이라고 거듭 증거한다(엡 2:2; 눅 4:5-7).

성경에서 하나님이 예언하시고 역사를 통해 성취하시는 것처럼, 사탄 루시퍼도 자신의 계획을 우리에게 미리 알려주고 행함으로써 하나님과 비기겠다는 것-이것이 바로 세계 엘리트들이 비밀을 드러내는 목적인 것이다.

또 자신의 계획이 실현되는 과정을 대중에게 지속적으로 보여줄 수만 있다면, 자신들의 NWO 아젠다를 대중이 수용하도록 만드는 데 효과적일 수도 있다.¹⁵

NWO의 엘리트 세력은 대중에게 자신의 계획을 사전에 드러내기 위해서 여러 가지 도구들을 사용해 왔다. 1달러짜리 화폐, 국회의사당 건물, 조지아의 가이드 스톤, 덴버 공항의 벽화, 일루미나티 게임카드, 각종 서적과 영화와 음악 등에 드러낸 그들의 신념, 계획, 목표, 의식 등은 지난 장에서도 언급한 바 있다. 더 자세한 내용은 인터넷에서 얼마든지 찾을 수 있다.

---

14 일루미나티(루시퍼)의 예언 사역. blog.daum.net/thisage/231.
15 음모인가 음모론인가? 기독교적 고찰. http://blog.daum.net/thisage/232.

7. 파멸의 공범자로 끌어들이기

저들이 우리에게 자신의 비밀을 은밀하게 또는 노골적으로 알리려는 이유는 '하나님 흉내내기' 외에 '우리를 공범자로 만들기' 위한 목적이 있다고 헨리 마코우 박사는 주장한다. 하나님의 권위를 정면도전하고 사탄의 지시를 받는 세계 엘리트 그룹에 관해 대중들이 어느 정도 알게 되었으면서도 '내버려두는 것'은 소극적으로 인정하는 것이라며 마코우 박사는 대중에게 도전한다.

방관은 결국 저들에 대한 동조고 동참이 된다. 그럴 때 사탄은 "네가 몰랐다고 핑계할 수 없어. 너는 알았지만 인정한거야"라며 자신이 받을 심판 자리에 동조자들을 함께 데려가려 할 것이다.

실제로 신지학회를 이끌며 유엔 설립과 현대 뉴에이지 확립에 크게 공헌한 앨리스 베일리는 저서 『하이어라키의 출현 The Externalization of the Hierarchy』에서 "적그리스도가 일어나기 위해서는 에소테릭 비밀들이 대중들과 공유되어야만 한다"고 기록한다.[16] 그러니까 저들의 비밀노출은 분명 의도적인 것이었다. 다음은 블로거 '청춘'님이 번역해준 마코우 박사의 글에서 발췌한 것이다.

> 사탄주의자들이 원하는 것은 우리의 생명만이 아니다. 그들은 우리의 영혼을 원한다 … 그들은 우리가 공범이 되기를 바라기 때문에 일부러 서툰 척한다. 그들은 우리가 '어휴 우린 몰랐어'라고 말하기를 원치 않는다. 그들은 하나님과 내기를 하고 있다. 그들은 우리를 따서 루시퍼에게 바칠 수 있다. 하지만 우리에게는 자유의지가 있기 때문에 선택할 기회를 줘야 한다. 그것이 그들이 우리에게 음모를 누설하는 이유다. 예를 들어 록펠러 일가는 존버치협회를 지원한다. 그들이 출판한 『더 뉴

---

16 Olympics' Blatant Occult Symbolism & Message. blog.daum.net/thisage/233.

아메리칸』은 아직도 엘리트 음모에 관한 정보의 가장 훌륭한 소스 중의 하나다.

이런 조종된 저항에는 다른 기능들이 있다. 그들은 비난의 방향을 돌리고 실제적인 저항이 일어나지 않도록 하는 것이다. 이런 이유 때문에 데이비드 아이크, 제프 렌스, 그리고 내 웹사이트 등이 별 어려움 없이 기능하고 있다. 랄프 에머슨도 1980년대부터 NWO에 대해 가르쳐 왔지만 엘리트들로부터 어떤 반발도 받지않았다고 한다. 어떤 웹사이트들은 일루미나티의 지원을 받고 있을 수도 있다. 왜냐하면 그들은 모든 사람들이 알기를 원하기 때문이다.

이것이 바로 그들이 이렇게 엉성한 이유다. 펜타곤에 부딪친 비행기나 생크스빌에 추락한 비행기가 없었다는 것은 많은 사람들에게 널리 알려진 사실이다. 그들은 우리가 이런 사실을 알게되서도 희생자를 유기함으로써 우리가 스스로와 타협하기를 바란다. 그리하여 우리는 그들의 범죄의 도덕적인 공범이 되는 것이다.[17]

마귀 루시퍼를 섬기는 일루미나티는 우리의 원초적 본능에 탐닉하라고 권면한다. 저들의 심리학은 욕구억압이나 자기수양에 항상 반대해 왔다. 저들은 인간 자신이 하나님이며 인간의 본능과 바램이 모든 것을 판단하는 기준이라는 시각을 갖는다. 이것은 '세속적 인본주의' 또는 '루시퍼주의Luciferianism'라고 불린다.

루시퍼적 선언에 의하면, 기본적으로 인간은 진리, 정의, 아름다움과 같은 영적 이상에 의하기보다 탐욕, 권력, 정욕과 같은 육체적 욕망과 욕구에 의해 정의된다. 인간은 이런 유혹에 굴복함으로써 자신의 파멸의 공범자가 되어 루시퍼를 섬긴다.

---

17 일루미나티가 음모를 드러내는 이유. blog.daum.net/thisage/234.
    Why Do the Illuminati Reveal Themselves? blog.daum.net/thisage/235.

영화 "마귀의 변호인Devil's Advocate"에서 야심차고 유능한 변호사 케빈은 명예와 돈이라는 본능에 충실하게 살았다. 많은 범죄자들이 무죄 선고를 받도록 하면서 '결코 지지않는 변호사'라는 돈과 명성을 얻었다. 그러나 과연 이것이 자신이 원하던 행복한 삶일까 번뇌할 때 마귀는 그에게 용기(?)를 북돋아준다.

> 존(마귀): 누구를 위해서 짐을 짊어지는 거야? 하느님? 그런 거니? 하느님이야? 말해줄까? 난 하느님에 대한 비밀을 알고 있어. 그는 지켜보길 좋아해. 장난꾸러기지. 생각해 봐. 그는 인간에게 본능을 줬어. 이 놀라운 선물을 주고선 뭘 하는지 알아? 단순히 개인적인 만족을 위해 구경하고 있는 거야. 말도 안되는 상반되는 규칙들을 세워 놓고선 (선악과를) 보되 만지지 말라, 만지되 맛보진 말라, 맛보되 삼키진 말라. 그리고 네가 (선악과를 먹고) 허둥지둥할 때 뭘 하는 줄 알아? 배꼽 빠지게 웃고 있어. 아주 못됐지! 새디스트야! 무책임한 방관자야! 그런 자를 숭배한다고?
>
> 케빈: 천국에서 모시느니 지옥에서 군림한다, 이거군요.
>
> 존: 그게 어때서? 태초부터 난 땅바닥에 코를 박고 살아왔어. 인간에게 주어진 모든 감각에 나도 단련돼 있지! 인간의 욕구를 존중했고 비판한 적이 없었어! 불완전함에도 불구하고 요구를 거절한 적도 없었지. 난 인간의 팬이야! 또 인도주의자지. 마지막 인도주의자라구! 20세기가 내 시대였다는 걸 부인할 자가 있으면 나와 보라고 해![18]

'인간의 팬'이라고 자처하는 마귀의 유혹대로 본능을 따라 돈과 명예를 추구하며 살았던 케빈은 아내가 가장 필요로 할 때조차도 시간을 내어주지 못했다. 아내는 결국 자살한다. 여지껏 케빈을 유혹해왔던 마귀는 아내

---

18 Why the Illuminati Expose the Conspiracy? blog.daum.net/thisage/236.

의 죽음의 책임을 케빈 자신에게 돌리며 본인을 탓하라고 내팽개친다.

> 나는 무대만 준비해 놨어. 너의 꼭두각시 인형의 줄을 당기는 자는 바로 자유의지를 가진 너 자신이야!

마귀는 늘 인간의 편에 선 것처럼 인간의 본능에 호소해주지만, 마귀의 달콤한 가르침대로 행하다가 멸망당할 때 "그것은 바로 네 책임이다"고 팽개쳐 버린다. "내가 너를 강제한 것이 아니라 자유의지를 가진 네가 스스로 선택한 것이다"면서 말이다.

제9장
신세계질서의 종교: 뉴에이지

불확실성 시대, 경쟁 시대로 대변되는 현대사회는 스트레스 사회다. 현대인들은 스트레스 해소를 위해서 쾌락을 추구하고 쾌락추구를 위해서 돈 벌기에 힘쓰면서 다시 스트레스를 받고 있다. 육체적 즐거움과 재미를 추구하며 그 안에서 스트레스를 풀고 행복을 찾으려는 쾌락주의자들이 있는가 하면, 다른 한편에서는 명상, 참선, 기수련, 요가 등의 이름으로 형이상학적인 방법을 통해 행복과 만족을 추구하려는 사람들이 있다.

성공하는 법, 마음에 평안을 갖는 법, 화를 다스리는 법 등을 가르치는 셀프헬프 서적들이나, 나는 할 수 있다, 내 안에 숨겨진 무한한 잠재력을 발견하라, 모든 것을 긍정적인 마음으로 바라보라, 즐거운 것과 원하는 것들을 상상하라고 가르치는 강사들이 지치고 무기력한 현대인들에게 달콤한 희망을 주고 있다. 바로 뉴에이지의 가르침이다.

1. 뉴에이지는 종교

많은 사람들이 처음에는 휴식이나 건강 등의 단순한 목적에서 명상이나 요가를 시작하다가 점점 깊어져 뉴에이지의 영성에 접촉하며 다른 세상으로 빠져들게 된다. 저들의 용어에 의하면, '의식의 전환Altered States of

Consciousness'이 일어나며 '자아의 변환Transcendence'이라는 아주 신비한 체험을 하게 되는 것이다.[1] 레이 윤겐은 그의 저서에서 다음과 같은 사례들을 보여준다.

1996년 「타임」은 "매복된 영성에 의해 공격당하다Ambushed by Spirituality"는 글을 실었다. 글을 쓴 사람은 헐리우드 스튜디오의 감독이며 프로듀서인 마티 카플린이었다. 그 자신은 '영성이라는 것과는 가장 거리가 먼 사람'이었는데 엄청난 스트레스를 받으며 이에서 벗어나고 싶어서 관상을 하게 되었다고 한다. 다음은 그의 글이다.

> 나는 내 마음과 몸을 위해 흥정한 것보다 더 많은 것을 얻었다. 종교를 갖게 된 것이다 … 이 영성이 매복해 있다가 나를 공격했다 … 생각지도 않게 수천 년 동안 신비종교의 핵심이었던 관상을 하게 되었다 … 지금 나는 과학을 초월하는 의식을 안다. 이 의식 세계는 우리 인간들이 자신도 모르게 나아가고 있는 세계다.

영화배우 케빈 라이어슨도 우연히 채널링(접신)에 들어가게 되었다. 관상 그룹에 가입하면서 '내면의 창조적 능력'에 연결된 것이다. 그는 다음과 같이 말한다.

> 내가 이 그룹에 참여할 때 신들린 무당이 되려고 의도한 적이 없었다. 그러나 6개월 후에 우리의 과정 중 하나를 지나는 동안 나는 지금 언급하는 '자발적인 채널링(접신) 상태'에 들어가게 되었다.

경험자들이 언급한 것처럼, 이런 훈련은 그저 마음의 평정과 건강 개선을 위한 것처럼 보이지만 실제로는 초의식의 상황에 스스로 들어가게 만

---

[1] New Age of Science. blog.daum.net/thisage/241.

든다. 뉴에이지의 '고차원 의식 영역'에 관해 전문가인 켄 윌버Ken Wilber
는 이렇게 말한다.

> 만일 관상을 제대로 하게 되면 당신은 매우 거칠고 두려운 과정 속에 들
> 어가게 될 것이다. 관상을 긴장 완화로 아는 것은 농담과 같다.[2]

수백만의 사람들이 스트레스 감소나 건강 등의 목적으로 관상을 하는데
그 결과로 영적 변형이 일어날 수 있는가를 물었을 때, 채널링에 대한 책
을 쓴 존 클리모John Klimo는 가장 확실한 어투로 "아주 분명합니다"고
대답했다. 스트레스 감소를 위한 것이든 뉴에이지 영성을 위한 것이든 둘
다 마음을 비우는 호흡법이나 주문법을 사용한다. 마음을 비우기만 하면
어떤 영적 접촉이 발생하게 된다는 것이다. 뉴에이지의 대가 스와미 묵타
난다Swami Muktananda는 말한다.

> 우리는 좀 더 쉬고 어떤 평강을 체험하기 위해 관상하는 것이 아니다.
> 우리는 내면의 존재가 나타날 수 있게 하기 위해 관상한다.

마이클 레이Michael Ray와 로첼 마이어스Rochelle Myers도 그들의 저서
『사업에서의 창의성Creativity in Business』에서 이렇게 말한다.

> 수행 가운데 당신은 지혜자 또는 스피릿 가이드를 만나게 된다.[3]

뉴에이지의 전문가와 경험자들이 말하듯이, 명상이나 요가는 단지 스트
레스 해소용이 아니다. 그것은 본질상 영적인 것이며 신비 전통의 비밀스

---

2 전인치유와 대체건강. blog.daum.net/thisage/242.
3 사업에서의 뉴에이지. blog.daum.net/thisage/243.

러운 지식을 나눠 주기 위해 모든 종교가 사용하는 방편이다. 뉴에이지가 단순히 철학이나 사상이나 사조나 문화가 아니라 종교임을 알 수 있는 것은, 그것이 신관, 인간관, 구원관을 제시하기 때문이다.

그들에게 있어서 신이란, 기독교의 하나님처럼 인간과 교제할 수 있는 인격체가 아니라, '우주', '의식', '영혼', '빛', '생명', '기氣' 등으로 정의되는 비인격적 에너지다. 인간이란 이런 에너지와 접촉함으로써 신이 될 수 있는 무한한 잠재능력을 가진 존재다. 인간에 내재된 잠재력을 개발하는 훈련과 진화와 환생을 반복하다보면 인간도 신이 될 수 있다. 구원은 이런 사실을 깨닫는 것이다. 명상음악, 명상체조, 명상수련, 기수련, 요가 등이 깨달음을 얻기 위한 다양한 방법으로 보급되고 있다.

뉴에이지 종교가 다른 종교보다 더 매력적인 이유는 많다.

① 인간의 죄와 하나님의 심판을 믿지 않으므로 도덕적 부담감이 없다.
② 인간은 악하거나 약한 존재가 아니라 놀랍도록 능력있는 존재라고 믿으므로 신적 존재에 의지할 필요가 없다.
③ 자아개발을 통해 문제를 해결할 수 있다고 믿는다.
④ 절대자를 의지하지 않아도 점성학이나 타로카드 등의 다양한 복술을 이용해 자신의 미래를 점치고 운명을 조종할 수 있다고 믿는다.
⑤ 모든 종교는 공통적 진리를 표방하므로 모든 사람이 참여할 수 있다.
⑥ 자연요법을 통해 건강증진을 추구할 수 있다.
⑦ 유체이탈 등의 신비의식을 체험하며 의식전환을 할 수 있다.
⑧ 고대 문화의 신비주의와 영적 비밀들을 접촉할 수 있다는 등이다.[4]

---

4 New Age Spirituality. blog.daum.net/thisage/244.
　뉴에이지운동의 본질. blog.daum.net/thisage/245.

2. 바벨론의 고대 지혜

최첨단의 과학문명 시대에 우리는 동양종교, 영지주의, 심령과학, 무속, 명상, 마술, 전생보기, 단, 기, 염력, 투시, 점, 최면술, 요가, 관상, 수상, 윤회, 초혼, 잠재력 개발, 두뇌개발, 텔레파시, 초능력, 심령술, 강신술 등의 신비사상을 쉽게 접할 수 있게 되었다. 과거에는 신비가들에게만 설득력 있었던 이런 뉴에이지 수련법들이 이제는 의학, 과학, 심리학, 음악, 스포츠, 종교, 영화, 미술, 교육 등 거의 모든 분야에서 사용되고 있다.

뉴에이지는 그 이름처럼 새 시대에 등장한 것은 아니다. 자신의 핵심 가르침을 고대 지혜, 비밀 지혜, 영원한 지혜라고 부르는 뉴에이지는 그 뿌리를 바벨론에 둔다.[5] 하나님을 반역해 바벨탑을 쌓던 니므롯으로부터 시작된 바벨론 종교는 이집트, 인도, 페르시아, 그리스, 로마, 아즈텍, 잉카, 중국, 인도, 일본 등에서 각종 종교를 탄생시키고, 마술, 마법, 점술, 영매, 최면 등 각종 신비주의적 의식들을 만들어냈다.[6]

바벨론 밀교는 인류 역사상 줄곧 이어져와서 하나님을 대적하는 거의 모든 우상숭배 종교의 요람이 되었다. 고대의 저명한 역사가 헤로도토스는 세계 곳곳을 여행하면서 다양한 종교들의 의식을 목격했다. 그리고 그것들의 시초가 바벨론 밀교라고 증언한다. 오스텐 레아야드Austen Layad도 저서『니느웨와 그 유적들Nineveh and its Remains』에서 "원시 바벨론 문명으로부터 모든 우상숭배가 시작되었다는 것은 구속사와 세속사가 동일하게 증언한다"고 주장한다.[7]

분석 역시 이집트의 종교제도가 원시 바벨론 문명으로부터 유래되었다고 증언하며, 알렉산더 히슬롭Alexander Hislop도 그의 저서『두 개의 바벨론The Two Babylons』에서 천 개의 주석과 함께 이 사실을 매우 구체적으

---

5   Mystery Babylon and the Rise of Modern Paganism. blog.daum.net/thisage/246.
6   고대문명 바벨론의 역사와 이단 이교도의 탄생. blog.daum.net/thisage/248.
7   Today's Religious Doctrines, How Did They Begin? blog.daum.net/thisage/249.

로 증언한다.[8]

성경에서 '바벨론'은 인류의 마지막 시대에 하나님을 대적하며 교회들을 배교로 이끌 악의 이름으로 사용되고 있다(계시록 17:1-7). 바벨론이라는 뿌리에서 나온 모든 종교들이 지금 마지막 시대에 뉴에이지라는 이름으로 통합되고 있다.[9]

게리 카Gary Kah가 저서 『세계 장악의 길에서En Route to Global Occupation』에 올린 다음의 도식은 영지주의 오컬트 종교들의 뉴에이지로의 통합을 잘 설명해준다.[10] 종교연합/일치/통합을 주도하는 기독교의 WCC가 프리메이슨 기관이라는 것은 본서 제10장에서 언급한다.

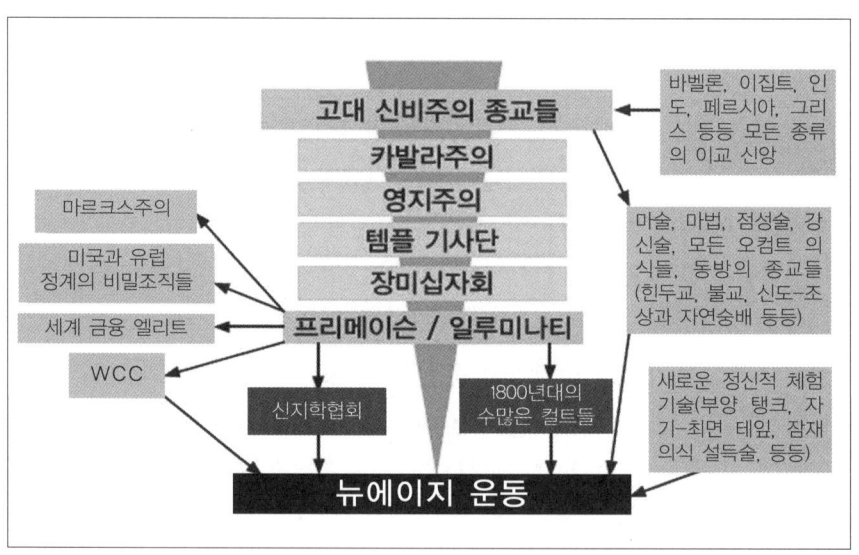

게리 카 박사의 저서 『세계 장악의 길에서』에서 발췌

---

8 두 바벨론. blog.daum.net/thisage/250.
9 종말의 적그리스도 종교, 미스테리 바벨론. blog.daum.net/thisage/251.
10 혼합주의적 종교운동인 영지주의. blog.daum.net/thisage/252.

3. 프리메이슨의 밀교

사람들은 우주의 숨겨진 법칙을 깨닫기 위해 아주 오래 전부터 발달시킨 점성술을 통해 지식과 지혜와 통찰력과 능력을 받아, 완벽한 인간, 즉 신이 되고자 했다. 이런 신비 지식은 평범한 사람들에게는 닫혀졌고 오직 많은 훈련을 통해 숙달된 사람들이나 제사장들에게만 열려졌기 때문에 신비종교, 밀교, 사교, 오컬트라고 불렸다.

1875년 뉴욕에서 신지학회Theosophical Society가 설립되었는데, 그것은 특정한 사람들에게만 열려있던 고대 지혜를 이제 많은 사람들에게 널리 퍼지게 하기 위한 목적에서다. 신지학회를 창설한 블라바츠키Blavatsky와 초대 회장이 된 올코트Olcott는 모두 프리메이슨이었다.

영적 지혜를 추구하는 오컬티스트들에게 있어서 프리메이슨에 대한 탐구는 필수적이라고 주장하던 블라바츠키는, 죽은 사람이나 '신령한 영혼'과 대화를 나누는 등 주술적 능력이 뛰어난 영매(신이나 죽은 자의 영과 의사를 통할 수 있는 매개자, 무당)였다. 그녀는 각 개인 안에 있는 주술적 능력을 개발시켜주는 일에 전력하며 많은 사람들을 매료시켰다.[11]

신지학회의 3대 회장이자 프리메이슨인 앨리스 베일리(1880-1949)는 남편과 함께 뉴에이지를 세웠다. 베일리는 회원들로부터 대제사장으로 간주됐으나 그녀도 역시 영매였다. 베일리가 쓴 『계획The Plan』은 자신의 아이디어가 아니라, '지혜의 주인'으로부터 지시를 받고 영서(Spirit Writing, Automatic Writing-영에 의한 자동 필기)한 것이라고 한다. 성경이 인간의 손을 빌어 쓴 하나님의 말씀인 것처럼, 베일리의 기록물들도 어떤 영적 존재의 감동으로 기록되었다는 것이다.

베일리에게 지혜와 계시를 주는 영적 존재들 중에서 으뜸은 티벳의 승

---

11 Helena Petrovna Blavatsky. blog.daum.net/thisage/253.
    Madame Blavatsky a Freemason. blog.daum.net/thisage/254.

천 마스터Ascending Master인 '드왈 쿨Dwal Kul'이라고 한다. 드왈쿨이 1930년경부터 베일리에게 전송했다는 '영적 계시'는 이너서클의 제자들에게만 공유되다가 1975년부터 공개가 허용되었다.

내용은 'NWO를 세우기 위해 주어진 지령'으로 영적/물질적 세계통합 플랜을 제시하고 있는데, 소위 '음모론'으로 부르는 NWO의 청사진에 해당하는 것이다. 그 '계획'의 아젠다는 베일리의 저서 『하이어라키의 출현 Externalisation of the Hierarchy』에서도 찾아볼 수 있다.

흔히 프리메이슨과 같은 엘리트 비밀조직의 NWO 계획을 '음모 Conspiracy'라고 표현한다. 음모세력의 존재를 믿지 않는 사람들에게 이 단어는 배척당하고 있지만, 사실 이것은 음모세력 스스로 자신들의 계획을 부르기에 가장 적당한 용어로 선택한 것이다. 『물병자리 음모 Aquarian Conspiracy』를 저술한 매릴린 퍼거슨Marilyn Ferguson, 『공개된 음모: 세계 혁명을 위한 청사진 The Open Conspiracy: Blue Prints for a World Revolution』과 『신세계질서 The New World Order』를 저술한 허버트 웰즈 Herbert Wells는 모두 잘 알려진 뉴에이저들이다.[12]

그들이 직접 사용한 용어인 '음모', '계획', '신세계질서'는 모두 같은 의미로, '세상을 새로운 물리적/영적 통치질서로 바꾸는' 목적을 가진다. 명목상의 목적은 '평화적이고 복지적인 세계적 공동체를 건설하는 것'이지만, 실제 목적은 '성경적 기독교를 대신할 수 있는 뉴에이지의 대체 가치체계를 만들어 세상으로 하여금 받아들이게 하려는 것'이다. 그래서 '온 세계로 하여금 뉴에이지와 뉴에이지의 그리스도(성경이 말하는 적그리스도)를 받아들이도록 준비하게 하려는 것'이다.[13]

콘스탄스 컴비Constance Cumbey가 저술한 『무지개의 숨겨진 위험들』, 그리고 해나 뉴먼Hannah Newman이 저술한 『무지개 스와스티커』는 블

---

12 음모인가 음모론인가? 기독교적 고찰. blog.daum.net/thisage/255.
13 Constance Cumbey's New Age Conspiracy Theory. blog.daum.net/thisage/256.

로거 '청춘'님에 의해 번역되어 올려졌는데 뉴에이지를 잘 이해할 수 있게 한다. 여기서 무지개는 뉴에이지를 상징한다.[14]

뉴에이지는 1975년 공개적으로 이 세상에 그 모습을 드러냈다. 뉴에이지 추진자들은 처음 반핵·반전·군축·평화운동 등을 기치로 내걸고 사람들의 관심을 끈 다음, 건강생활 프로그램을 앞세워 사회 각계 각층에 침투해 들어갔다. 그런 후에는 그들의 영혼을 정복해 갔다.

4. 초능력과 뇌과학

뉴에이지가 지식인의 관심을 끌 수 있었던 것은 저들의 초능력을 과학으로 설명하기 때문이다. 오랜 동안 참선이나 명상을 하게 되면 그들의 뇌가 알파 상태에 들어가게 되는데, 그때 이성의 기능이 약해지고 비범한 상태로 변화되면서 고도의 집중력과 텔레파시, 투시, 유체이탈, 정신유동, 환상과 같은 신비한 능력이 생기게 된다고 한다. 로우리 캐벗은 저서 『마녀의 힘』에서 이와 동일한 논리로 마술학을 설명한다.[15] 뉴에이지 안에서 마법과 과학이 하나가 된 것이다.

한국에서는 과학자들을 중심으로 '한국정신과학학회'가 세워지기도 했다. 그 취지는, 기존의 과학이 설명하지 못하는 다양한 정신현상과 자연현상들을 포괄적으로 설명할 수 있는 새로운 과학적 패러다임을 창출하기 위함이다. 그들은 초능력의 존재를 공론화하고 받아들일 수 있도록 하기 위해 많은 실험과 이론을 제시하며 이 신비한 현상을 과학적으로 분석 설명하려 한다.

한국기공사연합회는 뇌호흡 훈련을 받은 초등학생 3명을 초대해서 눈

---

14 무지개의 숨겨진 위험들. blog.daum.net/thisage/257.
　세계의 종교를 위한 '더 플랜'. blog.daum.net/thisage/258.
15 신비주의와 손잡은 기독교. blog.daum.net/thisage/259.

을 완전히 가리운 채 책을 읽어보이는 능력을 시범해 보이기도 했다. 기공 관계자들, 뇌연구 학자들, 언론사 보도진들이 크게 놀라는 가운데 한 아이가 "뇌호흡을 하면 이마에서 빛이 나와 화면으로 다 보여요"라고 말했다.[16]

프리메이슨을 다룬 소설 『로스트 심벌 Lost Symbol』에서도 이 뇌과학이 등장한다. 소설 속 인물 캐서린 솔로몬은 이것을 이해하려는 시도를 '노에틱 사이언스Noetic Science'라 부르며 과학의 최전선이라 소개했다. 하지만 뉴에이지가 새로운 운동이 아니고 고대 지혜이듯이, 노에틱 사이언스도 사실은 지구상에서 가장 오래된 과학이자 마술이다.

1973년 미국 캘리포니아주에 노에틱사이언스협회IONS가 설립되었다. 오늘날 이 분야를 연구하는 사람들은 인간이 생각의 힘으로 긍정적인 미래를 불러올 수 있다고 믿는다. 또 손을 대지 않고도 사물을 움직이는 등 물질계에 구체적인 영향을 미칠 수 있다고 믿으며 그 증거를 찾고 있다. 이것을 '지력知力 과학'이라고 해석하기도 한다.

이 기사가 말하듯, 노에틱 사이언스는 고도로 집중된 인간의 마음이 집단적으로 작용하면 물질계에 실질적인 변화를 가할 수 있음을 증명하려는 학문이다. 노에틱 사이언스는 "인간의 사고가 물질 세상을 변화시킬 수 있다"고 말한다. 인간의 생각 하나하나가 약한 중력 또는 에너지를 갖고 있다고 여기는 것이다. 따라서 생각들이 강력해지고 더욱 많이 모여진다면 더욱 강력한 힘을 낼 수 있다고 노에틱 사이언스 전문가들은 말한다.[17]

이런 이론을 토대로 "생각의 힘으로 세상을 바꾼다"는 매력적인 주제가 TV에서 자주 등장한다. 적극적이고 긍정적인 사고방식으로 정신을 바꾸고 원하는 것을 집중해서 생각하고 상상으로 마음 속에 그림을 그리고 입으로 반복해서 언급하면 소원이 현실로 이루어진다는 것이다.

뉴에이지는 이런 방법으로 결국은 스스로 '신'까지도 될 수 있다고 주장

16　뇌호흡하면 기 초능력 생기나? blog.daum.net/thisage/260.
17　Noetic Science. blog.daum.net/thisage/261.

하며 "나는 신이다 나는 하나님이다 나는 그리스도다"라고 외치라고 가르친다. 불교에서도 고행, 명상, 수양 등으로 득도하면 스스로 신의 경지인 부처가 될 수 있다고 주장하며 "우리는 작은 부처다"라고 가르친다.

5. 일상생활로 접근

이제 세상 모든 사람들이 음악과 책과 영화와 강의 등을 통해서 뉴에이지의 사상과 철학에 자연스럽게 물들고 있다. 레이 윤겐Ray Yungen이 수십 년 간 뉴에이지를 연구하고 저술한 『많은 사람들이 내 이름으로 오리 *Many Will Come In My Name*』를 읽으면, 뉴에이지가 우리 삶 가운데 얼마나 가까이 파급되었는지를 보며 놀라게 된다. 스데반 황 목사가 번역한 윤겐의 이 책을 꼭 읽어보기 권한다. 다음 글의 대부분은 그의 글을 참조하거나 요약한 것이다.

1) 밀교에서 우리 곁으로

이전까지만 해도 오컬트 밀교는 매우 이상한 사람들이 추구하는 것으로 여겨졌으나, 1960년대 비교적 매우 짧은 기간에 모든 것이 바뀌었다. 당시 히피족들이 출현하면서 이전까지 전혀 맥을 못추던 뉴에이지가 일어나기 시작한 것이다. 마약/락 음악/반 문화의 시대로 불리던 1960년대에 자유로운 젊은이들이 기존 질서에 반발하며 쏟아져 나왔는데 크게 세 부류로 나타났다.

첫째는 반 정부주의자들이다. 새로운 좌익세력으로 알려진 그들은 '돼지 제거'(경찰 살해) 및 정부 말살을 주장하며 스스로 사회의 진보를 이끄는 선구자라고 생각했다.

둘째는 쾌락추구자들이다. 그들은 마약에 취하고 성 관계에 탐닉하고 유행을 찾아다니고 파티만 원하며 지미 헨드릭스 또는 제퍼슨 에어플레인의 락 음악을 들었다. 그들은 인생에서 쾌락 외에는 다른 아무 관심이 없었다.

셋째는 영적 구도자들이다. 그들은 동양의 신비하고 영적인 통찰력을 얻기 위해 마약을 통한 각성/전환의 체험을 추구했다. 그들은 요가, 아이 칭I-Ching(중국의 명상), 타로 카드, 점성학, 젠Zen, 미국 원주민 생활양식, 별들의 전쟁, 아틀란티스, UFOs, 초감각 감지능력, 동양 구루, 환생 등에 마음을 쏟았다. 저들은 세상 문제의 해답으로서 고대 지혜를 탐구하던 형이상학자들이었다.

뉴에이지는 저들에게 어필하면서 부각되기 시작했다. 이전에는 특별히 선택된 몇몇 개인들에게만 허용되었던 신비 가르침, 비밀 교리, 고대 지혜가 이제는 모두에게 열려지면서 더 이상 밀교라고도 할 수 없게 되었다.

뉴에이지는 사회 깊숙히 들어가기 위해서 친근하고 대중적인 모습으로 변신했다. 이를 위해서 용어를 바꾸기도 한다. 뉴에이지 대신에 '영성'이나 '형이상학'이라는 단어를 사용하기도 하고, 명상 대신에 '알파상태 의식'이나 '직관개발'과 같은 과학 용어들을 사용하기도 한다. 마하리시 마헤시Maherishi Mahesh는 '주문 요가'라는 용어 대신에 '초월적 묵상'이라는 용어를 사용하며 이것이 '창조적인 지능의 과학'임을 주장하려 한다.[18]

뉴에이지 서점은 '영계와의 채널링'(접신)이나 '스피릿 가이드' 같은 핵심 주제의 제목은 잘 보이지 않는 곳에 두고, 숨은 잠재력 개발, 내적자아 형성, 초월 심리학, 전인 치유Holistic Healing 같은 친근한 제목의 책들을 앞 부분에 전시한다. 이런 주제를 다룬 정보지들은 책방뿐만 아니라 형이상학센터, 전인치유클리닉, 채식 레스토랑, 자연식품 가게, 음악 가게, 피트니스센터, 지역대학, 소매상 등에서 얼마든지 무료로 구해 볼 수 있으며 이런 사상은 모든 인기 채널을 통해서 전파되고 있다.

---

18 '고대 지혜'의 출현. blog.daum.net/thisage/262.

2) TV/라디오 토크쇼

　세계적인 토크쇼 진행자 오프라 윈프리의 쇼는 121개국에서 4천만 명이 본다고 한다. 그녀는 영적인 영향력 때문에 '범세계적 설교자', '미국의 새로운 종교를 위한 여선지자이자 상징', '영적 능력을 지닌 사람'이라고 불리운다. 그녀도 뉴에이지를 전파하는 자신의 쇼를 '사역'이라고 부른다.
　론다 번Rhonda Byrne의 『시크릿』이 2007년 윈프리에 의해 소개된 이후로 뉴에이지운동은 더욱 강력한 지원을 얻게 되었다. 이 책은 '끌어당김의 법칙 Law of Attraction'이라고 불리는 뉴에이지의 사상을 소개하는데 그 중심 내용은 이렇다.

> 당신이 무엇을 생각하든 그대로 발생한다. 병에 걸리든 신체적, 감정적, 성적 학대든 간에 생각하는대로 발생한다. 즉 당신에게 발생한 일은 당신이 그 생각을 먼저 함으로써 발생한 것이므로 당신 스스로 그 일을 초래케 한 것이다 … 당신은 신체적 몸 안에서 하나님이다 … 당신은 모든 능력이며 … 당신은 모든 지식이다 … 당신은 창조자다.

　윈프리는 자신의 쇼에 모든 뉴에이지 인물들을 게스트로 소개하고 있다. 그녀의 쇼에 한번 소개되면 세계적인 유명 인사가 된다. 마리안 윌리엄슨, 사라 밴 브레스나크, 이안 라반잔트, 체릴 리처드슨 등과 같은 무명 뉴에이지 작가들이 일약 미국의 저명 저자 반열에 올라서게 되었다.
　윈프리와 마찬가지로 뉴에이지 종교의 전도자라 불리는 웨인 다이어 Wayne Dyer도 매우 영향력있는 토크쇼 사회자다. 그의 쇼는 큰 극장을 가득 매운 시청자들과 함께 진행될 정도로 인기가 있으며 그의 책은 5천만권 이상이 팔린다고 한다. 그는 '동기부여의 아버지', '뉴에이지운동의 빌리 그래함'이라고도 불리며 '의지의 힘', '영감Inspiration' 같은 고상한 주제를 강의한다.

"보이지 않는 당신의 신적 인도자가 항상 당신의 삶을 인도하도록 하라"는 그의 메시지는 언뜻 그리스도인의 것처럼 들린다. 물론 뉴에이지의 신적 인도자는 성경의 하나님과는 완전히 상반된 존재다.

미국 전역 및 전 세계로 방영되며 큰 인기를 끌고 있는 라디오 프로그램 "뉴 디멘션 미디어New Dimension Media"도 윌리스 하만, 마리안느 윌리엄슨, 바바라 막스 허바드 등의 뉴에이지 강사들을 초대해서 토크쇼를 갖는다. 우리가 인식하지 못하는 사이에 우리의 귀는 뉴에이지의 메시지에 활짝 열려있다.[19]

3) 영적 재활과 자가 치료

현대인은 상처와 우울증으로 가득하다. 술/마약/음식 중독자와 정신질환자들도 계속 늘고 있다. 뉴에이지는 이런 문제의 해결을 위해 가정치유, 개인상담, 또는 자가치료를 위한 세미나, 책, 테입 등을 소개한다. 그들은 '의식의 확장'이라는 방법을 제시하고 자신의 '내면의 지혜'에 접해야 한다고 주장하며 그것을 위해서 관상을 제안한다.

존 브래드쇼John Bradshaw는 「뉴욕타임즈」가 선정한 베스트 셀러를 5권이나 썼다. 『가정』, 『당신의 눈을 가리는 부끄러움 치유』, 『가족 비밀』 등이 있다. 그의 세미나는 열리기 몇 주 전에 이미 다 매진된다고 한다. '미국을 이끄는 개인성장 전문가', '재활운동의 선구자적 전도자'로 알려져 있는 그는 이렇게 선포한다.

> 우리가 더욱 진실하게 자기 자신이 될수록 우리는 더욱 하나님이 된다. 참으로 우리 자신이 되기 위해서는 우리의 외적 사명과 목표를 받아들일 필요가 있다. 이는 인간의 방법으로 우리가 하나님과 같다는 것을 드

---

19 예술과 미디어에서의 뉴에이지. blog.daum.net/thisage/263.

러내는 것을 포함한다.

멜로디 비티Melody Beattie 역시 「뉴욕타임즈」가 선정한 베스트셀러 저자이자 미국을 대표하는 심리 치료사다. 그는 『감사의 기적』, 『더 이상 서로에게 기대지 말라』, 『사랑하라, 그리고 하고 싶은 일을 하라』 등 16개의 영적 재활 관련 책을 저술하며 '상호의존Copdendency' 분야의 전문가로 알려졌다. 책은 삶의 난관을 극복하고 힘겨운 문제에 대처하는 법에 대한 자신의 체험과 조언을 나누며 많은 사람들에게 감동을 주고 있다.

"나 자신을 사랑하고 깊이 껴안아 줘라", "우리의 생각들은 오케이다", "우리의 감정은 적절하다", "오늘 이 순간 있어야 할 곳에 우리는 바르게 있다", "우리에게 잘못된 것은 없다", "우리에겐 근본적으로 틀린 것이 없다"는 그녀의 발언은 매우 고무적이고 위로가 된다. 그녀는 자신을 그리스도인이라고 주장하지만, 그러나 그 내용은 전혀 비성경적이고 뉴에이지적이다.[20]

4) 성공을 위한 잠재의식 통제

뉴에이지의 자가 치료법이 중독자나 정신병자의 재활만을 위한 것은 아니다. 그것은 평범한 삶을 더욱 증진시키는 데 도움을 준다고 주장한다. 어떤 행위와 믿음을 가지면 단조로운 삶으로부터 탈출해서 뭔가를 이루는 찬란한 삶을 살 수 있다고 약속한다. 이런 쟝르의 책을 쓰는 저자는 다양하게 있는데, 그중 알렉산드라 스토다드는 '생활개선'에 관해 무려 25권의 책을 썼다.

수잔 제퍼스Susan Jeffers도 『도전하라 한번도 실패하지 않은 것처럼』이라는 베스트셀러 저서를 통해 '자기치료 분야의 여왕'이 되었다. 그녀는

---

[20] Melody Beattie. blog.daum.net/thisage/264.

이 책에서 대중발언 공포증, 낭만적 사랑에 대한 두려움 등에 관한 문제들을 다룬다. 그녀는 "이런 딜레마에서 빠져나오기 위해 더 높은 자아를 의지해야 한다"고 주장하며 인생의 어려움을 통해 직접 터득한 '마인드 컨트롤' 방법을 제시한다. 최면술도 마인드 컨트롤의 하나다.[21]

5) 최면술

최면술은 특별한 수고나 노력 없이도 나쁜 습관을 제거하고 좋은 습관을 세워 성공하는 인생을 만들 수 있는 방법으로 사용된다. 사람들의 잠재의식 속에 그가 원하는 효과를 내는 잠재적 메시지를 재 프로그래밍함으로써 각자의 원치 않는 행동들을 바꿀 수 있다는 것이 그 원리다. 좋은 메시지가 녹음된 오디오를 밤새 귀에 꽂고 잠들면 잠재의식 가운데 이것이 심어져서 행동이 바뀐다는 것이다. 성공, 두려움을 극복하는 비결, 건강, 체중조절, 나쁜 습관 제거, 스포츠, 사랑, 대인관계 등이 주요 주제들이다. 광고에 의하면 여드름, 시차로 인한 피로, 허리통증, 스트레스, 흡연, 몸무게 문제 등 수천 수만의 문제들이 해결됐다고 한다.

레이 윤겐은 뉴에이지를 연구하는 과정에서, 전생회귀를 실험하며 심리학박사 학위를 준비 중인 한 여인을 만나게 되었다. 그는 그녀의 연구를 위해 최면술의 실험대상이 되어주면서 아주 이상한 경험을 하게 되었다며 이렇게 증언한다.

> 회귀하는 과정에 자신을 '가이드'라고 소개하는 어떤 '의식'이 나를 통해 그 심리학자 여성에게 말을 하기 시작했다. 나는 대화가 진행되고 있다는 것을 의식할 수 있었지만 마치 다른 어딘가에 있는 이상한 느낌을 느꼈다. 이것은 내 인생 가운데 가장 이상한 체험이었다. 내가 무당이 되

---

[21] 자기 치료에서의 뉴에이지. blog.daum.net/thisage/265.

는 첫 체험이었던 것이다.²²

6) 치유 음악

스티븐 할펀Steven Halpern은 뉴에이지 음악의 아버지로 널리 알려졌다. 그에 의하면 치유 음악은 듣는 사람이 관상의 상태에 빠지도록 디자인 되었다고 한다. 사람이 긴장을 풀면 두뇌에 활기를 띠게 하는 알파파장이 발생하는 것처럼, 조화를 이루는 곡을 들을 때도 이런 파장이 흐르게 된다는 것이다. 그것은 단지 휴식의 체험만 아니라 영적인 체험도 준다. 많은 사람들이 뉴에이지 음악을 들으면서 영적인 각성이 일어나고 다른 세계로 전이되는 신비 경험을 한다고 한다.²³

7) 내면의 소리 듣기

사탄숭배자이자 프리메이슨인 맨리 홀은 1990년에 죽었지만 그의 가르침은 지금도 계속되고 있다. 최근 그의 영상강의를 홍보하는 내용을 일부 발췌했다.

> 인간은 아주 오래 전부터 '신의 의중'을 파악하기 위해 다양한 기법과 도구들을 개발해 왔습니다. 이번에 소개하는 맨리 홀의 강연 내용에 따르면 여기서 말하는 '신의 의중'은 사실 '내면의 목소리'를 의미하며, '도구'라는 것은 '쉽게 보이지 않는 내면을 밖으로 끄집어 내어 객관적인 관점에서 바라볼 수 있도록 도움을 주는 것'이라고 합니다. '내면을 들여다볼 수 있는 거울'의 가장 오래 된 형태 중 하나는 바로 '타로 카드'

---

22 자기 치료에서의 뉴에이지. blog.daum.net/thisage/265.
23 사운드 테라피와 명상음악의 미래. blog.daum.net/thisage/266.

입니다. 원인을 알면 결과도 알 수 있습니다. 원인 안에 결과가 내재되어 있기 때문입니다. 인과관계는 우주의 가장 기본적인 법칙 중 하나입니다. 이번 강연을 통해 카드라는 도구를 이용하여 그 법칙의 한 단면을 엿보고 우울증을 치료받을 수 있는 기회가 되셨으면 하는 바람입니다.

8) 소설과 영화

조앤 롤링의 『해리포터』는 전 세계적으로 4억 명 이상이 소설로 읽거나 영화로 본 초베스트셀러 작품이다. 이것은 마법과 마법사 이야기로 가득 차 있다. 작가는 마법과 신비주의를 거부하는 사람들을 매우 어리석고 고리타분한 사람이라는 의미로 '머글muggles'이라고 부르면서, 우리 모두 다 뉴에이지의 신비주의를 포용하도록 유도한다. 작품 속에서 여교사는 수업 중에 학생들이 미래로 들어가기 위해서 점divination을 배워야 한다고 가르친다. 그리고 소설이나 영화의 세계에서 벗어나 실제 마법을 가르치는 세계로 들어간다.

> 수정 구슬을 보는 것은 의식의 마음과 외부의 눈을 편안하게 하는 수행으로 시작해야 한다. 그래야 내면의 눈과 초의식을 깨끗하게 할 수 있다.

여기서 의식의 마음을 편하게 하라는 것은 관상(명상)을 말한다. 내면의 눈이란 제3의 눈인 샤크라를 의미할 때 사용하는 오컬트 용어다. 그 눈으로부터 영적인 힘이 나와 점을 칠 수 있게 된다는 것이다. 이것은 실제로 마술 학교에서 배우는 방법이라고 한다.

영화 "제국의 역습The Empire Strikes Back"에서도 뉴에이지의 메시지를 볼 수 있다. 루크는 요다를 만나서 영적 훈련을 받기 시작한다. 그는 자신의 '내면의 힘'을 사용해서 늪에 빠져 부숴진 우주선을 끌어올리려고 시도하지만 성공하지 못한다. 그때 요다는 눈을 감고 관상 상태에서 능력을 사용해 늪에서 우주선을 꺼내 둑에 갖다 놓는다. 이것의 메시지는 "우리는 자신의 실체를 창조할 수 있다. 우리가 '더 높은 자아'와 조정이 되면 내면의 능력을 다스려 무엇이든지 할 수 있다"는 것이다.[24]

『배꼽』,『성자가 된 청소부』,『빠빠라기』,『빵장수 야곱』,『뉴에이지 혁명』 등의 베스트셀러 서적, "개구쟁이 스머프", "알프", "와즐", "늑대와 미녀", "환상특급" 등의 인기 TV 프로, "천국의 신화", "악마의 성전", "블랙홀", "텔레파시", "초감각전쟁", "아가페", "유체이탈", "기", "공포의 차크라" 등의 인기 만화들도 뉴에이지의 사상을 보급하고 있다.

9) 기업체의 세미나

기업체들은 주로 '인간 개발'이나 '잠재력 개발' 등의 주제로 뉴에이지 강사들을 초빙해서 어떻게 하면 종업원들이 더 행복하고 더 생산적으로 일할 수 있는지를 가르치게 한다. 뿐만 아니라 임원 자신들도 그런 훈련을 받고 있다. 지력과학협회Institute of Noetic Science에서 나온 2007년도 보고서 "세계변환의 증거Evidence of a World Transforming"는 이렇게 보도한다.

> 1994년 이래로 56개 나라로부터 온 10만 명 이상의 중역들이 '자기관리 및 지도자 과정Self-Management and Leadership Course(SML)'을 마쳤다. SML은 이틀간 수련장에 머물면서 라자요가 Raja Yoga의 원칙으로 영감을 받는다. 이것은 자기성찰, 관상, 운동, 호흡법을 통해 지혜와 내면의 고요함과 평정을 이루게 한다.

「인터내셔날 매니지먼트」 잡지는 영국의 은행, 국방부, 내각부 등의 큰

---

[24] 예술과 미디어에서의 뉴에이지. blog.daum.net/thisage/267.

기관들이 뉴에이지 영성을 열심히 포용하고 있다고 보도한다. 래리 윌슨은 "이 새로운 접근은 기업을 변화시키고 있다. 그 변화는 우리 사회의 다른 기관들에게도 영향을 미칠 것이다"라고 말한다.[25]

6. 적그리스도적

앞장에서도 언급했듯이 뉴에이지는 프리메이슨에 의해 만들어졌고 프리메이슨은 공개적으로 루시퍼를 찬양하는 사탄숭배집단이다. 그러나 인간의 본능과 감정을 지지해주며 상처를 치유해주겠다는 뉴에이지를 악하다고 비난할 수 있을까? 그것의 악한 열매가 맺히기까지는 오랜 시간이 걸릴지도 모른다. 오직 성경이 그것에 대해서 분명하게 지적해주고 있어서 그리스도인만이 그것을 경계하고 경고할 수 있다.

1) 선악과의 유혹

뉴에이지 사상은 창세기에 나타난 타락사건 속에 그 본질적 정신이 내포되어 있다. 사탄이 아담과 하와에게 하나님께 불순종하라며 거짓말로 유혹할 때 이렇게 말했다.

> 너희가 결코 죽지 아니하리라 너희가 그것을 먹는 날에는 너희 눈이 밝아져 하나님과 같이 되어 선악을 알 줄을 하나님이 아심이니라
> (창 3:4-5).

사탄의 이 달콤한 유혹은 뉴에이지의 유혹과 완전히 일치한다. 어원 루

---

[25] 기업체에서의 뉴에이지. blog.daum.net/thisage/268.

쩌Erwin Lutzer와 존 드브리스John Devries에 의하면, 뉴에이지운동의 핵심교리는 범신론(너희가 신과 같이 되리라), 윤회론(너희가 정녕 죽지 아니하리라), 상대론(너희가 선악을 알리라), 밀교주의(너희가 눈이 밝아지리라)로 정리되어 질 수 있다.[26]

우리 가운데 일어나고 있는 초자연적인 현상들에 대해서 많은 사람들은 이것이 과연 사실일까 질문한다. 어떻게 이것이 가능할까?

정말 영적인 세계가 있고 그것을 지배하는 신이 존재하기 때문이다. 두 신이 존재하는데 바로 하나님과 사탄이다.

인간이 동물과 구별되는 가장 분명한 점은 영적 존재라는 것이다. 따라서 인간은 영을 통해 하나님과 교제할 수도 있고 의도치 않게 사탄과 접촉할 수도 있다. 훈련으로 영적 능력을 개발하면 인간은 귀신과 접신하면서 시공을 초월해 미래를 본다거나 초능력을 이용해 사물을 조종하는 능력을 가질 수 있게 된다.

어떤 뉴에이지 사이트에서 읽은 내용이다. 인간의 뇌에는 아직 밝혀지지 않은 특정 부위가 있는데 이곳이 바로 영적인 것을 담당하는 영역이라는 것이다. 사고로 뇌를 다친 어떤 사람이 천재가 되거나 초능력을 발휘하는 일들이 가끔 발생하기도 하는데, 바로 뇌의 이 부분을 건드렸기 때문이라고 한다. 뉴에이지의 명상이나 참선은 뇌의 바로 이 부분을 훈련하는 것이라고 한다. 이렇게 뇌를 훈련하면 초월적인 지식을 갖게 되고 초월적인 능력을 갖게 된다는 것이다.[27]

그것은 바로 성경에 언급된 '선악과 사건'이다. 많은 사람들이 하나님을 부정하는 핑계로서 선악과를 말한다. 왜 하나님은 선악과를 만들어놓고 또 금지해서 인간들로 하여금 죄를 짓게 했느냐는 것이다. 그런데 선악과는 바로 인간과 하나님, 피조물과 조물주를 구분시켜주는 척도가 된다.

---

26 뉴에이지운동의 4대 핵심교리. blog.daum.net/thisage/269.
27 초월: 인간의 절정 경험. blog.daum.net/thisage/270.

피조물이 자신의 경계를 벗어나서 조물주 하나님처럼 되고 싶어한다면 하나님이 금하신 선악과를 먹으려 할 것이다. 사탄 루시퍼 자신이 그랬다. 그 후 사탄은 아담에게도 그렇게 하라고 유혹했다. "하나님이 네게 선악과를 금지한 이유는, 하나님만 하나님이 되고 싶어서 그런거야. 하지만 너도 이것을 먹으면 하나님과 같은 지혜와 지식을 가질 수 있단다. 너도 하나님이 될 수 있는거야"라면서 말이다. 아담은 하나님의 말씀보다 사탄의 말을 더 좋아했고 그것을 따랐다.

　지금도 사람들은 저주받은 사탄을 흉내내어, 하나님만의 영역인 초자연적이고 비밀스런 지혜를 탐내어 선악과를 먹으며 스스로 신처럼 되려 하고 있다. 하나님 대신에 사탄을 따르며 선악과를 먹은 아담이 결과적으로 하나님과 갈라져서 영적인 죽음을 맞이했던 것처럼, 지금도 수많은 사람들이 사탄의 가르침을 따라서 하나님이 금지하신 밀교의 영적 지혜와 신비와 능력을 사모하며 멸망을 향해 가고 있다. 심지어는 교회들조차 신비주의의 유혹에 빠져서 금지된 선악과를 먹고 있다.

　모든 것이 인간의 정신 속에 잠재되어 있으며, 인간이 원하는 것은 무엇이든지 할 수 있다는 뉴에이지의 달콤한 속임수에는 하나님에 대한 반역과 인간의 자만이 들어있다. 사탄의 기만적 의도와 전략은 노아 홍수 이후 고대 바벨론의 절대 군주였던 니므롯을 거쳐 신비주의 종교들과 세속적 휴머니즘들을 통해 이어지다가 지금 뉴에이지 속에서 확연하게 드러나고 있다.

2) 반대되는 세계관

　뉴에이지의 세계관과 성경의 세계관을 비교해보자.
　첫째, 뉴에이지는 "모든 것이 하나다"라는 단일론에서 출발한다. 인간과 인간, 인간과 생물, 인간과 무생물이 모두 하나라는 관계로 보기 때문에 언제든지 서로의 의사 소통이 가능하다고 믿는다. 반면 성경은 다른 피조물과 달리 사람은 하나님의 형상대로 지음받았다고 기록한다(창 1:26). 하나님은 인간을 모든 피조물의 위에 두시고 인간에게 이 모든것을 다스리고 정복하라고 말하셨다(창 1:28).

둘째, 뉴에이지는 "우리 모두는 신이다"는 범신론을 주장한다. 눈에 보이는 모든 것 즉 이 세상에 존재하는 모든 것이 신이며 명상을 통해 신과의 합일을 경험함으로써 구원에 이른다고 주장한다. 이것이 인간이 인간으로서의 평범성을 벗어나 초능력자가 될 수 있는 방법이다. 반면 성경은 조물주와 피조물의 구분을 분명히 하고 있다. 피조물은 어떤 경우에도 조물주 하나님이 될 수 없고 오직 순종해야 하는 존재일 뿐이라고 말씀한다.

셋째, 뉴에이지는 "모든 것이 선하며 악은 없다"고 주장한다. 모든 것이 선한 세상 속에서 신으로 살아가기 위해서는 의식을 개혁해야 한다. 성경은 모든 인간이 죄인이므로 회개와 구원이 필요하다고 하지만, 뉴에이지에서는 죄도 없고 심판도 없으므로 회개없는 구원이 가능하다. 물론 하나님은 필요없고 인간이 깨달음을 통해서 스스로 구원할 수 있다.

넷째, 뉴에이지에 의하면 인간은 기존의 지식과 경험과 가치관에서 벗어나지 못하기 때문에 자신의 신성을 깨닫지 못하는 것이다. 이런 것을 초월해 우주와의 합일을 경험할 때 구원에 이를 수 있다. 여기에서 초월명상, 강신술 등의 실행방법이 타당성을 얻는다. 반면 성경은 어떤 인간이라도 예수님을 통해 구원받고 하나님께 나아갈 수 있다고 말씀한다. 하나님과 교제하면서 그분을 닮아가며 성화되어 간다.

다섯째, 뉴에이지는 윤회사상을 주장한다. 인간은 윤회를 거듭하며 진화해서 신이 된다는 것이다. 그러나 성경은 인간은 한번 태어나 한번 죽고 이후에는 심판이 있다고 말씀한다.[28]

---

28 New Age Spirituality, Self-Spirituality, New Spirituality. blog.daum.net/thisage/271.

3) 성경의 예언

성경은 마지막 때에 사도 바울이 '멸망의 아들', '불법의 사람'이라고 언급한 '적그리스도'가 올 것을 예언한다(살후 2:3). 적그리스도라는 용어에는 '대항'이라는 뜻도 있지만 '대신'이라는 뜻도 있다. 그러니까 적그리스도는 '그리스도를 대신하려는 존재'로서 "내가 하나님이다"라는 참람한 말을 할 자라는 것이다.

예수님의 제자들은 예수님께 이때에 무슨 징조가 있을 것인가를 질문했다. 그러자 예수님은 "많은 사람이 내 이름으로 와서 이르되 나는 그리스도라 하여 많은 사람을 미혹하리라"고 답변하셨다(마 24:5; 막 13:6; 눅 21:8).

여기서 레이 윤겐은 '많은'을 뜻하는 헬라어 단어 '폴뤼스*Poluv*'의 의미에 주목한다. 그것은 그냥 '많은'이 아니라 매우 엄청난 숫자, 즉 수백만, 수천만, 그 이상을 의미한다는 것이다. 이 단어에서 파생된 용어로 '호이 폴로이'가 있는데 그것은 '대중'이라는 뜻을 갖는다.

그러니까 "내 이름으로 오리라"는 뜻은 수백만 수천만의 대중들이 그리스도의 이름과 권위를 사용하여 그를 대표하기 위해 온다는 뜻이 된다. 예수님이 말씀하시고 마태와 마가와 누가가 기록한 내용이 바로 현재 진행 중인 뉴에이지운동이라는 윤겐의 주장은 매우 설득력이 있다.

이제 뉴에이지운동이 전성기를 이룰 때 전 세계적으로 이런 일이 발생할 것이다. 예수님께서 육체적으로 재림하시기 직전에 셀 수 없이 많은 어마어마한 숫자의 사람들이 뉴에이지의 가르침을 따라서 "나는 하나님이다"며 자신의 신성을 선포할 것이다.

4) 악한 열매

사상뿐 아니라 열매에서도 저들의 사탄성을 확인할 수 있다.

첫째, 많은 경험자들은 자신이 만난 신들 중에 친절과 온유와 사랑의 신은 하나도 없었고 모두 흉악한 자들이었다고 술회한다. 한 예를 들어서, 스와미 묵타난다는 1970년대와 80년대의 뉴에이지 지도자 중에 가장 크게 존경과 사랑을 받는 사람이었다. 많은 사람들은 그를 실제로 신이 된 사범이라고 믿었다. 그러나 1982년에 묵타난다가 죽었을 때 그의 가장 가까운 제자 중 하나가 이렇게 사실을 폭로했다. "나의 스승은 정신 박약에 가까운 상태로 매일 밤마다 잔인한 폭군이 되어 경건한 어린 소녀들에게 은혜와 '자기 실현'을 약속하며 자기 침대로 끌고갔고 그러다가 인생을 마쳤다."[29]

둘째, 명상 때는 무아지경의 황홀함에 빠져있다가 실제 삶으로 돌아오면 현실에서 큰 괴리감을 느끼며 더 욕구 불만에 쌓이게 된다. 영적으로 취한 상태에서는 뭐든지 다 할 수 있고 스스로 신이 된 것 같은 최고의 환희 가운데 있었는데 현실로 돌아오고 나면 여전히 문제와 고통은 해결되지 않은 채 남아있기 때문이다. 문제를 문제로 보지 않겠다는 것은 현실도피요 망상에 지나지 않는다.[30]

셋째, 어떤 경지에 들어 간 사람들은 감정적 혹은 정서적으로 도착 상태에 빠지면서 정신분열 증상을 보이는 심각한 실례들이 많다. 어떤 학생은 뉴에이지 음악가 조지 윈스턴의 '디셈버December'를 듣다가 마치 마약을 복용했을 때처럼 황홀경에 빠지는 경험을 했다고 한다. 의도적이 아니라도 뉴에이지 음악에 집중만 하면 연주자와 영적 교통이 이루어지면서 이런 경우가 일어날 수 있다.

넷째, 더 심각해지면 귀신에 붙잡혀서 그의 강압적인 지시를 따를 수 밖에 없게 된다. 한때 뉴에이지 사제로 활동했던 윌 바론Will Baron은 저서 『뉴에이지에 속다Deceived by New Age』에서 자신의 경험을 상세하게 증언한다.

---

29 뉴에이지는 나쁜 것인가? blog.daum.net/thisage/273.
30 기 건강과 뉴에이지 커넥션. blog.daum.net/thisage/274.

그는 그리스도인이었으나 신앙도 시들해지고 몸도 아프던 차에 누군가의 권유로 뉴에이지를 접하게 되었다. 그는 영적인 것과는 접촉하지 않고 단순히 몸의 치유만 받으려 했지만 저들은 전인 치유Holistic Healing을 언급하며 명상을 권해왔다. 처음에는 매우 경계하고 조심했으나 마스터의 신비한 능력에 매료되며 열심히 훈련받게 되었다. 결국은 접신하게 되고 점점 자신 안에 있는 신(저들은 '고등 자아'라고 명칭하고, 기독교 관점에서 보면 귀신)에게 이끌리게 되었다.

'그'는 여자 친구와의 이별을 지시하고, 승용차의 구입을 지시하고, 심지어는 어떤 브랜드를 구입할 것까지 지시했다. 그가 명상을 할 때마다 '그'의 내적 음성이 들려왔는데 그가 순종할 때까지 집요하고 끈질기게 요구했다. '그'는 그의 삶을 구석구석 간섭하고 옭아맸다. 다음은 그의 글의 일부다.

> 이사를 가는 장소와 시기, 뉴에이지 기관에 헌금하는 날짜와 금액, 그리고 심지어는 직장을 옮기는 일에까지 나의 고등 자아가 지시하는 요구대로 움직이는 삶을 살아야만 했는데, 어떤 때는 고등 자아에서 들리는 말이 부도덕하고 잘못된 것일지라도 그것을 하나님의 음성으로 받아들여야만 하였다.
>
> 때때로 무서울 정도로 집요하게 들려오는 마스터의 뜻을 거절하고 순종하지 않을 경우, 나는 심한 불안감과 우울증으로 시달리기도 하였다. 이러한 경우 불안과 우울증에서 벗어나기 위하여 억지로 고등 자아를 통하여 들려오는 마스터의 요구에 굴복해야만 하였다. 고등 자아의 부당한 요구를 거절할 때마다 "너는 내 제자로서 좁은 길을 걸어야 한다. 네 자신을 부인하라"라는 말로 나를 설득하였다.
>
> 내 생활은 과다한 헌금과 무리한 생활 계획으로 인하여 엉망이 되었고, 이것은 내게 견디기 힘든 물질적, 정신적 부담을 가져다 주었다. 이런 고통 속에서도 나는 내가 체험하는 초자연적 경험에 이끌려 뉴에이지

의 기만에서 벗어날 수 없었다….³¹

그가 결코 벗어나지 못하고 계속 빠져들 수밖에 없게 만들었다는 그 '초자연적 경험'은 무엇일까?

체험자들에 의하면 요가나 명상 등을 할 때 넘쳐흐르는 강렬한 빛을 받으면서 무한한 능력과 지혜를 가진 것처럼 느끼게 된다고 한다. 그 아름답고 황홀한 느낌은 말로 표현할 수 없을 정도의 오르가즘이라고도 표현한다. 시간과 공간을 초월하는 상태 속에서 이전에는 맛보지 못했던 황홀함을 체험하면서 그들은 더욱 깊은 체험을 원하게 된다. 모든 생명들과 일체감을 느끼며 자신의 불멸을 확신하게 된다. 이런 황홀한 체험이 없었다면 인간이 신이 된다는 뉴에이지의 거짓말은 먹히지도 않았을 것이다.³²

5) 광명의 천사

「영성과 건강」이라는 뉴에이지 잡지에 "적극적인 에너지를 증가시킬 수 있는 4가지 영적 기본훈련"이라는 제목으로 이런 글이 실렸다.

> 조용한 곳에서 평안하게 앉으라. 핸드폰을 끄고 문을 닫으라. 눈을 감고 내쉼과 들이쉼의 호흡에 집중하라. 만일 생각이 오고 가면 당신의 의식을 호흡에 맞추라. 구름이 떠다니는 것을 마음 속에 상상하라. 구름들이 지나가게 하라. 그 후 당신의 손바닥을 가슴에 얹으라. 당신과 영의 세계를 연결하는 것들 – 아름다운 새벽, 예수님의 형상, 사랑의 감각 등 – 을 구상화 하라. 마음의 영역의 모든 감각을 관찰하라. 열, 두근거림, 심장 확장, 벅참 등 이러한 적극적인 에너지가 당신의 몸을 통해 흐르게 하라…³³

---

31 나는 뉴에이지에 이렇게 속았다. blog.daum.net/thisage/275.
32 뉴에이지는 나쁜 것인가? blog.daum.net/thisage/273.
33 예술과 미디어에서의 뉴에이지. blog.daum.net/thisage/267.

놀랍게도 뉴에이지의 이런 가르침이 '영성'이라는 이름으로 교회 안에서 똑같이 실습되고 있다. 나는 지금까지 뉴에이지의 철학, 의식, 용어, 체험 등을 공부하면서, 그동안 교회들이 가르치고 경험했던 것들과 매우 흡사하다는 사실을 발견하면서 크게 놀랐다. 특히 성령운동이나 영성운동 같은 기독교 신비주의에서 더욱 현저하게 나타나고 있다.

마음을 비우는 기도, 단 음절의 방언기도, 무릎에 힘이 빠짐, 온 몸이 뜨거워짐, 쓰러져 경련함, 기쁨과 큰 웃음, 저절로 나오는 영적 춤, 강력하고 특이한 힘에 사로 잡히는 느낌, 다른 영계로의 입신, 다른 장소로 순간이동, 만져주심과 안아주심, 따뜻함과 황홀함, 하나님의 신부로 느끼는 오르가즘 … 그리고 상대방의 이름과 주소와 나이만 듣고도 그가 무슨 질병이 있는지 무슨 문제가 있는지를 계시해주는 환상과 내적음성과 초자연적 능력…

기도/묵상/관상/명상을 하는 그리스도인에게 나타나서 성경적 메시지와 함께 신비체험이나 신비능력을 주는 주체는 당연히 하나님 또는 천사라고 생각하게 된다. 이런 신비적 느낌이나 초능력 체험을 간증하게 되면 하나님의 특별한 제자라고 생각되어 주위에 무수한 사람들이 모이며 일약 스타가 된다.

성경은 사탄이 광명의 천사로 가장한다고 경고하고 있다. 사탄은 성경을 인용하기도 하고, 능력, 치유, 평강, 성공, 황홀한 즐거움을 가져다줄 수도 있지만 그가 주는 달콤함은 일시적일 뿐 결국 우리의 인생을 장악하고 영원한 멸망으로 끌고간다.

한마디로 말하기 힘들 정도로 동서양의 모든 종교와 사상과 밀교의식으로 융합된 뉴에이지는 지금까지 지구상에 존재했던 어떤 이단보다 더 교묘하게 복음을 섞어놓으며 속이고 있다. 그것이 너무나 막강한 대세라서 그런지 교회는 뉴에이지에 대해 거의 경고가 없고 그래서 무수한 교인들이 그것과 혼합되고 있다.

뉴에이지의 가장 반성경적인 주장 가운데 하나는 하나님께로 가는 길이 많다는 것이다. 예수 그리스도는 하나님께로 가는 여러 길들 중의 하나일 뿐이며, 이 길이 모든 사람에게 어울리는 것은 아니므로 각각 자신에게 가장 잘 맞는 길을 찾아야 한다고 가르친다. 오직 예수님을 통해서만 하나님께로 갈 수 있다고 말할 때 편협하고 독선적이라며 조롱하고 악하다고 비난한다.

이런 뉴에이지의 주장은 기독교 단체인 WCC를 통해서 교회 가운데 퍼지며 대세를 이루고 있다. 광명의 천사로 들어온 뉴에이지와 혼합된 교회에 관련해서는 본서 제12장에서 다시 언급한다.

제10장

신세계질서를 위한 기구: 유엔

유엔은 1945년 CFR(미국외교협회)의 주도로 50개국의 대표들이 모여 설립되었다.[1] 창립회의에는 74명의 CFR 회원이 참가했는데 CFR은 잘 알려진 대로 프리메이슨의 하부기관이다.[2] 본부 건물도 대표적 프리메이슨인 록펠러가 기증한 땅 위에 지어졌다. 『300인 위원회』의 저자 존 콜먼John Coleman은 "유엔은 이미 프리메이슨의 손아귀에 들어있다"고 말한다. 또는 "유엔은 프리메이슨에 의해 조직된 것이다"고 말하기도 한다.

유엔 설립의 명분은 세계 평화를 위한 것이지만 실제로는 프리메이슨의 오랜 염원대로 신세계질서의 세계단일정부와 그를 위한 세계종교를 실현해가는 것이다.[3]

많은 사람들이 프리메이슨, 일루미나티, 예수회, 오프스데이 등의 비밀조직이 눈에 안 보인다고 말하지만 사실은 눈에 잘 뜨이는 곳에서 회의를 개최하며 전 세계의 관심을 끌고 있다. 『프리메이슨』을 저술한 크리스티앙 자크가 "사람이 뭔가를 숨기려하면 눈에 잘 띄는 곳에 둔다"고 말한 것도 이런 의미다.

---

1 CFR Backgrounders. blog.daum.net/thisage/281.
2 CFR은 무엇인가? http://blog.daum.net/thisage/282.
3 The UN Prepares to Implement One World Government and One World Religion. blog.daum.net/thisage/283.

1. 뉴에이지의 보급

　NWO의 세계정부를 이루기 위해서는 종교통합이 필수적이고, 종교통합을 위해서는 모든 종교의 혼합물인 뉴에이지가 보급되어야 한다. 뉴에이지의 여족장이라고 불리는 앨리스 베일리는 유엔을 통해 세계에 뉴에이지를 알리는 데 크게 활동했던 인물이다.

　베일리는 뉴에이지의 보급을 위해 '루시퍼출판사Lucifer Publishing Company'를 세우기도 했는데 이후 이름에 대한 논란 때문에 루시스트러스트Lucis Trust라고 바꾸었고, 이것은 지금 유엔기구 '세계선의World Goodwill' 산하의 NGO기구로 활발하게 활동하고 있다.[4]

　루시스트러스트가 설립한 TOU(Temple Of Understanding)는 유엔의 종교 NGO 위원회를 이끌며 종교정책을 리드하는 강력한 유엔기구다. 유엔 TOU 회의실의 중앙 탁자에는 프리메이슨의 직각자와 컴파스 마크가 선명하게 찍혀있다.[5] 루시스트러스트가 어떤 사탄적 기구인가는 스캇 탐슨 Scott Thompson이 잘 증언해준다.[6]

앨리스 베일리의 저서 『뉴에이지 교육』

앨리스 베일리가 유엔에 설립한 루시스트러스트에서 발행했던 잡지 「루시퍼」

4　The New Age Influence at the UN. blog.daum.net/thisage/284.
5　유엔은 단일 종교의 형성을 지원한다. blog.daum.net/thisage/285.
6　The Lucis Trust, Satanism and the New World Order. blog.daum.net/thisage/286.

데이비드 클라우드David Cloud의 저서『유엔과 뉴에이지』에 의하면, 채널링(접신)을 통해 영적지식을 계시한다는 티벳의 승천 마스터 '드왈쿨'은 베일리에게 이런 예언을 했다.

> 유엔은 인류의 운명을 손에 쥔 사고적이며 정보에 능통한 남녀들로 이루어진 국제적인 명상적 사색적 대집단의 기원과 씨앗이 될 것이다.

베일리는 뉴에이지를 보급하는 데 유엔이 가장 적합한 기구라며 이렇게 기록한다.

> 하이어라키Hierarchy는 지금 유엔 의회 속으로 '힘Force'을 나르려고 한다 … 인류가 준비되었을 때 그리스도가 올 것이다 … 그가 모든 나라의 백성에게 도달하려고 한다면, 국가들의 촛점이자 인류 긴장의 지점인 유엔보다 더 좋은 장소가 어디 있겠는가?[7]

여기서 베일리가 사용한 뉴에이지 용어 '하이어라키'는 권력적·신분적·기능적으로 상하/서열관계가 정돈된 피라미드형의 체계를 뜻하는 말이지만, 종교적 용어로는 '큰 조직의 지배층 계급'을 뜻한다. 저들이 기다린다는 그리스도는 성경적 관점에서 볼 때 물론 적그리스도다. 그녀의 선포에서 사탄숭배자라는 자신의 정체를 분명히 드러낸다.

> 루시퍼가 참 신이며 성경의 하나님은 신을 사칭한 존재다. 루시퍼야말로 인류에게 깨달음을 가져다 주는 영적 지식의 신비로운 대리자다.

뉴에이저들에 의하면 우리는 지금 물병자리 시대에 살고 있다. 바로 뉴

---

7 유엔과 뉴에이지-앨리스 베일리의 Lucis Trust. blog.daum.net/thisage/287.

에이지의 시대가 온 것이다. 유엔은 지금 저들의 목적을 이루기 위해서 도구로 사용되고 있다. 프리메이슨과 NWO와 뉴에이지와 유엔과의 관련성은 안토니 서튼 박사를 비롯한 여러 학자들이 증언하고 있다.[8]

2. 종교통합

유엔 안에는 40여 개의 NGO 종교기구들이 있는데 각각 세계 평화를 위해, 전 세계의 가난 퇴치를 위해, 여성해방을 위해, 지구환경을 지키기 위해, 종교 간의 분쟁을 종식시키기 위해 … 라는 명분을 주장한다. 하지만 진짜 목적은 모든 종교의 통합이다.[9] 통일교 교주 문선명씨의 아들 문현진씨도 UPF(Universal Peace Federation 천주평화연합)의 의장을 맡아 활동하고 있다.[10]

이런 목적을 성취하는 데 가장 큰 걸림돌은 물론 기독교다. URI(United Religions Initiative 세계종교연합선도기구) 회장이자 미국 성공회 주교인 윌리엄 스윙William Swing은 기독교를 겨냥하며 이렇게 말한다.

> 유엔의 종교연합기구의 존재에 대해서 반대하는 사람들이 있을 것이다. 가장 비타협적인 유일한 저항세력은 기독교 근본주의자들이 될 것이다.[11]

---

8   The United Nations and the New Age. blog.daum.net/thisage/288.
    Freemasons and the New Age. http://blog.daum.net/thisage/289.
    Lucis Trust, the Spiritual Foundation of the United Nations. blog.daum.net/thisage/290.
    The United Nations and the New Age. blog.daum.net/thisage/291.
9   유엔은 단일 종교의 형성을 지원한다. blog.daum.net/thisage/285.
10 Interspirit Database of Interfaith Organizations. blog.daum.net/thisage/292.
11 Bishop Swing Rewrites Christianity and History. blog.daum.net/thisage/293.

유엔의 부 사무총장을 지낸 로버트 뮬러Robert Muller도 기독교를 겨냥해서 이렇게 말한다.

> 그러한 근본주의자들은 '완고한 믿음의 체계'에 집착하고 '전 세계에 갈등의 불을 붙이는' 자들이다. 오직 이 유성의 건강과 지구의 숭고함에만 충성을 다짐하는 종교연합기구를 통해서 기독교 근본주의자들을 무력화시키지 않는 한 세계평화는 불가능할 것이다.[12]

뮬러에 의하면, 오직 예수 그리스도 안에만 구원이 있고 다른 신이나 종교에는 구원이 없다고 믿어서 종교통합에 참여하지 않겠다고 저항하는 그리스도인들은, 세계평화를 저해하는 종교차별의 범죄행위를 저지르는 것이다. 그러므로 그런 자들은 강제로 진압되어야 한다는 말이다.

2000년 8월 28일부터 31일 사이에 역사상 최초로 다양한 전통과 종파의 종교 및 정신지도자 1,300여 명이 참석한 가운데 유엔 본부에서 '밀레니엄 종교 및 영성 세계평화회의'가 열렸다. 코피아난 유엔 사무총장과 함께, 한국 측에서는 기독교 대표로 강원용 목사와 불교 대표로 고은 시인 등이 참석했고, 미국 측에서는 종교통합주의자 빌리 그래함 목사의 딸 앤 그래함 등이 기독교 대표로 참석했다. 명상 뇌교육자이자 단월드 창시자인 이승헌씨는 가장 존경받는 50인의 영적지도자의 한 사람으로 추대되어 아시아의 영성지도자를 대표해서 이런 '평화의 기도'를 올렸다.

> 나는 이 평화의 기도를 기독교의 신에게 드리는 것도 아니요 불교의 신에게 드리는 것도 아니며 회교의 신에게 드리는 것도 아니며 유대교의 신에게 드리는 것도 아니라 모든 인류의 신에게 드립니다. 우리가 기원하는 평화는 기독교인만의 평화나 불교인만의 평화나 이슬람교인만의

---

12 The New Religious Order. blog.daum.net/thisage/294.

평화나 유대교인만의 평화가 아니라 우리 모두를 위한 인류의 평화이기 때문입니다….

3. 프리메이슨의 WCC

WCC(World Council of Churches 세계교회협의회)는 기독교의 에큐메니칼 운동을 목적으로 1948년 결성되어 유엔 안에 연락사무실을 두고 있다. WCC의 초대 총장들을 보면, 데이비드 록펠러의 후원으로 성장한 존 모트 John Mott, 미국 감리교 소속의 브롬리 옥스남Bromley Oxnam, 영국 성공회 소속의 지오프리 피셔Geoffrey Fisher 등이 모두 프리메이슨이다. 피셔에 대해서는 프리메이슨의 공식 간행물인 「프리메이슨리 투데이 *Freemasonry Today*」에서도 자세히 소개되었다.

> 1945년에 피셔는 켄터베리 대주교로 임명되었다. 그리고 1953년 영국 여왕 퀸 엘리자베드 2세에 의하여 계관되었다. 그는 개혁 이후 로마의 교황을 공식 방문한 영국 성공회의 수장이다. 그는 열정적인 프리메이슨이며 그랜드 랏지의 단원으로서 크래프트의 가르침을 형성하려고 노력했고 1946년부터 1954년까지 WCC의 총장으로서 그의 역량을 최대한 발휘했다.[13]

1991년 호주 캔버라에서 열렸던 총회는 WCC의 성격을 잘 보여준다. 15개 종교지도자 500여명이 참석한 대회에서 뉴욕 유니온신학대학원의 정현경 교수가 '성령이여 오소서Come Holy Spirit'라는 주제로 기조연설을 했다. 소복 차림의 정현경 씨는 초혼식으로 연설을 시작했다.

---

13 Freemasonry Today: Article about Geoffrey Fisher. blog.daum.net/thisage/295.

광주와 천안문에서 죽은 영들, 십자군 전쟁에서 죽은 영들, 체르노빌에서 죽은 영들, 매일 살해되는 아마존 숲의 영들, 걸프전에서 죽은 군인과 민간인의 영들, 땅과 공중과 물의 영들, 십자가에서 고문당하고 살해당한 우리의 형제 예수의 영, 헤롯왕에 의해 살해된 아기의 영들 …

그녀는 저들의 이름을 부르고 "오소서" 하며 초청한 후 이름이 적힌 종이에 불을 붙이고 재를 천장에 뿌렸다. 그녀는 분노, 비통, 분개, 슬픔, 억울함, 상심 등의 한 恨의 영들, 안식하지 못하고 떠돌아다니는 영들이 바로 '우리가 촉지하며 감지할 수 있는 성령의 실제icon'라고 말했다.[14]

하지만 성경은 성령이 '억울하게 죽어 한을 품고 안식하지 못하며 떠돌아다니는 영'이 아니라 '예수님이 그리스도라는 진리를 증거해주시는 하나님의 영'이라고 분명히 말씀한다. WCC의 명칭은 세계교회협의회지만 실제로는 모든 종교들을 '하나의 영' 안에서 통합하려는 프리메이슨과 뉴에이지의 반기독교 단체다.

---

14 정현경 교수의 기조연설, WCC 종교다원주의의 극치. blog.daum.net/thisage/296.

제11장

짐승의 출현에 대한 성경 예언

하나님은 앞으로 일어날 중요한 사건들에 대해 선지자들에게 보여 주시며 성경에 기록케 하셨다. 예언들은 특히 이스라엘과 주변국가와 인물들에 대한 것인데 예외없이 모두 완벽하게 성취되었다. 이제 우리는 성경의 마지막 책인 요한계시록에 기록된 마지막 시대의 일들이 성취될 것만을 기다리고 있다. 앞으로 성취될 사건들 중에서 가장 중요한 일은 물론 예수님의 재림과 지구의 종말이다.

그런데 이 마지막 사건들이 있기 전에 하나님은 굉장한 세력의 적 그리스도가 나타날 것을 계시하셨다. 요한계시록 13장은 그 세력을 '짐승'이라고 표현한다.

내가 보니 바다에서 한 짐승이 나오는데 뿔이 열이요 머리가 일곱이라 그 뿔에는 열 면류관이 있고 그 머리들에는 능력과 보좌와 큰 권세를 그에게 주었더라 그의 머리 하나가 상하여 죽게 되었던 상처가 나으매 온 땅이 이상히 여겨 짐승을 따르고 용이 짐승에게 권세를 주므로 용에게 경배하며 짐승에게 경배하여 가로되 누가 이 짐승과 같으뇨 누가 감히 이로 더불어 싸우리요 하더라 또 짐승이 큰 말과 참람된 말 하는 입을 받고 또 마흔 두 달 일할 권세를 받으니라 짐승이 입을 벌려 하나님을 훼방하되 그의 이름과 그의 장막

곧 하늘에 거하는 자들을 훼방하더라 또 권세를 받아 성도들과 싸
워 이기게 되고 각 족속과 백성과 방언과 나라를 다스리는 권세를
받으니 죽임을 당한 어린 양의 생명책에 창세 이후로 녹명되지 못
하고 이 땅에 사는 자들은 다 짐승에게 경배하리라 누구든지 귀가
있거든 들을지어다 사로잡는 자는 사로잡힐 것이요 칼로 죽이는 자
는 자기도 마땅히 칼에 죽이리니 성도들의 인내와 믿음이 여기 있
느니라(계 13:1-10).

사도 요한보다 500년 전에 살았던 다니엘도 네 짐승들(바벨론, 페르시아, 그리스, 로마를 상징)의 출현과 마지막 시대에 나타날 어떤 '왕'에 대한 환상을 보았다.

> 바벨론왕 벨사살 원년에 다니엘이 … 이상을 보았는데 하늘의 네
> 바람이 큰 바다로 몰려 불더니 큰 짐승 넷이 바다에서 나왔는데 그
> 모양이 각각 다르더라 … 이 네 나라 마지막 때에 반역자들이 가
> 득할 즈음에 한 왕이 일어나리니 그 얼굴은 뻔뻔하며 속임수에 능
> 하며 그 권세가 강할 것이나 자기의 힘으로 말미암은 것이 아니며
> 그가 장차 놀랍게 파괴 행위를 하고 자의로 행하여 형통하며 강한
> 자들과 거룩한 백성을 멸하리라 그가 꾀를 베풀어 제 손으로 속임
> 수를 행하고 마음에 스스로 큰 체하며 또 평화로운 때에 많은 무리
> 를 멸하며 또 스스로 서서 만왕의 왕을 대적할 것이나 그가 사람의
> 손으로 말미암지 아니하고 깨지리라
>
> (단 7:1-3, 8:23-25).

요한과 다니엘이 보았던 '짐승'과 '왕'의 정체는 마지막 시대에 나타날 적그리스도로서 국가 또는 개인일 수 있다. 적그리스도에 대해서는 성경의 여러 곳에서 언급하고 있는데 종합해 보면 그는 역사상 가

장 강력한 국가 또는 지도자의 모습을 하고 있다. 어떤 국가나 어떤 왕보다 강력해 대적할 자가 없고, 온 세상을 통합해 다스리고, 거짓말과 속임수에 능통하고, 자신을 신격화해 모두에게 경배를 받고, 사탄에게 권세를 받아 능력을 행사하고, 하나님을 대적해 모독하고, 성도를 대적해 핍박하고, 사탄을 숭배하게 할 그 존재는 과연 누구일까?

1. 세계정부 세력이다

인류의 마지막 때 나타날 짐승 또는 적그리스도에 대해 개혁주의 신학자 윌리암 헨드릭슨William Hendriksen은 저서 『정복자 그 이상More than Conquerer』에서 다음과 같이 주장한다.

> 바다에서 나온 짐승은 인류의 모든 역사를 통해 존재하던 세상의 모든 국가들과 정부들 안에 구현된 사탄의 박해하는 능력을 상징한다 … 형태는 달라도 본질은 동일하다. 즉 교회를 대적하는 세계정부다.

달라스신학교의 총장이었던 존 월부드John Walvoord도 『요한계시록』에서 같은 맥락으로 주장한다.

> 전체적으로 볼 때 요한계시록 13장의 첫 열 구절은 장래의 세계정부를 예언한다. 하나님의 관점에서 볼 때 이 세계정부는 고대 로마제국의 연장이 될 것이다. 이 정부는 사탄에 의해 능력을 받을 것이고, 그 목적은 전 세계가 사탄과 그가 세운 인간 대표인 세계 독재자를 예배하도록 만드는 것이 될 것이다 … 그 날에는 그리스도를 믿는 참된 신자들이 이 세상 종교로부터 분리될 것이며, 이 세

상 종교의 무시무시한 박해의 표적이 될 것이다.

적그리스도의 짐승이 NWO의 세계정부라는 주장은 이외에도 많다.[1] 성경 구절에 대한 이들의 해석은 다음과 같다.

1) 일곱 머리와 열 면류관을 쓴 열 뿔의 제국

요한계시록 13장은 이 짐승이 일곱 머리를 갖고 있다고 묘사하는데 이것은 다니엘 7장에 나오는 바벨론, 페르시아, 그리스, 로마 등 대제국의 복합체 세력이라는 것을 의미한다. 특히 열 뿔 위에 면류관이 있는 것을 볼 때 매우 강력한 왕권을 갖고 있음을 알 수 있다.

열 뿔달린 짐승은 마지막 때에 나타날 세계적인 정치적 권세로서, 신성 로마 제국에 속했던 나라들이 연합해 탄생한 유럽연합이라는 주장이 제기되어 왔다. 그러나 이젠 그보다 더 큰 세력인 NWO의 세계정부라는 주장이 더 유력하게 제기된다.

2) 용의 권세로 각 족속과 백성과 방언과 나라를 지배

짐승은 용(사탄)으로부터 권세를 받고 각 족속과 백성과 방언과 나라를 다스리는 권세를 갖는다. 그것은 모든 민족과 국가들을 통합한 세계 제국을 의미한다.

---

[1] What Does The Bible Say About The New World Order? blog.daum.net/thisage/301.
A Mysterious Prophecy in Revelation. blog.daum.net/thisage/302.
Bible Prophecies One World Government in End Times. blog.daum.net/thisage/303.
The Book of Revelation - The New World Order in Prophecy. blog.daum.net/thisage/304.
누가 적그리스도가 될 것인가? http://blog.daum.net/thisage/305.

3) 큰 말, 참람한 말, 하나님을 훼방하는 말

세계정부의 세력은 루시퍼를 숭배하는 프리메이슨과 예수님을 대적하는 유대교인들이 그 주축을 이룬다. 그들은 하나님을 대적할 뿐만 아니라 깨달음으로 인간 스스로 신이 될 수 있다는 사탄의 참람한 사상을 가르친다.

4) 거짓과 속임수에 능통

다니엘은 그가 "얼굴은 뻔뻔하며 속임수에 능하며 그 권세가 강할 것"이라고 예언했다. 세계정부의 세력은 프리메이슨, 일루미나티, 예수회, 유대교 등의 비밀조직들로 구성된다. 그들은 자신의 정체를 비밀로 하고 거짓 모습으로 세상을 속이는데 명수다. 거짓과 속임수는 그들의 교리와 회칙이며, 조직에 대한 진실의 폭로는 곧 죽음을 의미한다. 사무엘 모스는 예수회에 대해 이렇게 고발한다.

> 예수회는 가톨릭교회의 조직으로서 교활한 이중성과 도덕적 원칙의 완전한 상실로 세계적으로 유명하다. 이 조직은 기만술을 예술로 승화시켜 심지어 가톨릭 국가들이나 이탈리아 본국에서도 이들을 감당할 수 없어서 탄압하고 추방해야 했다.

유대교의 탈무드도 철저한 비밀유지를 위해 거짓말을 가르친다.

> 만약 우리의 종교가 그들에 대해 뭘 가르치는가를 비유대인들이 알게된다면 그들은 망설임없이 유대인을 몰살시킬 것이다. 우리의 책에 그들에 대해 좋지 않은 내용이 들어있지 않은가라고 묻는 비유대인들에게 유대인은 반드시 거짓말을 해서 그렇지 않다

고 대답해야 한다.

5) 성도들과 싸워 이김

앞장에서 반복 언급했듯이 세계정부주의자들의 비밀조직은 철저하게 반기독교적이다. 기독교의 멸절을 목적으로 하는 그들은 기독교에 다른 것을 섞는 혼합주의를 통해서 목적을 달성하려하고 있다. 다음 장에서 자세하게 살펴보겠지만 수많은 그리스도인들이 세계정부주의자들의 혼합종교에 미혹되어 배도하고 있다. 저들이 성도들을 이긴 것이다.

6) 많은 지지와 동의로 출현

이 짐승은 바다에서 올라온다. 성경에서 바다는 변화무쌍하고 요동하는 세계 열국을 표현한다. 선지자 이사야는 "많은 민족이 소동하였으되 바다 파도의 뛰노는 소리"(사 17:12) 같다고 했고, 사도 요한은 "음녀의 앉은 물은 백성과 무리와 열국과 방언들이니라"(계 17:15)고 했다. 그러므로 바다에서 올라온 짐승은 많은 사람들이 살고 있는 지역에서 많은 사람들의 지지를 받으며 일어나는 실체가 될 것이다.

세계정부의 출현도 인류의 원함으로 이루어지게 될 것이다. 예수님은 인류의 마지막 때에 "민족이 민족을 나라가 나라를 대적하여" 전쟁이 일어날 것을 예언하셨다. 예언대로 민족 간의 전쟁이 계속되면서 인류는 스스로 강력하게 통제받는 단일체제의 국가를 원하게 될 것이다.

세계적 인사들이 세계정부의 필요성에 대해 역설한 것을 앞서 제6장에서 소개했는데 여기서 조금 더 보충해 언급한다. 다음은 '생명의

말씀 선교회'의 글을 요약한 것이다.[2]

독일에서 미국으로 이주한 유대인이자 위대한 물리학자인 알버트 아인슈타인은 원자탄을 만들어 히로시마에 투하함으로써 제2차 세계대전을 종식시켰으나, 장차 이 무서운 위력을 가진 핵무기가 온 세상을 파멸시킬 수도 있다는 것을 경고했다. 그는 다가올 핵전쟁의 위협에서 전 세계를 구원하고 국가 간의 평화를 유지하기 위해서는 초국가적인 행정체계, 즉 세계정부가 세워져야 한다고 강조했다.

아인슈타인이 세계정부를 지지한다는 기사가 실린 신문

이후 많은 인사들이 세계연방의 필요성을 제창하게 되고 세계대전과 원자탄의 파괴력으로 큰 충격을 받은 인류는 동의하게 되었다. 1945년 유엔이 세워지고 1958년에는 유럽 경제공동체로 시작해 세계연방정부를 세우기 위한 운동을 구체적이고 조직적으로 진행시켜 왔다.

1946년 세계연방주의자 단체에 의한 회합이 있고 1947년 스위스 몬트루에서 '세계연방정부를 위한 세계운동World Movement for World Federal Government'이 결성되었다. 이 결성 대회에는 14개국 대표들이 참석했고 이후로 세계연방의 수립을 위한 허다한 세계대회가 열렸다.

---

2 세계정부의 필요성에 대한 여론. blog.daum.net/thisage/306.

1975년 11월 16일자 한국일보는 "세계정부 수립 안되면 21세기 전에 핵전쟁"이라는 제하의 기사를 실었다. 모든 국가들이 그들의 주권을 포기하고 전제적인 단일 세계정부 수립에 동의하지 않는다면 서기 2천 년 이전에 핵전쟁이 일어날 것이라는 하버드대학교의 원자 전문가들의 경고가 실려 있다.

1976년 1월 8일 중앙일보는 "25년 안에 세계정부 수립"이란 제목의 기사를 실었다. 세계 8개 지역의 사회과학자들이 보다 나은 세계를 이룩하기 위해 구성한 '세계질서연구소'의 소장이며 러트커즈대학의 국제법 교수인 사울 멘들로비츠의 예언이 다음과 같이 실려 있다.

> 서기 2천 년까지 세계정부가 수립될 것이라는 데 대해서는 더 이상 이론의 여지가 없다. 내가 보기에는 금세기 말에 탄생될 세계정부의 형태는 무기경쟁으로 인한 위기, 폭력사태의 발생, 식량과 인구 및 환경 불균형 등 피치 못할 요인에 의해 고도로 탄압적인 소수 독재정부가 될 것이다. 세계사회의 세부 내용은 완전 보편화된 무장해제, 효율적인 평화유지, 제3 당사자에 의한 정치분쟁의 해결, 세계환경보호를 위한 기준 등이 될 것이다.

세계적인 석학 아놀드 토인비는 저서 『인간 스스로의 선택』에서 "전쟁은 5천 년간 인간사회가 전쟁수행에 소요되는 경제 잉여물을 처음으로 생산해 낸 이래 고질적인 문명병이 되어왔다. 하나의 제도가 되다시피 한 전쟁은 오직 세계정부로만 대체될 수 있다"고 했다.

토인비 박사는 1956년의 강연에서 "세계는 앞으로 일정한 세월이 지나면 지방적인 특이성을 그대로 보유하는 공통된 문명을 가지게 될 것이다"고 단언하면서 "세계인민들은 드디어 지방시민권과 아울러 세계시민권을 공유하게 될 것이며 전자가 후자에게 소속될 것인데, 이것은 마치 연방과 주의 관계와 흡사할 것이다"라고 언급했다.

즉 세계정부는 50개 주의 연방체로 구성된 미합중국의 모습과 흡사할 것이다. 현존하는 모든 국가를 결합시켜 세계연방이 달성되면 각 국가는 세계연방의 한 주가 된다. 그렇다면 우리는 세계연방국의 한 국주 시민이 되는 것이다.

1984년 6월 25일 중앙일보는 미국의 정보잡지EIR의 워싱턴 지국장 리처드 코헌의 보고서를 소개하는데, 이 보고서는 유럽의 로스차일드 그룹과 미국의 록펠러 그룹, 비밀종교 결사조직인 프리메이슨 등이 세계단일정부의 수립을 위해 키신저를 앞세워 백악관을 장악하려 하고 있다고 주장했다.

1979년부터 세계 각국의 대표적 일간지들은 "세계는 하나다"라는 기치아래 국가 간의 이해와 협력을 증진하고 나라마다 다를 수도 있는 견해들을 수렴하는 노력을 계속해왔다.

종교계에서는 전 세계 40여 종교가 한 자리에 모이는 사상 최초의 '세계종교 대표자 평화 기도회'가 1986년 10월 27일 이탈리아 중부의 가톨릭 성지 앗시시에서 개막되었다. 로마교황청 주최로 기독교, 불교, 유대교, 이슬람교, 힌두교뿐만 아니라 5대륙의 원시종교에 이르기까지 40여 종교의 200여 명의 대표자들이 참석해서 세계평화 기도회를 가졌다. 국가와 종파를 초월한 이 대규모의 평화 축제는 세계정부를 위한 계획의 일환이 분명하다. '하나의 세계'를 만들자는 이러한 운동은 '인류가 직면한 한계상황'들과 맞물려 국제적인 공동대처가 필요하다는 공감대가 더욱 커지고 있다.

2. 로마교황청이다

요한계시록에 언급된 짐승이 로마교황청이라는 해석은 신학자들 간에 계속 주장되어 왔다.[3] 찰스 스펄전 목사는 "로마가톨릭교회가 아니라면 적그리스도라고 불릴 만한 것이 이 세상에 아무 것도 없다"고 말했고, 존 칼빈은 "다니엘과 바울은 하나님의 성전에 적그리스도가 앉으리라고 예언했다. 우리가 보기에 저 사악하고 가증스런 왕국의 수령과 기수는 로마교황이다"고 말했다. 요한계시록에 의한 근거는 다음과 같다.

1) 용이 주는 권세

다니엘의 예언에 나타나는 4개 제국은 바벨론, 페르샤, 헬라, 로마다. 로마가 몰락하면서 그 뒤를 잇는 세력이 바로 중세기를 지배했던 로마교황이다. AD 538년 저스티니안 황제는 로마교회의 감독인 유세비우스를 온 세계의 교회의 머리로 임명했다. 성경은 기독교를 극심하게 핍박할 로마를 바벨론과 용으로 비유한다. 용인 로마가 권세를 주었다면 그 짐승은 분명히 로마교황이다.

2) 교회 국가

대부분의 사람들은 로마교황청이 하나의 종교기관이라고 생각하지만 실제로는 그렇지 않다. 교황청은 강력한 중앙집권적 제도를 가진

---

3 짐승 위에 탄 여자, 로마교황. blog.daum.net/thisage/307.
요한계시록의 짐승은 로마교황. blog.daum.net/thisage/308.
적그리스도 교황 프란치스코의 미국 방문. blog.daum.net/thisage/309.
로마교황, 그가 적그리스도가 아닐 수 없다. blog.daum.net/thisage/310.
사진으로 확인하는 적그리스도 로마교황. blog.daum.net/thisage/311.

도시 국가이며 정치 세력이다. 그것은 국제적으로 인정받는 독립된 나라로서 현재 전 세계 150여 국가와 대사를 교환하고 있다. 이 세상에서 교회 자체가 국가로 군림하는 것은 로마교황청이 유일하다.『다니엘』의 저자 데스몬드 포드는 이렇게 말한다.

> 다른 나라들은 자국의 영토 내에 있는 백성들만 다스렸지만 로마 교황은 영토와 민족에 관계없이 각 족속과 방언과 나라를 다스렸던 범세계적 국가다. 다른 왕국들은 사람의 몸을 다스렸으나 교황은 사람의 영혼까지 다스렸다는 점에서 크게 다르다.

3) 하나님을 훼방하는 참람한 말

성경은 적그리스도에 대해서 "저는 대적하는 자라 범사에 일컫는 하나님이라 숭배함을 받는자 위에 뛰어나 자존하여 하나님 성전에 앉아 자기를 보여 하나님이라 하느니라"(살후 2:4)고 말씀한다. 여기서 적그리스도의 '적'은 '대적하는' 뿐만 아니라 '대신하는'을 의미하기도 한다. 스스로 그리스도를 대신하는 자라는 의미다. 그런데 가톨릭이 교황에 대해서 바로 그렇게 말하고 있다.

> 교황은 너무 존엄하고 높기 때문에 단지 인간이 아니라 하나님과 같은 존재로서 하나님의 대리자이다. —*Catholic Encyclopedia*, Pope Leo XIII

> 교황은 하늘의 왕, 지상의 왕, 연옥의 왕으로서 삼층 면류관을 쓴다. —Lucius Ferraris, *Prompta Bibliotheca*, 1763

> 교황은 너무나 위엄이 있고 지고하기 때문에 그는 단순한 사람이

아니라, 하나님인 동시에 하나님의 대리자이시다. 교황은 지상의
하나님이시며, 왕중의 왕이시고, 최고의 권세를 가지고 계시다.
—Lucius Ferraris, *Prompta Bibliotheca*

교황은 단지 예수 그리스도의 대리자일 뿐만 아니라 육신의 베일
속에 감추어진 예수 그리스도 자신이다. —*The Catholic National*, 1895년
7월호

성경에서 교회의 머리되시는 그리스도를 지칭하는 모든 명칭들과
그분의 최상권에 관한 모든 내용은 모두 다 교황에게도 적용된다.
—Robert Bellarmin, *Authority of Councils*

교황만이 가장 거룩하다고 불릴 수 있으며 … 거룩한 군주, 지고한
황제, 그리고 왕중 왕이라고 불릴 수 있다. 교황은 그토록 큰 위엄
과 능력을 가지고 있기 때문에 그리스도와 하나가 되어 동일한 심
판을 구성할 수 있다. 그래서 교황이 행한 바는 무엇이든지 하나님
의 입으로부터 말해진 것처럼 여김을 받는다. 만일 천사들이라도
신앙을 거부한다면, 그들을 심판하고 파문에 처할 수 있다. —Lucius
Ferraris, *Ecclesiastical Dictionary*

우리(교황)들은 이 땅에서 전능하신 하나님의 자리를 차지하고 있
다. —Encyclical Letter, Pope Leo XIII, 1894년

교황권에 대한 이런 참람한 교리가 지금은 사라졌을까?
1985년 6월 오타비아니 추기경은 요한 바오로 2세의 대관식 때 그의
머리에 삼층관을 얹으면서 이런 기도를 했다.

세 관으로 꾸며진 이 삼층관을 받으소서. 당신은 군주들과 제왕들의 아버지이며, 세계의 주교요, 구세주 예수 그리스도의 지상 대리자임을 생각하소서. 주의 명예와 영광이 영원하실지어다.

성경은 오직 하나님만 인간의 죄를 사해줄 권한이 있다고 명시하는데, 저들은 교황권 자신도 죄를 용서할 권한이 있다고 주장한다. 심지어는 하나님보다 우위에 있기도 하다.

> 하느님 자신도 신부들이 용서해주거나 용서하기를 거절하는 판단에 따라서 행하시며, 신부들의 선언이 선제한 후에야 하느님께서 그것에 의해 판단하신다. —St. Alphonsus Liguori, *The Dignity and Duties of the Priest*

> 용서는 하느님께로부터 직접 임하는 것이 아니다. 그러므로 자주 신부들에게 죄를 고백해야만 하는 것이다. —*Dictatus of Pope John Paul II*, 1984년 12월 11일

4) 법의 변개

요한은 "짐승이 입을 벌려 하나님을 향하여 훼방하되"(계 13:6)라고 기록했지만 다니엘은 그것을 좀더 자세하게 묘사해서 그가 "때와 법을 변개코자 할 것"(단 7:25)이라고 기록했다. 성경은 하나님의 말씀에 하나라도 더하거나 빼면 저주가 있을 것이라고 엄중하게 경고한다. 그러나 교황권은 자신에게 하나님의 법을 변경할 수 있는 권한이 있다고 주장한다.

> 베드로와 그의 후계자(교황)들은 교훈이나 금지에 관한 율법을 부

가할 수 있는 권세를 가졌음과 아울러, 이러한 율법들로부터 면제해주는 권세도 있고, 필요하다면 폐지시키는 권세도 있다 … 이러한 사법상의 권한은 심지어 죄까지라도 용서할 수 있는 권세를 포함한다. −*The Catholic Encyclopedia, vol. XII*, 265, col. 2

적그리스도인 '불법의 사람 곧 멸망의 아들'이 있는데, … 그는 하나님의 법을 변경하였으며, 하나님의 계명 위에 자신이 만든 계명을 높였다 … 우리는 여기서 교황권이 진짜 적그리스도의 권좌에 앉아 있다는 사실을 확신하는 바이다. −Martin Luther, *The Prophetic Faith of Our Fathers, vol. 2*, P.291, 256

교황은 그의 권세가 사람에게서가 아니라 하나님에게서 온 것이기 때문에 하나님의 율법을 수정할 수 있고 땅 위의 대리자로서 그는 그의 양들을 매고 푸는 가장 큰 권세를 갖고 행동한다. −Desmond Ford, *Daniel*

이런 교리를 따라서, 또 다니엘이 적그리스도에 대해 했던 예언대로, 교황권은 하나님이 주신 십계명을 변개시켰다. 가톨릭의 교리문답과 교리책에서 십계명의 두 번째 내용인 "우상을 만들거나 섬기지 말라"를 삭제하고 대신 열 번째 계명을 둘로 나누어 십계명의 형태를 유지시켰다.

8세기에 이르러서는 거의 모든 가톨릭교회들이 각종 성상들로 가득 차게 되고 이것들에 입맞추고 기도하며 분향하고 절하는 일이 극에 달하게 되었다. 회교도들로부터는 우상숭배자라고 조롱받는 지경에까지 이르렀다. 하나님의 법을 변개하면서까지 우상을 숭배해야 했던 이유는 종교세력의 확장을 위해서였음을 알 수 있다.

교회의 감독들은 이전에 희랍과 로마의 이방종교를 믿던 사람들이 자신의 신들에게 존경과 신앙심을 표현하기 위해서 마련하였던 종교 의식들과 제도들을 조금씩 고쳐서 그리스도 교회 안으로 끌어 들였다. 이렇게 함으로써 새로 개종한 이교도들은 자신들의 조상 때부터 전래되어 온 의식들이 그대로 존재하는 것처럼 느끼게 되고, 그리스도와 순교자들도 자신들이 섬기던 신들과 같은 방법으로 숭배되는 것으로 생각하게 될 것이며, 그 결과 수많은 이교도들이 좀더 쉽게 그리스도교를 받아들일 수 있을 것이라고 교회 지도자들은 생각했다 … 이교도였던 콘스탄틴 황제가 그리스도 교회로 개종하자마자 곳곳에 굉장한 성전들이 즐비하게 서게 되었다. 성전마다 여러가지 그림들과 조각된 우상들로 단장함으로써 외관상으로나 내면적으로나 이교도들의 신전과 흡사한 것이 되었다.
—Von Mosheim, *Ecclesiastical History, vol 1*, P. 369

5) 성도들의 핍박

중세 암흑기 동안 로마가톨릭은 바벨론에서 탄생한 로마교의 가르침을 뒤섞어 넣으며 그것을 인정하지 않는 그리스도인들을 '하느님'의 이름으로 살해했다. 무수한 그리스도인들이 종교재판을 통해 이단이라고 판결받고 가장 잔인한 방법으로 고문받아 죽어간 이야기는 잘 알려진 사실이다.

자신이 양심적으로 믿는 신앙 때문에, 로마교회가 강요하는 가르침과 우상숭배를 받아들이지 않고 하나님의 말씀에 근거하여 성서를 높이 쳐들고 죄를 대항해 피로써 항거한 5천만 명의 그리스도인 남녀가 로마교황권에 의해 살상되었다. —J.M. Carroll, *The Trail of Blood*

로마교회는 일찌기 인간 가운데 존재했었던 어떤 제도보다도 더 많은 무죄한 사람들의 피를 흘리게 했다. 역사에 대한 온전한 지식을 가진 사람이라면 이 사실에 의문의 여지가 없을 것이다. —William Lecky, *History of the Rise and Influence of the Spirit of Rationalism in Europe, Vol 2* p.35, 37

6) 1260년 동안의 권세

서기 538년 저스티니안 황제는 로마교황권에게 강력한 권세를 준다는 조서를 반포함으로써 교황권이 교회의 머리로서 모든 성도들을 장악할 수 있는 권한을 공인해주었다.

다니엘과 요한계시록은 짐승이 권세를 누리는 기간을 '한 때와 두 때와 반 때' 또는 '마흔 두달'이라고 말한다. 성경의 표현대로 하루를 일년으로 계산한다면 이것은 1260년의 기간이 된다.

> 538년 로마교회의 감독은 세상 모든 교회들의 머리가 되어 이단자들을 처벌하는 자가 되었다. 그 해에 1260년간의 교황의 통치가 시작되었다. — J.A. Wylie, *History of the Reformation*

그 후 오랜 세월이 지나 교황권은 르네상스와 종교개혁운동을 만나게 되고 1789년 프랑스 혁명의 여파를 통해 결정적인 타격을 입는다. 1798년 프랑스 혁명정부의 명령을 받은 버티어 장군이 군대를 이끌고 로마교황청으로 쳐들어가서 교황 피우스 6세를 그의 권좌로부터 끌어내리는 사건이 일어났다.

1798년 교황이 잡혀간 사건은 계시록의 짐승이 "죽게 되었던 상처"를 받은 것으로 해석된다. 그것은 538년부터 시작된 1260년의 운명의 기간이 끝나는 해였다. 결국 1806년 신성 로마 제국이 망함으로써 로마교황권은 역사에서 사라져갔다.

7) 죽을 상처에서 회복

교황권은 1798년에 죽게 되는 상처를 입었다. 그런데 사도 요한은 그 짐승이 죽게 되었다가 다시 살아났다고 말한다.

> 그의 머리 하나가 상하여 죽게 된 것 같더니 그 죽게 되었던 상처가 나으매 온 땅이 놀랍게 여겨 짐승을 따르고(계 13:3).

1929년 이탈리아의 무솔리니가 바티칸에 180에이커의 땅을 내어주며 로마교황청을 독립된 국가로 인정하는 일이 일어났다. 같은 해 2월 12일자 「샌프란시스코 크로니클」은 요한계시록의 말씀을 인용해서 "교황의 죽었던 상처가 치료되다"라는 제목으로 톱기사를 전면 게재했다.

오늘날 교황권은 온 세계를 누비고 있다. 교황권이 잃어버렸던 정치적 세력을 다시 얻어 세계를 지배하는 권위를 회복하는 데는 미국이 크게 일조했다. 미국은 강력한 반 교황권 사상을 갖고 있었기 때문에 이런 일이 있으리라고는 아무도 상상하지 못했었다. 1979년 9월 18일자 「워싱톤 스타」는 교황의 첫 번째 미국 방문에 대해 다음과 같은 기사를 게재했다.

> … 과거에는 교황이 미국을 방문한다는 것을 상상만 해도 벼락을 맞을 일이었다. 그러나 … 이제 역사상 최초의 폴란드인 교황 요한 바오로 2세가 그의 놀라운 선거를 치룬지 1년 만에 온 세계의 하늘에 빛나는 별로서 만 7일간을 우리와 함께 지내겠다는 약속아래 미국에 오게 되었다. 정치가들은 앞다투어 그를 맞을 준비를 하고 있

다. 여섯 개 도시의 시장들은 그들의 도시 업무를 실제적으로 중단하고 교황을 맞이할 행사를 열렬하게 준비했다.

개신교의 종교통합 지도자인 빌리 그래함 목사도 교황의 미국 방문을 크게 환영하면서 1979년 9월 27일자 「종교 뉴스」에 다음과 같은 글을 발표했다.

> 교황 요한 바오로 2세의 미국 방문은 로마가톨릭교회뿐만 아니라 세계는 물론이요 온 미국 사람들에게 참으로 의미깊은 사건이다 … 그가 교황이 된 기간은 짧으나 현 시점에 요한 바오로 2세는 세계의 영적 지도자가 되었다. 그가 여행하는 동안 나의 기도와 헤아릴 수 없이 많은 개신교도들의 기도가 그를 위하여 드려질 것이다.

2005년 4월 8일에 있었던 요한 바오로 2세의 장례식에는 온 세계의 왕들과 대통령들이 모여와서 로마가톨릭교회의 미사의 떡을 받아 먹으며 깊은 존경을 표했다. "죽게된 상처"가 나으며 과거 중세기에 있었던 교황의 세력이 살아난 것이다.

8) 자주 빛과 붉은 빛 옷, 보석과 금잔

성경은 음녀의 모습을 구체적으로 설명한다.

> 그 여자(음녀)는 자주 빛과 붉은 빛 옷을 입고 금과 보석과 진주로 꾸미고 손에 금잔을 가졌는데 가증한 물건과 그의 음행의 더러운 것들이 가득하더라(계 17:4).

자주 빛과 붉은 빛은 바티칸의 공식 색상으로 추기경 등의 고위 성직자들이 입는 옷 색깔이기도 하다. 금과 보석과 진주는 로마교황의 부와 사치를 가리킨다. 교황 비오 12세가 썼던 '티아라 Tiara'라고 하는 삼중관은 11개의 사파이어, 19개의 에메랄드, 32개의 루비, 252개의 진주, 529개의 다이아몬드로 장식되어 있다. 교황 요한 바오로 2세가 미사에서 사용했던 금잔에는 500개의 다이아몬드가 박혀있다.[4]

바티칸이 보유하고 있는 보석은 헤아릴 수 없고 값도 측정불가라고 한다. 시스티나 성당의 교황 제의실에는 진귀한 보석이 박힌 교황의 삼중관부터 교황이 미사를 집전할 때 쓰는 모자, 신발, 장갑, 금과 루비가 박힌 십자가와 촛대 등 인간이 만들 수 있는 최고의 보물들이 보관되어 있다.[5] 바티칸 측에서는 가톨릭 신자들과 국가 원수들이 선물한 것이라고 변명하지만, 사실은 십자군 전쟁 등으로 무수한 인명을 살해하고 약탈한 보물과 문화재 등이 대부분을 차지하는 것으로 알려진다. 『십자군, 성전과 약탈의 역사』는 이렇게 기록하고 있다.

> 말이나 당나귀를 끌어들여 성물과 보물을 실어 나르면서 당나귀가 미끄러져 넘어지면 가차 없이 죽여 버렸다. 십자군들에게는 이제 눈앞의 보물만 보일 뿐 신의 징벌도 두렵지 않았다.[6]

3. 미국이다

요한계시록 13장은 첫째 짐승에 이어서 출현하는 둘째 짐승에 대해 예언한다. 그것이 바로 미국이라고 주장하는 사람들은 땅, 새끼 양,

---

4 큰 창녀의 실체. blog.daum.net/thisage/312.
   세계최고 권력집단, 가톨릭. blog.daum.net/thisage/313.
5 바티칸, 비밀의 문을 열다. blog.daum.net/thisage/314.
6 제4차 십자군. blog.daum.net/thisage/315.

용과 같은 단어에 주목해서 설명한다.[7]

> 내가 보매 또 다른 짐승이 땅에서 올라오니 새끼 양 같이 두 뿔이 있고 용처럼 말하더라 그가 먼저 나온 짐승의 모든 권세를 그 앞에서 행하고 땅과 땅에 사는 자들을 처음 짐승에게 경배하게 하니 곧 죽게 되었던 상처가 나은 자니라(계 13:11-12).

1) 땅에서 출현

'땅'은 물의 반대로 해석할 수 있다. 성경은 물을 "백성과 무리와 열국과 방언들"(계 17:15)이라고 언급하며 인구가 밀집한 지역을 표현한다면, 반대로 땅은 사람이 없는 적막한 곳을 상징할 수 있다. 다니엘이나 요한계시록에 나타나는 다른 짐승들은 모두 '물'에서 올라오는데 두 번째 짐승만은 '땅'에서 올라온다고 했다. 다른 모든 제국들은 '물'과 같이 인구가 많이 밀집한 지역들에서 일어나지만 이 짐승은 '땅'과 같이 인구가 별로 없는 지역에서 일어난다는 것을 알 수 있다.

G.A. 타운센드는 그의 저서 『옛 세계를 새 세계와 비교함』에서 "미국은 그 공허한 곳으로부터 나아오는 신비함이 있고, 마치 씨앗이 조용히 자라 큰 제국으로 성장하는 것과 같다"고 말한다. 유럽의 유력 신문 「더블린 내이션」도 "미국이 서서히 조용한 땅에서 올라와 매일 그 힘과 세력을 더해 가고 있다"고 기록한다.

---

[7] America in Bible Prophecy. blog.daum.net/thisage/316.
The Beast from the Earth: US in Prophecy. blog. daum.net/thisage/317.
두 번째 짐승, 미국. blog.daum.net/thisage/318.
Only America Qualifies. blog.daum.net/thisage/319.

2) 새끼 양의 모습

성경에서 새끼 양은 예수 그리스도를 상징한다. 그러니까 새끼 양 모습의 나라는 기독교적인 모습을 한 나라임을 알 수 있다. 미국은 영국에서 이주한 청교도들이 세운 나라로서 세계에서 대표적인 기독교 국가라고 알려져 있다. 미국민의 상당수가 스스로를 그리스도인이라고 생각하기도 한다.

3) 용의 권세와 용의 언행

일찍이 J.N. 앤드류스 목사는 장차 용의 권세를 행사할 이 짐승이 바로 미국이라고 주장했다. 당시 미국은 기독교 국가로 인식되었고 또 인디언과의 내전도 아직 종결되지 않은 불안정하고 연약하고 미미한 나라에 불과했다. 미국이 장차 용처럼 말할 수 있는 초강대국이 될 것이라고는 아무도 생각하지 않았으므로 그의 주장은 받아들여지지 않았다.

그러나 제1,2차 세계대전을 거치면서 미국은 온 세계의 주목을 받기 시작했다. 소련과 동구 공산권이 몰락한 후부터는 온 세상을 향해 용처럼 말하기 시작하는 초강대국 미국에 대하여 어떤 나라도 감히 대항하지 못하는 상황이 되었다. 이젠 많은 사람들이 그의 주장을 받아들이고 있다.

4. 결론

결론적으로 요한계시록에 예언된 인류 마지막 시대의 적그리스도가 세계정부인지 로마교황청인지 미국인지 해석이 다양하지만 결국은 모두 동일한 말이다. 앞에서 거듭 언급했듯이, NWO 세계정부 세력의 중심에는 로마가톨릭을 이끌고 있는 예수회가 있고, 세계정부 세력은 NWO의 이상향 국가를 세우는 데 신대륙 미국을 이용하고 있다. 결국 모두 같은 목적으로 합력하는 하나의 세력인 셈이다.

  이제 미국을 중심으로 세계정부가 들어서면 그것의 왕이 구원주 그리스도라 불리울 것이다. 용으로부터 받은 권세를 행사해서 땅과 땅에 거하는 모든 인류로 하여금 그에게 경배하게 할 것이다. 중세 시대 가톨릭이 모든 사람에게 자기 종교를 강요했던 것처럼, 이제 세계정부는 고집센 근본주의 기독교인들(오직 예수 안에만 진리가 있다고 믿는 자들)을 강제로 개종시키려 할 것이다. 복종하지 않는 자들에 대해서는 '세계의 평화'를 위해서 핍박과 살해가 있을 것이다. 중세 시대 교황들이 '하느님'의 이름을 위해서 수천만 명을 살해했던 것처럼 말이다. 예수님의 재림 전에 중세기의 종교 핍박이 다시 재현된다면 또 다시 그리스도인이 그 대상이 될 것이다.

제12장

교회의 혼합주의: 배교와 타락

　세상에서 유행하는 '긍정적' 사고의 환상에 젖은 사람들은 미래가 점점 더 좋아질 것이라고 낙관한다. 그러나 성경은 이 세상이 옷처럼 낡아져서 언젠가 끝이 난다고 예언하고 있다. 세상은 편리해지고 풍성해지기는 하지만 점점 타락하며 쇠퇴해간다는 것을 부인할 수 없다. 예수님이 재림하시고 지구가 종말을 맞을 마지막 날까지 세상은 계속 타락하고 부패해 갈 것이다. 포스트 모더니즘의 시대에서 질서와 권위가 부정되고 파괴되어갈 것이다. 과거에는 죄였던 많은 것들이 지금은 죄가 아닌 것이 된 것처럼, 지금은 죄라고 생각하는 많은 것들이 미래에는 죄가 아니게 될 것이다.
　세상의 타락과 멸망은 이미 예기된 것이지만, 문제는 교회도 타락해간다는 것이다. 교회가 타락하고 있다는 것은 모두 인정하지만 그 원인과 해결방법에 대해서는 의견이 다양하다. 혹자는 교회에서 율법주의가 회복되야 한다거나, 또는 영성을 추구하는 신앙으로 바뀌어야 한다고 주장하기도 한다. 하지만 종교적 올무가 되는 율법주의는 예수님이 강경하게 배척하신 것이고, 또 영성운동은 예수회에서 시작되고 발전시켜온 비성경적 운동이다.
　나는 프리메이슨 등의 반기독세력이 기독교 멸절을 목적으로 교회 안에 교묘하게 들여보낸 이방사상을 교회가 분별하지 못하고 받아들인 것이 그 원인이라고 생각한다. 그러므로 이방적인 것들이 무엇인지 분별해서 버리고 단순히 성경적 신앙을 회복하는 것이 그 해결책이라고 생각한다.

1. 시대정신에 굴복한 교회들

예전에 사탄은 교회를 무너뜨리기 위해 믿는 자들을 핍박하고 죽였다. 하지만 그럴수록 교회는 더욱 견고해져 갔다. 이제 사탄은 현명한 방법을 찾아냈다. 교회 안에 다른 사상과 종교와 철학을 집어넣어서 기독교를 혼합교로 변질시키는 것이다.[1]

한 시대에 지배적인 지적·정치적·사회적 동향을 나타내는 정신적 경향을 '시대정신'이라고 말한다면, 교회는 역사 내내 시대정신의 위협 속에서 생존해왔다. 기독교는 "예수님만이 유일한 길이요 진리요 생명이다"고 가르치지만, 시대정신은 시대에 따라 모습을 달리한 인본주의적이고 합리적이고 매력적인 주장으로 '진리'를 대체하려 했다.

하나님이 영원불변하신 것처럼 그분의 말씀도 영원 이전부터 영원 이후까지 변하지 않는다고 믿으며 시대정신에 저항해온 그리스도인들은, 시대의 역행자요 독선적인 고집불통이라고 미움받으면서도 자리를 지켰다. 갈라지고 또 갈라지면서 하나님의 편에 선 사람들은 계속 추려졌다.

한편 시대가 변하면서 교회도 변해야 한다며 패러다임 쉬프트를 주장하는 교회들은 매력적인 시대정신에 동조해서 세상과 연합하며 혼합주의 기독교로 변질되어갔다. 다양성 가운데 조화를 내세우며 세상과 연합되고 일치되고 혼합되어 갔다. 그 시대정신이 바로 '세상의 임금'인 적그리스도 세력으로부터 나온 것임을 알지 못하고 동조한 것이다.

이제 교회들이 저들에게 어떤 영향을 받아왔는지를 발견하며 놀랄 것이다. 기독교에서 가장 신망받는 지도자, 가장 인기 있는 강사, 초베스트셀

---

1 기독교회 안으로 들어온 뉴에이지. blog.daum.net/thisage/324.

러의 저자들이 저들에게 소속되었다는 사실을 발견하면서 더욱 크게 놀랄 것이다. 세상에게 길을 제시해야 할 교회가 세상의 세력에 동조하며 오히려 이끌려가고 있으니 소금의 맛을 잃어버리고 타락하는 것은 당연한 결과다. 그렇게 세상의 인기를 즐기다가 결국 하나님으로부터 떨어져 나갔다.

1) 부흥을 위해서라면

오래 전 이스라엘이 우상숭배를 계속할 때 하나님은 이미 이스라엘의 멸망을 계획하고 선자자들을 통해 경고하셨다. 선지자들은 하나님의 경고의 메시지를 전하다가 옥에 갇히고 목숨을 잃었다. 반면에 거짓 선지자들은 왕과 백성에게 잘 되고 있다며 거짓된 좋은 소식을 전하고 좋은 대접을 받았다. 지금도 세상적인 교회들은 사람들이 원하는 것을 들려주고 보여주면서 좋은 대접을 받고 있다.

기복 신앙은 지치고 낙심하고 절망하고 고달픈 인생에게 기쁨과 소망과 위로를 주는 것이 교회의 사명이라면서 '긍정적'인 설교를 한다. 하나님은 우리를 사랑하시고 우리는 지금 잘 가고 있으며 앞으로는 더 잘 될꺼라고 격려한다. 그런 메시지를 믿고 '아멘'할 때 원하는 것들이 실제로 이루어져서 건강과 부와 명예와 성공도 얻을 수 있다고 부추긴다.

하나님을 영광스럽게 하기 위해서는 우리가 능력받고 성공해야 한다면서 '우리가 마땅히 받아야 할 복'들을 하나님께 클레임하라고 가르친다. 소원성취를 위해 소나무 뿌리를 뽑듯이 기도하는 것을 '믿음'이라며 칭찬한다. 이렇게 기분 좋은 축복과 긍정의 메시지를 전하는 조엘 오스틴, 릭 워렌, 로렌스 콩, 조셉 프린스 목사 등의 초대형 교회들은 더욱 부흥하고 있다.[2]

---

2 Why There are So Many False Prophets? blog.daum.net/thisage/325.

신비 신앙은 무거운 교리의 짐(성경말씀)을 내려놓고 이제는 하나님을 느끼자(체험하자)고 권면한다. 사람들은 환상, 환청, 경련, 울부짖음, 웃음, 입신, 금가루 등을 경험하며 이것이 하나님의 만져주심과 기름부으심과 방문하심이라고 환영한다. 복음으로 만족하지 못해 신비하고 기이한 초자연적 체험을 추구하는 사람들로 인해서 이런 교회들이 더욱 부흥하고 있다.³ 때로 사기와 횡령과 간통 등의 사건들이 기사화되기도 하지만 초능력을 행하는 목사들은 거의 신적 존재가 되어서 인기가 여전하다.⁴

그들의 부흥과 성장이 과연 하나님으로부터 온 복일까? 아니면 이 세대의 왕인 사탄이 주는 선물일까?

'다른' 복음을 전하며 배도하는 교회들을 바라보는 하나님은 참담한 심정으로 비탄하고 계신데, 하나님의 심정에는 아랑곳도 하지 않는 개인과 교회들은 축복과 부흥에만 관심을 쏟는다.

교회는 복음을 전해 영혼구원을 하는 것이 목적이 되어야 한다. 그런데 교인의 숫자로 목회의 성공과 실패가 가늠되기 때문에 교회들은 부흥에 매달리게 되었다. 대형 교회의 '성공한' 목사님들은 부흥성장의 시크릿, 교회부흥의 비결, 부흥하는 교회의 특징 등의 주제로 세미나를 열고 책을 써서 베스트셀러 저자와 인기 강사가 된다. 작은 교회들은 '성공한' 교회들이 무엇을 가르치는지 상관없이 그 성장 비결을 배우려 애를 쓴다.

부흥과 성장은 언제나 교회의 최고 관심사였고 그것은 하나님의 축복이라고 여겨져 왔다. 그러나 토저A. W. Tozer 목사님은 그 위험에 대해서 이렇게 경고한다.

오늘날 그리스도인들을 만날 때마다 단어 하나를 계속 듣게 된다. 그것은 부흥이라는 단어다. 우리의 영적 문제들을 해결하기 위해 '강력하고

---

3 신사도운동에 대한 결론. blog.daum.net/thisage/326.
4 세계적인 사기꾼 목사. blog.daum.net/thisage/327.

오랜 부흥'이 필요하다며 설교, 찬양, 기도를 통해 하나님께 쉬지않고 부르짖는다. 종교 미디어들도 지금 제일 필요한 것은 부흥이라고 앞다투어 부르짖는다. 부흥을 위해 글을 쓸 수 있는 사람이 있다면 그 글을 출판해주겠다는 여러 편집장들을 만날 수 있다. 사실 부흥의 바람과 함께 진리를 놓칠 위험은 더욱 많아짐에도 불구하고 부흥에 관한 바람이 너무나 세게 부는지라 누구도 그 바람을 보며 분별하려는 사람들이 없다 … 현재 상황을 고려할 때 나는 부흥을 전혀 원하지 않는다. 현재 미국 내 기독교에서 넓게 퍼져 일어나고 있는 이런 종류의 부흥은 앞으로 100년이 지나더라도 다시는 회복될 수 없는 도덕적 비극으로 종착하게 될 것이다.[5]

로저 오클랜드Roger Oakland는 이에 덧붙인다.

예수님의 이름으로 범세계적 부흥을 체험하게 될 것인지 아닌지에 대한 토론이 일고 있을 때 두 가지를 질문해 보는 것은 매우 중요하다. 지금 이 부흥은 하나님의 신령하신 뜻에 따르고 있는 것인가? 지금 이 부흥은 하나님의 말씀에서 발견되는 건전한 성경적 원칙에 서 있는가? 만일 하나님의 뜻을 어기는 부흥이라면 그러한 부흥은 아무리 진지하고 그 목적이 아무리 선해 보여도 전혀 하나님의 기쁨이 될 수 없다.[6]

이제 기독교계에서 가장 유명하다는 여러 목사님들이 어디에 소속되었으며 어떤 사상을 갖고 있는지를 살펴볼 것이다. 그들은 교회를 크게 부흥시킨 가장 성공한 목사님들이 분명하지만 성경 속의 하나님께 속한 자들은 아니었던 것 같다.

---

5 거짓 예배, 거짓 부흥의 특징. blog.daum.net/thisage/328.
6 부흥 전의 개혁. blog.daum.net/thisage/329.

2. 프리메이슨 목사

한 때 예수회 신부였던 알베르토 박사는 교회를 최대 원수로 여겼다. 예수회에서의 그의 직책은 교회에 몰래 침투해 들어와 교회 파괴를 실행하는 일이었다. 그의 구체적인 증언처럼 지금 미국교회 안에는 많은 프리메이슨들이 앉아 있다. 너무나 놀라운 것은, 그들이 세상에서 가장 높은 자리를 차지하고 있는 것처럼, 교회 안에서도 가장 유명한 자로 앉아있다는 사실이다. 그 한 예로서 빌리 그래함을 소개한다.

빌리그래함전도협회에 의하면 그들은 지저스넷Jesus Net을 통한 복음전파로 2년 만에 전 세계에서 300만 명을 결신시켰다. 그만큼 그는 기독교 역사에서 최고의 전도자로 꼽힌다. 그가 한번 설교하면 수백 수천 명이 예수님을 믿겠다며 결신하고 나온다. 나도 그의 집회에 가봤지만 대체 무엇이 감동적이라는건지 도무지 찾을 수 없어서 어리둥절한 적이 있다. 다만 엄청난 인파에 압도되어 감격하고 흥분했을 뿐이었다. 어쨋든 무수한 사람들을 예수님 앞으로 인도한다는 점에서 그래함은 모든 그리스도인들에게 매우 존경스럽고 부러운 존재임이 분명했다. 그래서 그가 프리메이슨이라는 소문을 들을 때 아무도 믿으려 하지 않는다.

프리메이슨에 관해 두 가지 범주의 사람들이 있다. 프리메이슨의 비밀에 관여하는 사람들은 거기에서 무슨 일이 일어나는지 알고 있지만 비밀을 지키기로 죽음의 처벌에 혈맹을 했기 때문에 말하지 않는다. 또 프리메이슨에 관련이 없는 사람들은 들은 바가 없기 때문에 알지 못한다. 말하지 않고 듣지 못했기 때문에 그들은 오랜 세월동안 비밀로 지켜질 수 있었다.

그래함은 1948년 프리메이슨 루이지애나 랏지에 가입한 것으로 알려진다. 1950년 이래 그래함의 정체를 폭로하는 외로운 사람들이 있었다. 이후로 많은 사람들이 많은 증거로 그래함은 적그리스도의 사람이라는 사실을 폭로해왔지만 지금까지도 사람들은 잘 믿으려 하지 않는다. 그의 영향력이 그만큼 크게 각인되어 버린 것이다.

혹자는 기독교 방송과 신학교가 진실의 전파를 통제해왔다고 주장한다. 그래서 그의 전도집회가 열릴 때면 대부분의 교회들이 눈과 귀가 가리워진 채 열렬한 환영으로 맞이했고 협력했다.

하지만 "어둠에 감추인 것들을 드러내"(고전 4:5)시는 하나님으로 말미암아 때가 되매 "오직 만물이 … 벌거벗은 것같이 드러나"(히 4:13)게 되었다.

1) 입회식 참석과 명단 기록

그에 대한 결정적인 증거는 1988년 출간된 『죽음의 속임수*Deadly Deception*』에서 찾을 수 있다. 그 책의 저자인 짐 쇼Jim Shaw는 이전에 33도 메이슨이었다가 그리스도인으로 회심한 이후 톰 맥케니Tom McKenney와 공동 저술해서 그래함의 정체를 폭로했다. 쇼는 그래함이 자신의 프리메이슨 33급의 입회식에 참석했다고 증언한다.[7]

프리츠 스프링마이어Fritz Springmeier도 그의 소책자 『빌리 그래함과 성경』에서 동일하게 증언한다. 그래함은 비밀의 피의 맹서를 한 33급 최고급 메이슨으로서 짐 쇼의 33도 입회식 의식에도 참석했다는 것이다.[8]

그래함에 대한 질문이 쇄도하자 빌리그래함본부는 그가 1966년에 33급 입회 의식에 참가했음을 인정했다. 그러나 단지 참관인으로 참석했을 뿐이며 그로 인해서 프리메이슨의 위험에 깨어 있게 되었다고 주장했다. 그러나 프리메이슨은 자신의 비밀 의식에 호기심을 가진 사람들을 절대로 초대하지 않는다. 오직 기존의 33도만이 새로운 33도의 입문식에 참석할 수 있다.[9]

또 하나의 증거는 그래함의 이름이 프리메이슨의 회원 명단에 올라가 있다는 것이다. 이 명단이 밖으로 나돌게 되자 그리스도인들의 질문이 쇄도

---

7 The Deadly Deception. blog.daum.net/thisage/330.
8 The Skill of Lying, The Art of Deceit(Billy Graham). blog.daum.net/thisage/331.
9 Billy Graham and Freemasonry. blog.daum.net/thisage/332.

했고, 프리메이슨 측에서는 잘못 올라간 것이라고 해명하며 곧 그 이름을 명단에서 삭제했다.[10] 그러나 로버트 모레이가 1992년 9월 14일자 「크리스천 뉴스」에 보낸 편지에서나, 케이시 번즈 박사가 2006년 출간한『빌리 그래함과 그의 친구들: 숨겨진 아젠다』에서나, 그래함이 프리메이슨이라는 주장을 구체적인 증거로 피력한다.[11]

프리메이슨인 앨버트 맥키의 저서『프리메이슨의 역사』에 있는 빌리 그래함의 이름

「타임」은 의도적으로 그의 머리 위에 뿔을 두었다.

2) 주위 사람들이 프리메이슨이다

그의 전도 사역에서 중책을 맡고 있는 사람들 대부분이 프리메이슨이다. 예를 들어서 윌리엄 와트슨William M. Watson, 데이비드 맥코넬David M. McConnell, 아서 리 맥로리Arthur Lee Malory 등은 모두 프리

---

10 Famous Men in Freemasonry. blog.daum.net/thisage/333.
   Inadvertent Confirmation from Masonic Websites. blog.daum.net/thisage/334.
11 Billy Graham Worships the Masonic Phallic God. blog.daum.net/thisage/335.
   빌리 그래함은 어떻게 33급 프리메이슨 회원인가? blog.daum.net/thisage/336.

메이슨으로서 빌리그래함전도협회의 이사나 자문 위원회의 공동 의장으로 일했다.[12]

그래함의 권유로 성직에 입문하게 되었다는 로버트 슐러는 잘 알려진 프리메이슨이다. 초대형의 수정교회를 담임한 그는 '적극적 사고방식'을 가르치면서 한국에서도 유명해졌다. 그의 스승인 노만 빈센트 필도 『적극적 사고방식』의 저자로 잘 알려져 있는데 할아버지와 아버지 때부터 프리메이슨에 충성한 자로서 자신도 33도 프리메이슨이자 일루미나티다.[13] 오럴 로버츠도 그래함에게 안수받고 성직에 입문했다는데 그도 역시 33급 프리메이슨이다. 로버츠는 그의 저서 『믿음의 씨의 기적』에서 그래함과의 관계를 언급한다.[14]

그래함을 지원하는 친구인 브롬리 옥스남Bromley Oxnam도 미 감리교 회장과 WCC 의장을 역임한 33급 프리메이슨이다.[15] 그래함의 친구인 브룩 헤이스Brook Hays도 남침례교의 교회 대표자 회의 의장이자 CFR회원이자 프리메이슨으로 밝혀졌다.[16]

그래함이 지지하는 디몰레이Demolay는 청소년 프리메이슨 단체다. 디몰레이에 대한 그래함의 축복은 프리메이슨들 간에 잘 인용되고 있다.[17] 프리메이슨인 포레스트 해거드Forrest Haggard 박사의 책 『성직자와 프리메이슨The Clergy and the Craft』에서도 그래함의 글이 인용된 것을 볼 수 있다.[18] 프리메이슨의 사이트에서도 "프리메이슨과 기독교가 서로 양립할 수 있는가"라는 질문을 하고 그래함의 글을 인용하며 "물론"이라고 답한다.[19]

그외에 CIA, NSA, CFR 등에서 일루미나티 시스템을 위해서 일했다가

---

12 BGEA Cover Up. blog.daum.net/thisage/337.
13 Reasons to Believe Billy Graham is a Freemason. blog.daum.net/thisage/338.
14 The Seed of Faith that Made BIG MONEY. blog.daum.net/thisage/339.
15 King Pins of Christian Mafia. blog.daum.net/thisage/340.
16 33rd Degree Freemason Brook Hays. blog.daum.net/thisage/341.
17 Billy Graham Praises the DeMolays—Masonic Youth Group. blog.daum.net/thisage/342.
18 Reasons to Believe Billy Graham is a Freemason. blog.daum.net/thisage/338.
19 Are Freemasonry and Christianity Compatible? blog.daum.net/thisage/343.

그리스도인이 된 다양한 사람들이 그래함을 프리메이슨이라고 증언한다. 그들은 그래함이 말하는 것이나 행동하는 것이나 생각하는 것이 모두 프리메이슨적이라고 주장한다.[20]

3) 종교통합주의자다

그래함은 세계교회협의회WCC 및 국가교회협의회NCC를 공개적으로 옹호한다. WCC나 NCC는 잘 알려진 대로 프리메이슨, 뉴에이지, 종교통합주의, 국제주의, 세계정부주의 단체다. 그들도 물론 그래함을 지지한다.[21]
따라서 그는 다른 종교들과 기독교 이단들을 인정한다. 다시 말해서, 예수 그리스도를 통하지 않아도 인간의 힘으로 구원을 받을 수 있다거나 모든 사람들이 다 구원을 얻는다는 것이다. 성경의 말씀과는 전혀 상반된 내용이다.
인도에서 그는 "어떤 힌두교인도 회심시키지 않을 것이다"고 연설했다. 이스라엘에서도 "오직 그리스도인들에게만 강연하겠다. 유대인들을 회심시킬 의향이 전혀 없다"고 정부에게 약속했다. 그리고 유대인 지도자들에게는 "하나님이 유대인을 기독교로 회심시키려는 전도 사역을 거부하신다고 확신한다"고 말했다. 그래함은 이슬람교도 용납하며,[22] 대통령 후보였던 롬니를 만난 이후부터는 몰몬교도 용납하고 있다.[23]
그래함은 로마가톨릭에 대해서도 물론 우호적이다. 그는 자신이 기독교보다 로마가톨릭에 더 가깝게 느껴진다고도 언급했다. 이안 페이슬리 Ian Paisley 박사는 저서 『빌리 그래함과 로마교회』에서 그래함과 로마가톨릭과의 관계를 상세하게 밝힌다. 그래함이 교황 요한 바오로 2세를 "현

20　Billy Graham Exposed: One-World Aspirations. blog.daum.net/thisage/344.
21　Billy Graham's Trail of Error. blog.daum.net/thisage/345.
22　Billy Graham-False Shepherd. blog.daum.net/thisage/346.
23　Billy Graham No Longer Thinks Mormonism is a Cult. blog.daum.net/thisage/347.

대 세계에서 가장 위대한 종교 지도자 및 금세기의 가장 위대한 도덕적 지도자"라고 극찬한 내용은 「새터데이 이브닝 포스트」 1980년 2월호에도 실렸다.[24]

그래함은 슐러와의 TV대담에서도 종교통합주의적인 자신의 입장을 분명히 밝혔다.[25] 폴 머슬맨Paul Musselman 박사는 그래함을 가장 위대한 에큐메니칼(종교통합주의) 보이스라고 불렀다. 풀러신학교의 리차드 모우 Richard Mouw 박사도 그래함을 생존하는 가장 중요한 에큐메니칼의 인물이라고 칭했다.[26]

4) 친공산주의다

그래함은 초기에는 반공주의자였으나 이후에는 공산주의의 지지자로 변했다.[27] 공산국가에 종교 박해가 없다고 주장하며 공산주의 지도자들을 칭찬해서 김일성으로부터 평양 집회를 주선받았기도 했다. 「그리스도교」 1992년 5월 18일자에서 그래함은 노골적으로 공산주의를 찬양했다.

> 나는 공산주의가 젊은이들을 향해 호소하는 것이 미래 유토피아의 건설과 약속이라고 생각한다. 모택동의 8가지 개념은 십계명과 기본적으로 동일하다. 만일 우리가 학교에서 십계명을 읽히게 할 수 없다면 나는 모택동의 원칙들을 정착시킬 것이다.[28]

프리메이슨은 잘 알려진 것처럼 공산주의 이념을 갖는다. 앞장에서 상세하게 언급했듯이 유대인이 공산주의도 만들고 프리메이슨도 만들었다.

24　Billy Graham Worships the Masonic Phallic God. blog.daum.net/thisage/335.
25　A Television Interview of Billy Graham by Robert Schuller. blog.daum.net/thisage/348.
26　Richard Mouw. Evangelical Ecumenism. blog.daum.net/thisage/349.
27　Billy Graham's Trail of Error. blog.daum.net/thisage/345.
28　그래함의 메가톤급 비밀. blog.daum.net/thisage/350.

5) NWO의 옹호자다

그래함이 1954년 전도 목적으로 '십자군Crusade'을 만들었을 때, 체이스 맨하탄, 록펠러 가, 휘트니 가, 밴더빌트 가 등의 일루미나티와 프리메이슨들로부터 물질적 지원을 받았다. 그것을 통해서 NWO가 잘 선전되었다.[29] (그런데 십자군은 중세 시대 가톨릭이 땅을 차지하기 위해 '하느님'의 이름을 빌려 벌렸던 종교전쟁 또는 그 군인들을 의미한다. 그래함이 구태어 그런 용어를 사용하는 것은 그 사악한 전쟁을 긍정적으로 보는 것은 아닐까?)

1991년 프리메이슨 대통령인 조지 부시가 걸프전을 일으켰을 때 그래함은 이렇게 선포했다.

> 우리가 평화를 위해 싸워야 하는 시간이 왔다 … (이 걸프전을 통해서) 새로운 평화가 올 것이고 또 대통령이 제안한 것처럼 NWO가 올 것이다.[30]

그래함은 1992년 미국 전역에 방송되는 "포옹 미국 2000 Embrace America 2000"이라는 라디오 쇼를 진행했을 때에도, 미국 시민에게 NWO를 받아들일 필요성을 역설했다.[31]

에드거 번디Edgar Bundy는 저서 『빌리 그래함은 개혁가인가 정치가인가 설교자인가 예언자인가?』에서 그래함이 31년 동안 언급한 것과 그에 대한 기사들을 모아 놓았다. 그래함이 어떤 말을 했는가를 그저 살펴보는 것만으로도 깜짝 놀라게 될 것이다.

저자는 "누가 그래함과 같이 일하는가?", "그는 기독교 교회를 세우려는 자인가, 혹은 세계 연방 종교의 기초를 놓으려는 자인가?"라는 질문으로

---

29 The Rockefeller Bloodline. blog.daum.net/thisage/351.
30 George Bush, the War against Iraq, and the New World Order. blog.daum.net/thisage/352.
31 The Unholy Alliance-Christianity & The NWO. blog.daum.net/thisage/353.

그의 정체를 폭로한다. 저자는 그래함이 지지하는 독재적 세계 종교에 대한 토대가 이미 부분적으로 건설되었다고 평가한다.[32]

프리츠 스프링마이어는 저서 『뱀처럼 지혜로워라Be Wise as Serpents』에서 데이빗 힐David Hill에 대해 언급한다. 힐은 과거에 프리메이슨/뉴에이저/고위직 마피아였다가 그리스도인으로 회심하고, 이후 프랭클린 그래함(빌리 그래함의 아들)과 친분을 나누는 사이가 되었다. 힐은 빌리 그래함이 프리메이슨이라는 사실을 알고 18시간에 걸쳐 그 조직에 대해 경고했다. 그 자리에서 그래함은 자신이 NWO 주의자들에게 붙잡혀 있다고 고백하면서 오랫동안 그들의 후원을 받았으므로 돌이켜 나올 수 없다고 했다. 이후 계속 NWO 조직을 폭로하고 다녔던 데이빗 힐은 살해되었다.[33]

6) 많은 상을 받다

그래함은 1967년 교황으로부터 명예 작위를 받고 가톨릭의 벨몬트애비 대학교로부터는 명예박사학위도 받았다.[34] 1969년에는 브나이 브리스B'nai B'rith로부터 상을 받았다. 그것은 반기독교적 유대인 프리메이슨 랏지로서 일루미나티에서도 높은 서열을 차지하고 있다.[35]

1982년에는 종교발전에 기여한 공로로 템플턴 상을 수여받았다. 종교계의 노벨상이라고 불리우는 이 상을 제정한 사람은 존 템플턴인데, 그는 스스로를 범신론자/종교다원론자/뉴에이저로 부르는 잘 알려진 프리메이슨/일루미나티 회원이다.[36] 그에 대한 답례인지 그래함은 템플턴의 뉴에이지 저서 『삶

---

32 Billy Graham Reformer? Politician? Preacher? Prophet? blog.daum.net/thisage/354.
33 David Hill. blog.daum.net/thisage/355.
The Skill of Lying, The Art of Deceit(Billy Graham). blog.daum.net/thisage/331.
34 Billy Graham Worships the Masonic Phallic God. blog.daum.net/thisage/335.
35 Jewish Masonic Lodge Awards Billy Graham. blog.daum.net/thisage/356.
36 일루미나티 프리메이슨이 만든 템플턴 상. blog.daum.net/thisage/357.

의 법칙들을 깨달으며 *Discovering the Laws of Life*』에 최상의 찬사를 보냈다.[37]

1996년에는 의회가 주는 최고 영예의 금메달을 받았는데 그 자리에는 하원의장 뉴트 깅그리치, 부통령 앨 고어, 상원의원 스톰 서몬드, 밥 돌, 제시 헬름스 등이 있었다. 저들은 프리메이슨 잡지 「스콧티시 라잇」에도 실린 것처럼 잘 알려진 프리메이슨들이다. 2000년에는 프리메이슨인 레이건 대통령으로부터 자유훈장을 수여받았으며, 이외에도 여러 명목으로 무수한 상을 받았다.[38]

그래함의 인기는 할리우드에서도 유명하다. 그는 할리우드의 칵테일 파티에도 수없이 많이 참석했는데 그 인기로 말미암아 할리우드 '영예의 거리'에 다른 스타들과 함께 자랑스런 별을 갖게 되었다.[39]

7) 대통령들의 친구다

잡지 「교회와 국가」는 그래함이 아이젠하워 이후 여러 대통령들과 깊은 상호교류를 나눴다고 기록한다. 실제로 그는 1950년대 이후 줄곧 미국 대통령들의 조언자 역할을 해왔다. 닉슨은 프리메이슨으로서 대통령에 출마하면서 부통령이 될 러닝메이트를 누구로 할까 그래함에게 자문을 구했다. 그래함은 33급 메이슨(당시는 32급)인 마크 헤트필드를 추천했다. 닉슨이 당선되고 1969년 취임식을 할 때 그래함이 기도를 해줬다.[40]

그래함이 프리메이슨임을 증거하는 자료들은 이외에도 많다.[41] 그는 프리메이슨이라는 무수한 소문에 대해서 그 사실을 스스로 부인한 적이 없

---

37 Templeton Press: Discovering the Laws of Life. blog.daum.net/thisage/358.
38 Billy Graham Profile. blog.daum.net/thisage/359.
39 Star On Hollywood Blvd. blog.daum.net/thisage/360.
40 Billy Graham Now Regrets Involvement in Politics. blog.daum.net/thisage/361.
41 The Awful Truth about Billy Graham. blog.daum.net/thisage/362.
  프리메이슨 빌리 그래함에게 영향받는 신복음주의 기독교. blog.daum.net/thisage/363.

다.⁴² 그가 처음부터 프리메이슨이었다는 주장도 있고, 또는 처음에는 근본주의 기독교인이었다가 후에 변질되었다고 말하는 사람들도 있다. 그가 후에 변질된 것이 사실이라면, 너무 유명해지고 높아지고 많은 상을 받은 때문이 아닐까 생각한다. 저들로부터 지지와 후원을 받으니 저들의 사상을 용납하고 인정하지 않을 수 없었을 것이다. 대중의 마음을 얻어야 했으니 모든 사상이나 철학이나 종교들을 포용해야했을 것이다. 그것은 진리가 아니라는 '바른말'을 할 수 없었을 것이다.

전도자 찰스 피니Charles Finney는 한때 프리메이슨이었지만 예수님을 만난 후 그곳을 떠났다. 그는 일생동안 세상에 복음을 전하고 그리스도인들에게 프리메이슨에 대해 경고하며 『나는 왜 프리메이슨에서 떠났는가』를 저술하기도 했다.⁴³ 반면 그래함은 프리메이슨에 머물러 NWO 조직의 하수인이 되기로 결정해 버렸다.

교회 안에 뿌려지는 가라지(겉으로는 곡식과 비슷하지만 독성이 있어서 먹지 못하는 독보리)에 대해서 성경은 경고하고 있다. 사탄은 매우 영리하게 가라지들을 잘도 심어놓았고 그들은 교회 안에서 오랫동안 고정 간첩의 역할을 성공적으로 감당해 왔다. 교회들은 자신을 죽이고 있는 저들을 알지 못한 채 헌금과 찬사를 보내며 지지했다.

프리메이슨은 교회 밖에서도 기독교 이단과 다른 종교들을 만들어 많은 사람들을 미혹해왔다. 우리에게 잘 알려진 종교지도자로서, 민권운동가로 알려진 흑인 목사 재시 잭슨, 몰몬교 창시자 브리검 영과 조셉 스미스, 여호와의 증인 창시자 찰스 테이즈 러셀, 크리스천 사이언스의 창시자 에디 부인, 사이언톨로지의 창시자 론 하바드, 통일교 교주이자 프리메이슨의 막강한 도구인 「워싱턴 포스트」의 사주 문선명, 관세음보살의 환생으로 알려진 라마교 교주 달라이 라마 등이 있다.

---

42 Reasons to Believe Billy Graham is a Freemason. blog.daum.net/thisage/338.
43 Charles Finney, Why I Left Freemasonry? blog.daum.net/thisage/364.

3. 뉴에이지 목사

릭 워렌Rick Warren 목사는 세계적으로 가장 영향력 있는 복음주의 지도자 중 한 명으로 손꼽힌다. 특히 그의 저서『목적이 이끄는 삶Purpose Driven Life』은 기독교계는 물론 전 세계를 감동시키며「뉴욕타임즈」에서 베스트셀러 제1위로 선정되기도 했다. 자신의 교회를 모델로 저술한『새들백교회 이야기』는 부흥을 갈망하는 모든 교회들에게 롤모델이 되며, 그의 시리즈 책은 연속 베스트셀러가 되었다. 막대한 인세에서 90%를 헌금하고 교회 사례비도 받지 않는다고 해서 또 다시 우리를 감동시켰다.

그러나 워렌 스미스Warren Smith는『기막힌 속임수A Wonderful Deception』,『목적에 기만당하다Deceived on Purpose』등의 저서에서 릭 워렌이 얼마나 교묘하게 비성경적이고 뉴에이지적인 가르침을 교회 안에 퍼트렸는지를 증거해준다.

스미스는 한때 뉴에이저였다. 그는 영의 세계를 추구하다가 거짓 영들의 속임수의 길을 좇아 결국 형이상학적인 뉴에이지에 이르게 되었다. 그는 그곳에서 여러 기적과 신비를 좇으며 성경의 그리스도가 아닌 다른 그리스도를 배워 알게 되었다. 그는 나름대로 철저한 논리를 가지고 영적인 가르침들을 익혀왔지만, 그가 좇던 것이 결코 빛이 아니라 어둠이라는 것을 깨닫게 되었다. 그리고『어둠이었던 빛The Light That Was Dark』,『다른 예수의 부르심 Another Jesus Calling』,『가짜 예수가 오고 있는데 누가 상관이나 하는가?False Christ Coming. Does Anybody Care?』등의 책을 썼다.[44]

이후 그는 오늘날의 교회가 프리메이슨의 뉴에이지 가르침에 빠져가는 것을 보고 교회를 구출하기 위해서 그것의 정체를 밝히는 일을 하게 되었다. 그는 기독교 리더들이 고의적으로 또는 부주의로 어떻게 교회를 뉴에이지의 영적 덫으로 몰고 가는지를 계속 추적하며 경고하는데 그중 대표

---

44 Another Jesus Calling. blog.daum.net/thisage/366.

적인 인물로 릭 워렌에 대해 말한다.

1) 뉴에이지 동역자들

릭 워렌은 뉴에이지 인사들과 깊은 친분관계를 갖고 있다. 릭 워렌의 아내 케이가 2002년「크리스챠니티 투데이」에서 말했듯이 "슐러는 남편 릭에게 엄청난 영향을 끼쳤다." 실제로 로버트 슐러의 글과 릭 워렌의 글은 분간할 수 없을만큼 거의 똑같다고 한다. 슐러는 잘 알려진 프리메이슨이자 뉴에이저다.[45]

릭 워렌은『목적이 이끄는 삶』에서 버니 시겔Bernie Siegel의 글을 인용하는데, 시겔은 뉴에이저이자 외과의사이자 통합의학의 선구자로 유명한 인물이다. 1986년에 출판된『사랑, 묘약과 기적들Love, Medicine & Miracles』에서 시겔은 관상기도를 하다가 어떻게 '조지'라는 영Spirit Guide과 신접하게 되었는지를 설명한다.[46]

릭 워렌이 새들백교회에서 개최한 '다니엘 플랜'의 강사 3명도 모두 대체의학계에서 명성있는 뉴에이저들이다. 대니얼 에이멘Daniel Amen 박사는 탄트릭 섹스 전문가인 티제이 바텔 박사와 함께 에이멘 클리닉을 운영하고 있다. 에이멘 클리닉은 쿤달리니 요가의 일종인 크리야 키르탄이라는 요가명상과 일본 선불교가 말하는 레이키靈氣에 의한 기명상 등을 가르친다. 마크 하이먼Mark Hyman 박사는『울트라마인드 솔루션』의 저자로 신비명상의 잇점을 강조하는데 특히 불교식 명상인 선禪을 '잘 연구되어 온 강력한 도구'라고 권면한다. 메밋 오즈Mehmet Oz는 스베덴보리 사상의 추종자이자 뉴에이저다. 그는 오프라 쇼에도 여러 번 출연해서 선

---

[45] 릭 워렌에 끼친 로버트 슐러의 영향. blog.daum.net/thisage/367.
    뉴에이지 노만 빈센트 필 요소. blog.daum.net/thisage/368.
[46] Rick Warren and Bernie Siegel. blog.daum.net/thisage/369.

불교식 레이키를 장려한 바 있다.⁴⁷

워렌이 교제하고 동역한 뉴에이지 인사들은 일일이 열거할 수 없어서 캐롤 브룩스 Carol Brooks의 사이트 "릭 워렌의 이상한 꽃밭Rick Warren's Strange Bedfellows"을 소개한다.⁴⁸

2) 프리메이슨/NWO/종교다원주의

릭 워렌은 CFR 프리메이슨과 일루미나티 회원이다. 자신이 CFR이자 NWO세력이라는 사실을 스스로도 인정했다. (하지만 대부분은 무슨 상관이랴?)⁴⁹

그렇다면 그가 종교통합을 주장하는 것은 지극히 당연하다. 기독교 신앙의 근본교리는 성경의 무오성, 예수 그리스도의 신성, 그리스도의 동정녀 탄생, 그의 대속적 죽음/부활/재림 등인데, 그는 이 교리를 부정할 뿐 아니라 이런 것을 믿는 '기독교 근본주의자'를 '21세기의 적'으로 규정한다.⁵⁰

그는 2009년 1월 버락 오바마 대통령의 취임식 때 "예슈아, 이사, 헤수스, 지져스의 이름으로 아멘"하고 기도해서 세계 기독교계에 충격을 주었다. 유대교나 이슬람교나 타종교에서 예슈아, 이사, 예수는 자신을 하나님이라고 칭하는 참람한 죄인이거나 우상이거나 종교 지도자이기 때문이다.

지금 그는 "기독교, 유대교, 이슬람교의 하나님은 동일한 하나님이다"라고 주장하며 크리슬람Christlam을 추구하고 있다. 크리슬람운동은 릭 워렌을 비롯해 로버트 슐러와 방송인 잭 벤 임프Jack Van Impe가 선도하며 여러 매체를 통해 널리 파급되고 있다.

워렌 자신의 '목적이 이끄는 삶'은 기독교의 복음을 혼합시켜 뉴에이지

---

47 Rick Warren's New Book Awash with Doctrines of Demons. blog.daum.net/thisage/370.
48 Rick Warren's Strange Bedfellows. blog.daum.net/thisage/371.
49 Rick Warren Admits Membership in NWO Group CFR. blog.daum.net/thisage/372.
50 Occult Theocray. blog.daum.net/thisage/373.

의 오컬트로 바꾸면서 기독교 자체를 말살하려는 것으로 보인다.

3) 교인의 비위를 맞춰주는 교회

로저 오클랜드Roger Oakland는 저서 『무너진 믿음Faith Undone』에서 이미 세계 40만 개 이상의 교회들이 릭 워렌의 '목적이 이끄는 프로그램'에 가입되어 있다고 언급한다.[51] 경악할 일이다.

워렌이 무엇을 가르치고 선포하든 상관없이 그의 교회가 '성공'하고 있으니 본받으려는 것이다. 워렌은 자신의 새들백교회를 초메가급 교회로 부흥성장시킨 비결을 설명하면서 교인들의 기호를 맞춰주라고 권면한다.

> 군중은 항상 기쁜 소식을 듣기 위해 몰려든다 … 그들은 누군가가 자신들에게 희망과 도움과 격려를 줄 수 있는 사람을 찾고 있다 … 내가 시무하는 교회가 현대 팝송과 록음악을 채택한 이유는 교인들을 대상으로 설문 조사한 결과 우리 교인의 96%가 현대 음악을 듣기 때문이다. 그러므로 이것이 새들백교회에서 우리가 사용하기로 선택한 주요 음악 스타일이 되었다. 우리가 전도하려고 하는 사람들을 설문조사한 후에 우리는 열린 예배에서 찬송은 더 이상 부르지 않기로 전략적 결정을 세웠다.[52]

4. 종교통합 목사

조용기 목사님이 신비주의 영성으로 설교하기 시작할 때 비성경적이라는 강한 비난이 있었다. 하지만 그의 교회는 나날이 부흥성장했고 이것을

---

51 Faith Undone by Roger Oakland. blog.daum.net/thisage/374.
52 한국교회를 타락시키는 베스트 셀러, 새들백교회 이야기. blog.daum.net/thisage/375.

하나님의 축복이라고 생각한 사람들은 비난을 그칠 수밖에 없었다. 뿐만 아니라 그의 가르침을 배워서 가르치기 시작했다. 부흥하는 교회는 하나님의 축복을 받는 교회고, 부흥하지 못하는 교회는 하나님이 축복하시지 않는 교회라고 믿으니 그럴 수밖에 없었다.

1) 4차원 영성

그는 3박자 구원, 오중축복, 성령운동, 바라봄의 법칙, 4차원의 영성이라는 구호와 가르침으로 유명하다. 최근에도 『3차원 인생을 지배하는 4차원 영성』, 『4차원의 영성: 실천편』 등을 저술하며 4차원 영성에 대한 가르침을 계속하고 있다. 우리의 생각, 믿음, 꿈, 말 등의 4차원적인 것들이 서로 상호작용을 해서 3차원에 있는 우리의 삶에 열매로 드러난다는 것이 가르침의 핵심이다.

> 4차원의 요소인 생각이 부정적인 사람은 3차원에 부정적인 일이 생깁니다. 긍정적인 생각을 하는 사람은 언제나 자신의 3차원에 긍정적인 역사가 일어납니다. 생각을 긍정적인 프로그램으로 바꾸십시오. 언제나 성공할 것을 생각하며 칠전팔기의 적극적인 사고방식을 가지십시오. 천국의 언어로 생활하는 당신의 인생에는 이미 놀라운 기적이 일어나고 있습니다. 성령님과 함께 하는 당신이 긍정적이고 적극적이며 창조적인 생각과 꿈을 가지고 끊임없이 승리를 입술로 시인하며 나갈 때 승리할 수 있습니다. 우리에게 향하신 하나님의 놀라우신 사랑과 축복이 있음을 확신하며 소망을 가지고 꿈꾸십시오. 반드시 좋은 일이 일어납니다 … 그런 장면들(별과 같이 많은 자손들)은 의심없이 그(아브라함)의 마음속에 되살아났으며 그의 가슴속에 꿈과 그림으로 선명히 자리잡게 된 것입니다. 그 영상들은 영적 비전과 꿈의 언어로써 즉시 그의 4차원의 영적 세계에 역사하게 되었습니다 … 이제껏 4차원의 영적 세계에

서 바라봄(시각화함)으로 존재했던 하나님의 약속은 3차원의 물질 세계에 현실로 나타나 아들 이삭이 탄생했던 것입니다.[53]

이 유명한 『4차원의 영성』을 추천하며 뉴에이저인 로버트 슐러 목사는 이렇게 적는다.

> 이해하려고 하지 말라. 그저 즐기기를 시작하라. 이것은 사실이다. 그렇게 된다. 나도 해봤다. 성령께서 이 메시지를 우리와 전 세계에 주시도록 허락한 조용기 목사에게 감사한다.[54]

그의 가르침을 지지하는 목사들은 "4차원의 영성은 한국사회를 변화시키고 국가 발전의 동력으로 비약적인 한국교회의 부흥에 지대한 영향력을 끼쳤다. 우리는 4차원의 영성을 수용하여 새로운 교회의 이정표를 세워 나가야 한다. 새로운 시대, 새로운 환경에서 살아 움직이는 신학이 될 것이다"고 찬사를 아끼지 않는다.

반면 데이브 헌트David Hunt는 조용기 목사의 이런 사상에 '정신 연금술Mental Alchemy'이라는 이름을 붙이며 전형적인 뉴에이지의 오컬트라고 비난한다.[55]

> 조 목사는 하나님이 자신에게 '영은 4차원이다'라고 계시하셨다고 주장한다. 그 안에 창조적인 힘이 담겨 있다고 한다. 하나님이 구상화를 통해 우주를 창조하셨으니, 신비술사이든 크리스천이든 사탄이든 누구나 마찬가지 방법으로 '4차원의 법칙'을 적용함으로써 창조할 수 있다는 것이다. 맞다. 원자 에너지를 활용하기 위해서 크리스천일 필요가 없

---

53 사차원의 영성. blog.daum.net/thisage/376.
54 바라는대로 이루어진다: 오컬트의 구상화 기법. blog.daum.net/thisage/377.
55 The Seduction of Christianity: Experience the Lie. blog.daum.net/thisage/378.

다. 종교 과학의 '영적 에너지'도 마찬가지다.[56]

2) 뉴에이지와 일치

그의 가르침이 과연 뉴에이지에서 가져온 것인지 뉴에이저들의 주장을 들어보자. 앞서 언급한 론다 번Rhonda Byrne은 위대한 성공의 비밀을 가르치는 『시크릿The Secret』을 출판하면서 자신도 정말 큰 돈과 명예를 얻었다. 그 책의 중심 사상은 '끌어당김Attraction'과 '구상화Visualization' 법칙이다.

> 당신의 인생에 나타나는 모든 현상은 당신이 끌어당긴 것이다. 당신이 마음에 그린 그림과 생각이 그것들을 끌어당겼다는 뜻이다 … 이것으로 하지 못할 일은 하나도 없다 … 그림을 그릴 때 당신은 그 강한 파장을 우주에 내뿜는 것이다. 그러면 끌어당김의 법칙이 그 신호를 받아서 당신이 마음속에 그린 그림을 현실로 만들어 되돌려 준다.[57]

『모든 여자는 무당이다All Women are Psychics』, 『카르마 신으로 치유하기Healing Your Past, Present, and Future with the Lords of Karma』와 같은 내용의 책을 30권 이상 저술한 다이앤 스테인Diane Stein은 무당 Psychic, 심령술사Wiccan, 치유자Healer라고 불린다.[58] 그녀는 리듬에 맞는 호흡법과 마음을 푸는 관상법이 '여러 차원의 세계를 오갈 수 있는 상태'에 들어가기 위한 필수 훈련이라고 가르치는데, 기독교 관점에서 볼 때 이것은 귀신에게 문을 열어주는 길이 된다.

다음은 『여성의 영성책Women's Spirituality Book』에서 발췌한 내용이다.

---

56 바라는대로 이루어진다: 오컬트의 구상화 기법. blog.daum.net/thisage/377.
57 시크릿-수세기 동안 단 1%만 알았던 부와 성공의 비밀. blog.daum.net/thisage/379.
58 Diane Stein: Women's Spirituality and the Goddess. blog.daum.net/thisage/380.

한 여성이 자신의 손에 바다조개가 있기를 소원하면서 리듬에 맞춰 호흡하고 숨을 깊게 들이쉬며 관상을 한다. 그러면 그녀는 수용상태에 이르게 된다. 그 후 그녀는 자신이 원하는 바다조개를 상상한다. 모양, 재질, 손에 잡을 때의 느낌, 색깔, 소금 냄새 등등을 구상화한다. 만일 이 여성이 밤새 그 바다조개를 구상화하면 그녀는 조만간 실제로 그것을 얻게 된다. 누군가 바다 해변에서 조개를 가져와 그녀에게 가져다 준다거나 또는 가라지 세일에서 바다조개를 발견하게 된다거나 또는 자기 집 지하실에서 오랫동안 잊혀졌던 바다조개를 발견하게 될 것이다. 그녀의 소원은 완성되었고 그녀의 구상은 감정의 차원에서 물리적인 차원으로 이전되었다. 서로 다른 차원의 세계를 넘어(4차원에서 3차원으로) 목적의 대상 자체(원하던 것)가 그녀에게 온 것이다.[59]

스테인이 가르치는 이런 뉴에이지 마법술은 조용기 목사의 4차원 영성과 동일하다. 그가 젊은 시절에 자전거와 책상을 간절하게 소원하며 구체적으로 기도했을 때 실제로 손에 들어오게 된 간증과도 똑같다. "소원을 구체적으로 가져라. 원하는 배우자의 키와 직업과 얼굴 생김새를 구체적으로 상상하며 기도하라"는 가르침과도 완전 일치한다. 심지어 "그것은 이미 내게 주어진 것이므로 하나님께 클레임하고 선포하라"고도 가르친다.

레이 윤겐이 말한 것처럼, 형이상학자들은 우리가 모두 자기 자신의 상황을 스스로 창조해낼 수 있다고 믿는다. 더 높은 자아에 의해 능력을 받고 인도를 받으면 우리는 우리의 의식상태 속에서 더 높은 자아와 함께 자기 자신의 상황을 창조할 수 있게 된다는 것이다. 저명한 뉴에이지 저술가인 샥티 거웨인Shakti Gawain의 『창조적 구상화Creative Visualization』도 같은 맥락으로 저술된 책이다.[60]

---

59 뉴에이지의 명상과 구상화의 연결성. blog.daum.net/thisage/381.
60 Shakti Gawain: Creative Visualization. blog.daum.net/thisage/382.

4차원 영성, 시각화, 관상기도, 호흡기도, 적극적 사고방식, 선포하는 기도 등 한국교회에서 대유행하고 있는 이런 운동들이 바로 뉴에이지의 마술과 오컬트에서 나온 것이다.

혹자는 "인간이 자신의 생각을 통해 창조의 능력을 행사하겠다는 것은 '인간 신격화'다"라고 비난한다. 선악과를 먹고 스스로 신이 되고 싶어하는 인간의 죄된 욕망에서 나온 발상이라는 것이다. 하나님이 금지하신 것을 사탄의 유혹에 빠져서 죄악을 선택한 불순종하는 인간의 모습이다.

성경의 진리의 말씀보다는 세상에서 축복을 약속하는 '긍정적' 메시지에 귀를 여는 시대에 대해서 성경은 이렇게 경고한다.

> 때가 이르리니 사람이 바른 교훈을 받지 아니하며 귀가 가려워서 자기의 사욕을 좇을 스승을 많이 두고 또 그 귀를 진리에서 돌이켜 허탄한 이야기를 좇으리라(딤후 4:3-4).

3) 종교통합주의는 당연한 귀결

그의 뉴에이지/오컬트적 신앙이 종교통합주의로 이어진 것은 매우 당연스런 일이다. 그가 2004년 5월 동국대에서 했던 발언은 기독교계에 큰 충격을 주었다. 그것은 프리메이슨인 빌리 그래함, 로버츠 슐러, 릭 워렌 등의 사상과 같은 맥락이다.

> 남녀 노유 빈부 귀천할 것 없이 예수님을 믿기만 하면 구원을 얻는다는 원리는, 우리 아버님이 저 어릴 때 원효대사에 대해 얘기한 것과 너무나 일치하더라구요. 원효대사님은 "불교에 계율이 너무 많은데 그 계율을 다 지켜서 구원을 받을 수 없다. 나무아미타불만 말하면 구원을 얻는다" 하셨읍니다. 그러므로 대중불교로서 모든 서민들이 믿고 구원을 받을 수 있는 거죠. 제가 원효사상을 좋아하는 것은 나무아미타불 네 글자

를 외움으로 말미암아 믿음으로 구원을 받는다는 겁니다. 종교는 불교나 기독교나 마호멧교나 평등합니다. 기독교는 선불교랑 같은 것이 너무 많아요. 내 마음이 부처라는 것도 "예수님이 여기 있다 저기 있다 하지 마라 예수님은 네 마음에 있다"는 것과 같지요. 죽어서 서방정토 세계에 가는 것이 아닌 것처럼 죽어서 천당에 가는 것이 아니지요. 지금 내 마음속에 천당이 이루어져야 합니다 … 그런 점에서 기독교와 불교가 통하는 것이 많아요.[61]

5. 신비주의에서 배도까지

1906년경 한 무리의 사람들이 교회에서 신비현상을 경험하게 되는데, 이것을 성경에 기록된 오순절 사건과 동일시하면서 이런 현상을 추구하는 오순절운동이 일어나게 되었다. 이것이 발전되어 1948년에 늦은비운동이 일어나고 이후 무수한 이름의 유사 운동들이 생겨나게 되었다. 찰스 그레이브즈Charles Graves가 저술하고 블로거 '청춘'님이 번역한 『늦은 비의 유산The Latter Rain Legacy』을 보면 그것이 얼마나 비성경적인 토대를 갖고 있는지 발견할 수 있을 것이다. 그런 운동들은 비슷한 신비현상을 체험하는 다른 종교들과의 일치를 주장하며 배도의 결과를 초래했다.

1) 오순절파와 늦은비운동

1946년 프랭클린 홀은 캘리포니아 샌디에고에 '대형 금식기도 매일부흥센터'를 설립했다. 교회가 간절히 필요로 하는 부흥과 회복을 가져오는 방법으로써 금식기도에 대해 가르치고 경험하는 것이 이 부흥센터의 중심

---

[61] 조용기 목사 동국대 강연 내용 전문. blog.daum.net/thisage/383.

목적이었다. 홀은 열심히 금식기도를 했지만 가르침은 매우 비성경적이었다. 홀의 저서 『금식과 기도를 통한 하나님의 원자력』에는 이런 황당한 내용들이 나온다.

> 완전하게 된 신자는 중력을 이기는 힘을 경험하게 된다. 그들은 원하는 곳으로 순간이동을 할 수 있다. 그들의 옷은 낡지않고 몸냄새가 나지 않아서 결코 씻을 필요가 없다. 그들은 결코 아프지 않게 된다. 예수님으로부터 받은 불멸의 물질, 모두가 볼 수 있는 금색 물질이 그들 몸에 나타나서 그들을 영화롭게 하고 사람들은 성령의 불을 보고 느끼게 된다. 하나님의 불과 영광이 체험되는 구원으로 몸에 30일 동안 적용돼야 하며, 이는 육체의 질병, 피로, 연약함을 제거할 것이다.

또 금식기도 없이는 기도의 효과도 없다, 이교도들도 금식과 함께 기도하면 하나님으로부터 응답받는다, 점성술에 기초한 12별자리 조디악Zodiac이 하나님의 계시를 설명하는 타당한 방법이라는 등의 터무니없는 가르침을 전파했다.

오순절파가 홀의 비성경적이고 오컬트적인 가르침을 분별못하고 따라행할 때 정말로 놀라운 체험을 하게 되었고 그들은 이것이 성령세례라고 착각했다. 홀의 오컬트 사상은 윌리엄 브래넘에게 영향을 주고 그에 의해 '늦은비운동'이 탄생되었다.

브래넘은 어릴 적부터 계속 '친숙령Familiar Spirit'(뉴에이저들이 사용하는 용어)의 방문을 받으며 오컬티즘 신비주의에 눌려 지냈다고 한다. 혼자 있을 때면 누군가 가까이 서서 말을 걸려고 하는 듯한 이상한 느낌이 있었다. 일곱 살 때는 어떤 음성이 "절대 술과 담배를 하지 말고 네 몸을 어떻게든 더럽히지 말라. 네가 자라면 네게 줄 일이 있다"고 말했다.

그는 평생 그 '영'의 움직임을 보고, 환상을 보고, 미래에 무슨 일이 일어날 지를 보았다. 그는 자신이 '그'에게 갇힌 것 같아서 너무나 괴로웠다.

'그'는 결국 '천사'로 나타나서 브래넘을 치유자로 불렀다.

그가 '천사'에 순종해서 치유 사역을 시작했을 때 정말 놀라운 기적들이 벌어졌다. 그렇다면 그의 치유 사역의 주체는 하나님이셨을까?

그의 가르침이 전혀 비성경적인 것을 볼 때 그 반대라는 것을 우리는 분별할 수 있다.

브래넘은 하나님의 계시가 세 가지 형태로 주어진다고 주장했다. 그것은 성경, 이집트의 피라밋, 점성술의 별자리인 12궁도라는 것이다. 브래넘은 이 같은 오컬트적 교리를 주장했지만, 오직 체험으로 감동받은 사람들은 그가 하나님의 사람이라면서 무조건 받아들였다.[62]

오순절운동이나 늦은비운동은 이후에 많은 논란을 일으키며 견책당해 없어지는 것 같았으나 사실은 그렇지 않았다. 그것은 은사운동, 성령운동, 신사도운동이라는 다른 이름으로 번성하며 가톨릭에도 들어가게 되었다.

브래넘의 사역은 오랄 로버츠나 오스본 같은 치유 전도자들에게 큰 영향을 미쳤다. 밥 존스, 폴 케인, 조슈아 밀즈, 슈프레자 싯홀 등의 신사도운동가들이 한국교회에 초청되어 브래넘과 유사한 경험을 간증하고 치유 사역을 하면서 폭발적인 인기를 끌었던 것도 바로 최근의 일이다.[63]

'능력이 일어났고 치유를 받았으면 그만이지 않은가'라는 생각은 매우 위험하다. 사탄은 그렇게 멋진 모습으로 접근해서 결국은 자신의 노예로 만들어 인생을 결박하고 멸망시킨다.

2) 은사주의 성령운동

은사주의 또는 오순절주의가 가톨릭에 침투해 들어왔을 때 바티칸에서 에큐메니칼 사역(종교통합운동)의 비서로 일하던 예수회의 비Bea 추기경은

62　기름부음인가 배교인가: 물없는 구름. blog.daum.net/thisage/384.
63　치유능력을 마음대로 부리는 치유사역자들. blog.daum.net/thisage/387.

큰 흥미를 갖고 그 자취를 연구해 보았다. 그는 이것이 바티칸의 종교통합 시도에 새로운 에너지를 불어 넣어 줄 것을 알고 환영했다.[64]

가톨릭은 1965년 바티칸 제2차 공회에서 다른 종교들을 인정한다고 결의한 이후 기독교와 교류하며 은사주의의 부흥을 진작시켜 왔다.[65] 가톨릭이 이것을 적극적으로 장려하는 것은 '성령 안에서의 일치'라는 종교통합적인 목적을 갖고 있다. 그것의 구체적 방법은 전시적 표적으로서의 치유집회, 축사를 전문으로하는 사제들의 양성, 성체 기적과 마리아 기적의 인정, 임파테이션에 의한 성령 침례, 관상기도운동 등이다. 기독교의 신비주의운동도 마리아 기적에 대한 것만 빼고는 동일한 방법으로 은사주의를 파급시켰다.

가톨릭의 은사주의자들은 오랄 로버츠, 캐더린 쿨만, 렉스 험바드, 에이미 맥퍼슨, 두플레시스와 같은 기독교의 수퍼스타 은사주의자들의 능력을 오히려 능가하기도 했다. 그들은 커다란 교리의 차이를 극복하고 초교파적인 연대감과 영적 능력을 공유해갔다.[66]

저들은 교리보다 체험이 더 중요하다고 주장하며 '하나님 체험하기'에 대해서 가르쳤다. 먼저 체험한 자들로부터 배우고 훈련받고 묵상하고 안수받으면서 미래를 예언해주는 음성을 듣고 환상을 보고 만져주심을 느끼고 향기를 맡고 금가루를 받고 불덩어리를 받고 떨고 쓰러지고 무아지경에 빠졌다. 그리고 하나님을 체험했다고 주장했다.

이런 현상은 기독교 안에서 뜨거운 감자가 되어왔다. 이런 것이 과연 성령 하나님으로부터 왔는가 또는 그 반대인가로 나뉘어 둘은 서로를 이단이다 또는 율법적이다며 팽팽하게 대립하고 있다.

한 그룹은 비성경적 교리를 가르치는 가톨릭을 이단시하고, 프리메이슨과 뉴에이지를 적그리스도적으로 보고, 그들을 통해 드러나는 신비현상

---

64 은사주의운동의 확산, 천주교와의 연합. blog.daum.net/thisage/388.
65 The Catholic Charismatic Renewal. blog.daum.net/thisage/389.
66 은사주의운동의 확산, 천주교와의 연합. blog.daum.net/thisage/388.

을 악령에 의한 것이라며 배격한다. 존 맥아더 목사가 그들 중의 하나인데 그는 은사주의운동은 성도들을 잘못된 길로 이끌고 성령의 이름을 욕되게 한다고 주장하면서 저서『이상한 불Strange Fire』을 통해 가짜 성령운동을 강력하게 비난한다.[67]

한편 다른 그룹은 신비주의, 은사주의, 오순절주의, 성령운동을 지지하고, 교리에는 예민하지 않아서 오컬트적 뉴에이지에 거부감이 없고, 가톨릭을 형제라 여기고, 가톨릭을 비롯한 다른 종교와의 일치운동을 벌리는 WCC에 찬성한다.

한때 예수회 사제였다가 탈퇴한 알베르토 리베라 박사는 예수회에서 자신의 임무가 종교통합운동을 일으켜 기독교를 가톨릭에 종속시키는 것이었다고 한다. 그리고 그 구체적인 방법은 기독교 안에 은사주의와 성령운동을 침투시키는 것이었다고 한다. 그 목적이 잘 성취된 것이다.

3) 가톨릭의 영성훈련

기독교가 가톨릭에게 신비주의적 은사주의를 퍼트렸다고 말하지만, 사실 가톨릭은 훨씬 오래 전부터 신비주의 영성을 갖고 있었다. 바로 예수회를 설립한 이그나티우스 로욜라의 영성이다. 은사주의적 기독교 지도자의 대부분이 예수회로부터 영성을 배웠다고 고백하거나 적어도 친가톨릭적이다.

빈야드운동의 창시자 존 윔버는 저서『능력전도』에서 예수회 창시자인 이그나티우스 로욜라와 아빌라의 테레사를 추천한다. IHOP(국제기도의 집)의 설립자 마이크 비클은 자신에게 가장 큰 영향을 준 사람이 마리아의 젖을 실제로 먹었다는 예수회의 신비주의자 베르나르라고 고백한다.

여러 신학교들이 영성과목에서『그리스도를 본받아』를 필독도서로 추

---

67 Strange Fire. blog.daum.net/thisage/390.

천하는데 저자인 토마스 아켐피스는 가톨릭의 신비사상가로 유명하다. 리차드 포스터가 크게 영향을 받았다는 캐서린 도허티, 토마스 머튼, 헨리 나우웬도 가톨릭 수사고, 릭 워렌이 자주 인용하는 존 메인도 가톨릭 수도사다. CBN 기독교 방송의 사장 팻 로벗슨과 TBN 기독교 방송의 사장 폴 크로치도 은사주의자로서 가톨릭과 강한 연대를 갖는다.

릭 조이너, 폴 케인, 바비 카너, 릭키 스캑즈, 마헤쉬 챠브다 등 신사도 운동의 리더들은 예수회 소속의 말타 기사단Sovereign Military Order of Malta 작위를 받은 자들이다.[68]

2008년에 열려 엄청난 인원이 참가했던 토론토 블레싱이나 레익랜드의 신사도 집회에서 참석자들은 하나님의 품에 안기우고 심지어는 하나님과 직접 섹스를 했다는 엑스타시의 체험을 간증했다. 클레르보의 베르나르, 아빌라의 테레사, 제노바의 카타리나 등 예수회 수련자들이 했던 것과 유사한 경험이다. 고대 바벨론에서도 여사제라고 불리는 신전의 창기들이 있었는데, 그들은 마르둑 신과 실제로 성적 접촉을 한다면서 높은 방에 신전을 짓고 그곳에서 신의 방문을 기다렸다고 한다.

프리메이슨과 예수회의 실체를 알지 못하는 목사들은 이렇게 주장한다.

> 우리는 예수회의 로욜라의 수련법을 통해서 실질적인 영성을 배워야 한다. 일상생활에서의 구체적인 실천 중시, 신앙 훈련의 적극성과 헌신성, 침묵기도나 관상기도를 통한 치유, 내적 성숙을 위한 자아인식 기도, 이미지를 동원한 상상기도, 상상력과 심리학의 활용 등이 영성훈련에 훌륭한 도구가 될 수 있다.

반면 김성건 교수 같은 사람은 로마가톨릭의 영성에 물든 기독교에 대해 크게 우려하며 다음과 같이 경고한다.

---

68 Rick Joyner, Knighted by the Knights Of Malta. blog.daum.net/thisage/391.

오늘날 수많은 복음주의자들이 '로마가톨릭 스타일의 영성'으로 가고 있는 것이 사실이다. 그럼 가톨릭의 영성이 어떻게 기독교 안에 들어오게 되었을까? 그것은 가톨릭의 신비주의 영성을 통해서다. 오늘날 오순절성령운동 및 카리스마운동 추종자들은 자신을 복음주의자라고 고백하고 있지만 많은 수가 '가톨릭의 신비주의'와 '성서적 영성' 사이에 존재하는 '차이'를 제대로 이해하는 데 실패하고 있다. 일부에서는 가톨릭 신앙과 새로운 복음주의가 기묘하게도 동일한 방향으로 나아가고 있다고까지 주장한다.

주지하듯이 교파 간 일치와 연합을 추구하는 에큐메니즘은 기본적으로 성경교리에 대해서는 크게 상관하지 않는 전략을 갖고 있다. 즉 내가 믿는 바가 무엇인지에 대해서는 별로 상관하지 않는다는 것이다 … 기독교에 침투한 '가톨릭 영성'의 문제와 이것의 위험을 제대로 밝히는 일이야말로 교회의 개혁에 가장 중요하고 시급한 과제라고 본다.[69]

4) 개신교는 없다: 모두 가톨릭이다

그의 우려가 현실로 드러났다. 최근에 교황 프랜시스가 개신교의 은사주의자 케네스 코플랜드 목사에게 동영상 서신을 보내며 공개적으로 종교의 일치를 호소했다. 코플랜드 목사는 감격하며 환영하는 답신을 보냈고 여기서 성공회의 팔머 주교는 이렇게 선포했다.

> 루터의 종교개혁과 그로 인한 개신교의 분리는 잘못된 것임이 드러났다. 이제 역 종교개혁이 일어나면서 개신교가 가톨릭의 품 안으로 돌아오고 있다. 프로테스탄트(저항하는 자)가 더 이상 프로테스트하지 않게 되므로 이제 개신교는 존재할 이유가 없게 되었다. 이젠 우리 모두가 가

---

69   한국교회에 침투한 '가톨릭 영성'의 문제와 위험. blog.daum.net/thisage/392.

톨릭이다. 개신교는 없다.[70]

성령운동 안에서 로마가톨릭과의 타협을 선언하면서 개신교는 기독교임을 스스로 포기해 버렸다. 세계 최대 기독교 방송사인 TBN 설립자 폴 크러치도 같은 선언을 한다.

> 나는 나의 사전에서조차 개신교라는 단어를 뿌리 뽑는다. 나는 그 무엇도 저항하지 않는다(가톨릭에 항의하다는 의미에서 가톨릭이 기독교에게 프로테스탄트라 이름 붙임). 지금은 가톨릭과 비가톨릭이 성령 안에서 하나로, 주 안에서 하나로 모이는 시간이다. 당신이 교회 안에서 범할 수 있는 가장 큰 죄는 '성경적 진리'를 고수하는 것이다. 진리는 분리시키고, 사랑은 일치시킨다.[71]

그는 종교의 통합이 사랑이라고 주장하지만 비진리는 절대 사랑일 수 없다. 진정한 사랑은 오직 진리 안에서만 가능하다. 그럼에도 '하나님은 사랑'이라는 명분으로 비진리의 주장이 인기를 끌고 있다. 롭 벨 목사는 『사랑이 이긴다』에서 "하나님은 사랑이시기에 지옥이란 사실상 존재하지 않는다"고 주장하며 베스트셀러 작가가 되었다.

"지옥이 없다"는 벨의 주장은, 성경과 하나님은 거짓말이라는 주장과 다름없다. 또 통합을 위해서라면 성경적 진리도 버리겠다는 크러치의 주장도, 성경을 하나님의 말씀으로 보지 않겠다는 고백과 다름없다.

찰스 그레이브즈는 이런 비성경적 통합운동이 오순절파의 늦은비운동에서부터 발전되어 왔다고 주장한다. 하나님의 진리에 기초한 통합이 아니라 인간의 감정과 경험을 토대로 주장하는 통합인 것이다.

---

70 루터의 저항은 실패했다; 우리는 모두 가톨릭이다. blog.daum.net/thisage/393.
71 Beware of Paul and Jan Crouch. blog.daum.net/thisage/394.

종교통합운동은 날이 갈수록 강도가 심해지고 적그리스도 밑에서 결국 통합이 실현될 때까지 계속될 것이다. 이에 저항하며 '좁은길'을 가는 근본주의자들은 파멸의 대상으로 찍히거나 멸시받는 '남은 자Remnant'가 될 것이다.

6. 교회의 영지주의

성경은 우리가 예수님을 통해서만 구원을 받는다고 말씀하는데, 영지주의에서는 그노시스Gnosis(지혜)를 통해 우리가 스스로를 구원할 수 있다고 주장한다. 구원의 주체가 하나님이냐 인간이냐로 둘은 상반된 견해를 갖는다. 성경은 영지주의에 대해서 엄중하게 경고하고 있지만 스스로 구원의 주체가 되고 싶어하는 세상을 따라서 교회 내에서도 영지주의적 뉴에이지의 가르침이 성행하고 있다.

로저 오클랜드의 『무너진 믿음』과 『새 포도주와 바벨론 포도나무』, 콘스탄스 컴비의 『무지개의 숨겨진 위험들』, 찰스 그레이브즈의 『기름부음인가 배교인가? 늦은 비의 유산』 등이 '청춘'님의 번역으로 상세하게 설명해준다. 그중 몇 개만 짧게 소개한다.[72]

1) 관상기도와 영성훈련

이집트의 알렉산드리아를 중심으로 모여든 4세기의 은둔 수도사들은, 세속을 떠나 침묵과 관상을 수행하면서 모든 인간적 욕망으로부터 해방되

---

[72] 무지개의 숨겨진 위험들. blog.daum.net/thisage/395.
기름부음인가 배교인가. blog.daum.net/thisage/396.
무너진 믿음. blog.daum.net/thisage/397.
새 포도주와 바벨론 포도나무. blog.daum.net/thisage/398.

어 근심과 걱정의 방해를 받지 않고 하나님의 임재 안에 거하기를 추구해야 한다고 주장했다. 그들은 모든 재산과 가족들을 포기하고 세속과의 접촉을 최대한 단절한 채로 수면 억제와 고행, 그리고 노동을 통한 수덕에 힘썼다. 이런 영성훈련은 예수회의 것과 일치한다.

교회나 기도원에서 실습하는 관상기도나 구심기도의 방법은 뉴에이지의 요령과 같고 그 기원이 불교 또는 힌두교라는 것은 공공연한 사실이다. 토마스 키팅 수도사는 그리스도인들에게 이렇게 권면한다.

> 기도생활을 심각하게 하기 원하는 많은 그리스도인들이 요가, 젠, TM (Transcendental Meditation 초월 명상) 같은 비슷한 유형의 훈련으로 도움을 받고 있다. 특히 든든히 개발된 기독교 믿음을 갖고 내면의 형태와 의미를 더욱 깊게 지니기 위해 믿을만한 관상 교사의 도움을 받을 경우 좋은 결과를 얻을 수 있다.[73]

2) 레노바레운동

예수회 사제인 헨리 나우웬과 리차드 포스터는 관상기도로 '시각화를 통해 삼층천을 보는 방법'을 가르친다. 그들이 스승으로 간주하는 토마스 머튼이나 토마스 키팅 등도 가톨릭 사제다. 그들은 모두 '이 시대 최고의 영성가', '대영성학자'라고 불리우며 기독교에서 최고의 인기를 끌고 있다.[74]

리차드 포스터는 1988년 레노바레운동을 설립해 신비주의 전통과 그 훈련에 기초한 초월자와의 만남을 가르치고 있다. 뉴에이지의 주장과 동일하다. 그들은 인간 내면에 '내적 빛'이 존재한다고 믿으며 내적 음성을

---

[73] 관상기도. blog.daum.net/thisage/399.
안식년에 목회자들이 찾을만한 영성훈련. blog.daum.net/thisage/400.
[74] 비움과 침묵의 현자 토머스 머튼. blog.daum.net/thisage/401.

들음으로써 진리로 인도함을 받는다고 주장한다. 성경의 객관적 타당성이 아니라 내적 빛의 영향 아래 얻는 개인의 깨달음이나 감정적 체험을 중시하는 것이다.[75]

3) 24/7기도운동

24/7시간 기도하는 집IHOP을 세운 마이크 비클은 예수회와 프리메이슨의 사람들에게서 기도의 본을 찾는다. 클레르보의 베르나드Bernard of Clairvaux는 하루종일 기도하기를 수년 동안 했다고 하는데 그는 잘 알려진대로 예수회의 신비주의 영성가다. 또 1700년대 모라비안교회를 세운 진젠도르프Zinzendorf는 모라비안들과 함께 성령의 능력으로 24/7 기도운동을 시작했는데 그 모임은 100년간 계속되었다고 한다. 진젠도르프는 프리메이슨의 전신인 장미기사단의 최고 리더였다. 프리메이슨의 자료에도 이때 모라비안 메이슨이 설립되었다고 기록한다.[76]

진젠도르프는 프리메이슨의 겨자씨기사단The Order of the Mustard Seed을 만들기도 했다. 겨자씨기사단은 지금도 존재하는데 그 사이트에는 테레사 수녀의 가르침, 예수회 기도실, 떼제 공동체, 미로영성, 켈트기도 등의 가톨릭, 프리메이슨, 뉴에이지 관련 사이트로 링크가 걸려 있다.[77]

4) 신사도운동

신사도운동New Apostolic Reformation(NAR)의 리더인 릭 조이너 목사

---

[75] 리처드 포스터와 레노바레. blog.daum.net/thisage/402.
[76] The Call to be a Full-Time Intercessory Missionary. blog.daum.net/thisage/403.
Ecumenism: The Moravian Prophecy and Count Zinzendorf. blog.daum.net/thisage/404.
[77] 경건주의자 진젠도르프와 모라비안은 영지주의 카발리스트. blog.daum.net/thisage/405.

의 예배에서는 락 스타일의 격렬한 음악이 오랫동안 연주된다. 음악 중에 사람들이 '성령 안에서 흠뻑 젖기 Soaking'하면서 '기름부음Anointing'을 받으면 통제할 수 없는 경련, 웃음, 울음, 댄스, 동물소리, 무아지경의 입신 등에 빠진다.[78]

에릭 라이트와 그렉 데스보이그네스는 그것이 '쿤달리니Kundalini의 각성'으로, 라즈니쉬가 이끌었던 뉴에이지의 집회와 완전히 동일한 모습이라고 주장한다. 쿤달리니는 '뱀의 힘, 내부 에너지'를 의미한다. 그것은 요기Yogi(요가의 대가) 명상법의 한 형태로, 변성된 의식 상태에 들어가는 동안 그런 현상들, 경험들, 발현들이 나타난다. 변성의식 상태는 반복적인 음악의 사용 등으로 촉발되며 과정 중에 치료의 효과도 나타난다고 한다.[79]

NAR은 초기 기독교의 신비주의적 이단이었던 몬타니즘과 유사한 점이 많다. 몬타누스는 그들의 예식에서 피와 청동 바늘을 사용해 몸에 문신을 했다고 한다. NAR에서 사도로 임명받은 타드 벤틀리도 온 몸과 얼굴에 문신을 계속하고 있다. 몬타누스는 기도 중 강한 떨림과 환상으로 예언하는데 그것도 NAR과 동일하다.[80]

NAR집회 중에서는 금가루의 초자연적 현상이 자주 일어난다. 오래전 남미의 엘도라도에 신적 권위를 나타내기 위해 온몸에 금가루를 칠하고 금가루 제식을 행하던 부족장이 있었는데, 혹자는 그 전승과 영적 연관이 있지않은가 추측한다. 어쨌든 남미에서 시작된 금가루 현상을 가톨릭이 흡수했다가 NAR의 영성 지도자들과 교류하면서 개신교에까지 확대시켰다고 추측된다. NAR의 금가루가 뉴에이지의 '연금술'에서 나온게 아닌가 하는 질문도 흥미롭다.[81]

---

78 The Truth about Occult-New Age Christianity. blog.daum.net/thisage/406.
79 Kundalini Spirits in the Church? blog.daum.net/thisage/407.
80 몬타니즘과 신사도 운동의 유사성. blog.daum.net/thisage/408.
81 연금술의 비밀과 금가루 현상. blog.daum.net/thisage/409.
　Gold Manifestations-Is This Alchemy? blog.daum.net/thisage/410.

무엇보다도 결정적인 문제점은, NAR의 최고 리더격인 릭 조이너, 폴 케인, 바비 커너 등이 예수회의 말타기사단Knight of Malta에 소속되었다는 사실이다.[82] 릭 조이너는 자신의 홈페이지에서도 그 사실을 밝혔다.

5) 영적전투/주권운동

NAR의 피터 와그너가 주장하는 '영적전투' 사상은 오컬트 교리의 세트다. 영적 실재에서 보이지 않는 권세를 향해 심판의 포고령을 선포하고 외치고 주문함으로써, 누구든지 물질영역에서 변화를 일으킬 수 있다는 주장이다. 원하는 대상에 대해 지속적으로 변화를 선포하고 말함으로써, 변화가 유발되고 구체화되고 빚어져서 이 땅에 물질로 나타나도록 할 수 있다는 뜻이다.[83]

이것은 역사적으로 카발라, 신플라톤적 신지학, 주문呪文, 또는 단순히 마술이라고 알려져 온 것이다. 카발라 서적『조하르』는, 집중된 영적 의식과 발설된 말이 결합되면 '살아있는 말'이 되어서 아름다운 배우자, 제트기, 부유함 등을 가져다 줄 수 있다고 주장한다. 피터 와그너의 주장과 동일하다. 이 맥락에서 그리스도는, 신인神人 종족이 되려는 목표를 향한, 잃어버린 초자연적 능력을 되찾아 주는 마법사로 여겨진다. 이런 사상을 몰몬 외에도 많은 크리스천 카발라 이교도들이 받아들였다.

또한 와그너는 "세상을 이겨서 예수님에게 바친다", "우리는 지금 이 땅에 하나님의 나라를 건설할 수 있다"는 승리주의적 왕권주의를 주장한다. 그것은 교회를 벗어나 경제, 사회, 문화, 심지어는 국가까지 통치한다는 소위 신정통치 체제적 개념이다. 물론 그 가장 높은 위치에는 그들이 말하는 '사도'들이 자리하게 될 것이다.

---

82 Knights Of Malta: Rick Joyner, and Saddam Hussein. blog.daum.net/thisage/411.
    Why did I Join the Knights of Malta? blog.daum.net/thisage/412.
83 신사도운동은 기독교 대적자이자 이단사상 집합소. blog.daum.net/thisage/413

그것을 위해서 '일터교회'가 사용되고 불신자에게서 신자에게로 '부의 이동'이 있을 것이다. '일터교회'와 '부의 이동'을 통해 쌓은 돈으로 그들이 종교, 경제, 문화, 정치, 교육 등 7개로 분류한 각 권역에 대해서 통치체제를 이룰 것이다. 이것은 '칠대 권역', 혹은 '일곱 산Seven Mountains'이라고도 부른다.[84]

6) 신부운동

신부운동은 사랑하는 대상으로서 신과의 무아의 합일을 체험하는 것에 목표를 두는데 힌두교의 고피 바바와 비슷하다. 하나님과의 사랑으로 황홀해하는 인간의 모습은 아빌라의 테레사의 표정에서도 볼 수 있다. 마리아 델라 비토리아 성당에 있는 테레사의 조각은 신의 애무로 환희에 빠져 있는 표정을 사실적으로 묘사하고 있다.[85] 마이클 비클에게 성경 다음으로 가장 고무적인 영향을 끼쳤다는 예수회의 신부 베르나르도 그의 신랑(하나님)에 의해 신비적으로 관통당한 체험으로 유명하다.

> 자신의 몸으로 신랑인 주님이 들어오심을 확실하게 느끼고 보고 듣고 만질 수 있었다. 그것은 남녀 간의 사랑인 엑스터시의 경험이자 인간이 경험할 수 있는 가장 높은 단계의 행복감이었다 … 그는 남자와 사랑에 빠진 여자와 같은 기분이었다 … 그는 인간들의 사랑이 십자가에 못박힌 예수님을 향한 사랑으로 승화되는 것을 환상으로 보았다. 그는 예수님을 껴안고 깊이 입맞춤했다.

그는 또한 마리아의 젖가슴을 빠는 환상을 보았는데 그러면서 실제로

84　이방종교, 주술적 요소들이 신사도 개혁운동의 뿌리. blog.daum.net/thisage/414.
85　사랑/신부운동의 신비주의: 아빌라의 테레사. blog.daum.net/thisage/415.

그녀의 젖을 먹었다고 주장한다. 마리아의 젖을 받아먹는 베르나르의 모습은 초상화로도 그려져서 내려온다.[86]

가톨릭에서는 사제 서품식을 일종의 결혼식이라고 말한다. 장엄한 음악과 잘 짜여진 예식으로 신비한 1:1 결혼식이 연출된다. 수녀는 동정녀로 신부는 동정남으로 하느님께 바쳐지는 것이다. 혹자는 이것을 고대 종교에서부터 있었던 인신제사와 같은 의미로 해석한다.

7) 이머징교회운동

이머징 예배의 가장 큰 특징은 바로 '영적 체험'이다. 하나님에 대해 듣고 아는 것보다 스스로 하나님을 경험하고 느끼고 싶어한다는 발견이 이머징 예배로 이어졌다. 이머징 예배는 즉흥적 체험과 영적 신비감을 강조해 예배의 특정한 형식에 얽매이는 것을 거부한다. 예배자는 미리 정해진 순서와 시간에 구애받지 않고 자유롭게 기도와 찬송 등 신앙적 행동을 표현할 수 있다. 또한 촛불을 사용하거나 향을 피우거나 스테인드 글라스를 활용해 시각적 이미지를 극대화하고 종교적 색채가 강한 경건한 분위기를 조성한다.[87]

감각적, 체험적 기독교를 표방하는 이 운동은 필연적으로 신비주의적으로 흐른다. 따라서 이 시대 영성의 대가로 불리우는 토마스 머튼, 예수회 영성훈련의 창시자 이그나티우스 로욜라, 스페인의 신비가 '십자가의 요한', 아빌라의 테레사 등의 신비적 관상가들을 대선배로 여긴다. 리차드 포스터, 달라스 윌라드, 유진 피터슨, 레너드 스위트 등의 개신교 관상가들이 같은 노선을 가고 있다.[88]

---

86 성모의 모유를 사모하는 사람들. blog.daum.net/thisage/416.
87 포스트모던 신비영성과 이머징교회운동. blog.daum.net/thisage/417.
88 Emerging Church Movement. blog.daum.net/thisage/418.

8) 알파코스 G12운동

성공회 신부인 찰스 만함에 의해 1976년 시작된 알파코스는 1985년 니키 검블이 받아들여 존 윔버의 빈야드운동 또는 제3의 물결을 포함시키면서 개신교에 파급시켰다. 노만 빈센트 필, 로버트 슐러, 빌리 그래함, 팻 로버트슨, 오랄 로버츠, 가톨릭 교황 등 프리메이슨 종교인들과 정치인들이 이 운동을 적극적으로 장려하고 지원을 아끼지 않고 있는 이유는, 이것이 종교통합운동이기 때문이다. 니키 검블 역시 드루이드Druids 프리메이슨 랏지의 정회원이고 그와 연합한 존 윔버도 프리메이슨이라는 사실이 밝혀졌다. 빈야드운동이 그랬던 것처럼 이 집회에서도 각종 신비 현상이 일어난다.[89]

거룩한 이름을 갖고 거룩한 명분을 내세우지만, 오컬트 사상과 연합되어 신비주의적이고 이방적이고 비성경적이고 위험한 운동들이 지금도 계속해서 일어나고 있다. 저들이 성경과 조금 다르다고 해서 무슨 크게 문제될 것이 있겠느냐고 질문하는 자들이 있지만, 하나님의 말씀을 조금씩 첨가 삭제 수정하다보면 전혀 '다른 하나님'이 되어버린다. 그들은 하나님을 믿고 따른다고 생각하지만 실제로는 다른 신을 믿고 다른 영을 따라서 반대 방향으로 가는 것이다.

요즘 선지자들의 홍수 속에서 거짓 선지자와 참 선지자를 분별하는 구분점에 대해 레온 우드Leon Wood는 중요한 말을 한다.

> 구약을 볼 때 선지자의 두 가지 임무는 하나님으로부터 계시를 받는 것과 받은 계시를 백성들에게 선포하는 것이었다. 특별히 계시(말씀)를 받을 때 무아지경에 해당하는 자기 암시는 없었다. 선지자 자신이 어떠한

---

[89] An Assessment of Nicky Gumbel's Gospel. blog.daum.net/thisage/419.
Book Exposes Illuminati Alpha Course. blog.daum.net/thisage/420.
Betrayed with a Kiss. blog.daum.net/thisage/421.

계시적 경험을 스스로 시작하는 것이 아니라 하나님께서 시작하셨다. 선지자는 단순히 기다렸다. 그는 이성적인 능력을 잃지도 않았고 무아지경에 빠지지도 않은 채, 외부로부터 초자연적인 현상을 경험했다 … 이러한 계시 경험의 중심은 항상 '하나님 말씀'이었다.

인간이 듣기 원해서 하나님으로 하여금 말씀하시도록 강요하는 것이 아니라, 하나님이 원하고 필요해서 인간에게 말씀하신다는 것이다. 여기서 인간이 할 수 있는 일은 그저 가만히 듣는 것밖에 없다.

7. 임박한 종말 사상

일부 교회와 예언자들이 매우 임박한 말세론을 주장하며 사람들의 주목을 받고 있다. 그들의 주장에 미혹되어 24시간 기도나, 구약 율법의 준수나, 일상생활의 도피를 꾀하는 사람들도 늘어나고 있다. 마지막 때에 심각한 기근이 있을 것이라며 피지나 몽고나 하와이 등으로 피신가서 말세를 준비하겠다는 사람들도 있다.

우리는 성경의 예언에 따라서 말세 전에 일어날 일들을 짐작해 볼 수 있다. 복음이 모든 민족에게 전파될 것이다. 옛 솔로몬 성전 자리에 들어선 이슬람 성전(황금 오말 사원)이 부서지고 거기에 유대인 성전이 들어설 것이다. 정치, 경제, 종교적인 분야에서 탁월한 능력을 발휘할 세상의 영웅이 나타나서 모든 사람들로부터 하나님과 같은 존경을 받으며 유대인들은 그가 바로 자신들이 기다려 온 메시야라고 주장할 것이다. 완전한 금융화폐제도(성경이 666표라고 표현)가 출현해서 그 표를 받지 않으면 아무라도 상거래를 하지 못하게 될 것이다. 전쟁과 기근으로 인류의 1/4이 죽고 별들이 하늘에서 떨어지고 다시 인류의 1/3이 죽으며 인류의 급격한 감소가 있을 것이다.

이런 일들이 아직 일어나지 않았음을 볼 때 말세가 당장 있을 일은 아니지만, 그들은 다음을 근거로 매우 임박한 말세론을 주장한다.

1) 이스라엘 회복과 제3성전 건립

그들은 인류의 마지막 때를 알게 하는 가장 중요한 척도가 이스라엘이라고 주장한다. 1948년 이스라엘이 건국되고, 최근 많은 유대인들이 예수님 앞으로 나아오고 있고, 이제 예루살렘에 제3성전이 세워지려하는 시점에서 성경이 예언한 인류의 종말이 매우 가까왔다는 주장이다. 그들은 이렇게 말한다.

> 1948년 이스라엘의 건국 이후 유대인의 알리야의 행렬이 이어지면서 지금은 무려 650만 명의 유대인이 이스라엘에 살고 있다. 그들이 이스라엘 본향에 돌아와서 하나님을 경배한다는 것은 현대 역사 가운데서 가장 놀라운 일이며 예수님의 재림의 때가 되었다는 증거가 된다. 고향 땅으로 돌아온 유대인들 중에 성령의 은혜를 받아 예수님을 주님으로 믿는 자들도 늘어나고 있다. 이들 메시아닉 쥬의 급속한 증가는 예수님이 신부의 나머지 반쪽을 준비하시는 것이라고도 볼 수 있다. 재림을 예비할 온전한 신부를 완성하고 있는 것이다.

예수님을 믿는 유대인들은 다른 그리스도인들과 구분해서 '메시아닉 쥬'라고 부르는데, 그들은 구약 시대처럼 유대절기, 할례, 전통행사를 모두 지키면서 유대인으로서의 정체성을 지킨다. 이제는 모든 그리스도인들도 메시아닉 쥬를 따라서 구약의 절기를 지켜야 한다고 주장하는 자들도 있다. 유대인은 예수님을 받아들이고 이방인 교회는 유대교로 돌아옴으로써 '한

새 사람'을 이루게 되는데, 이것이 마지막 때의 징조라는 주장이다.⁹⁰

또한 그들은 지금 이스라엘에서 진행 중인 제3성전 건축의 프로젝트를 임박한 말세지말의 증거로 든다. 오랜 세월동안 통곡의 벽에서 기도하며 성전의 건립을 기다려왔던 유대인들은, 솔로몬 성전과 헤롯 성전 등 과거 무너진 제2성전에 이어서 이제 3번째 성전을 짓겠다고 준비 중이다. 김종철 감독이 만든 "제3성전"이라는 다큐를 보면 그들의 준비는 거의 완료되었음을 알 수 있다. 성전건축을 위해 하나님이 준비해주셨다는 놀랍고 감격적인 기적의 이야기들도 많다. 즉 성전건축이 하나님의 뜻이라는 것이다.⁹¹

그런데 유대인들이 세우려는 제3성전의 위치는 현재 이슬람 종교의 최대 성지인 황금사원 자리다. 황금사원을 허물고 그곳에 유대인의 성전을 세우겠다는 계획이다. 그렇다면 전 세계 17억 무슬림들이 일어나서 사상 최악의 끔찍한 전쟁이 일어날 것을 예상할 수 있다. 키이스 인트레이터 Keith Intrater는 저서 『그날이 속히 오리라』에서 전쟁의 타당성을 이렇게 설명한다.

> 토라의 율법 조항들은 우리가 먼저 평화를 추구해야 한다고 가르친다 … 그러나 만약 그 평화의 제의가 받아들여지지 않는다면 군사적으로라도 그 상황을 해결해야만 한다고 가르친다.

그들은 다음의 성경 말씀을 인용해서 전쟁을 합리화한다.

> 내가 화평을 미워하는 자들과 함께 오래 거주하였도다. 나는 화평을 원할지라도 내가 말할 때에 그들은 싸우려 하는도다(시 120:6-7).

---

90 '이스라엘의 회복'은 유대민족의 특권이 아닌 하나님의 전략. blog.daum.net/thisage/422. 이스라엘의 회복, 그리스도 재림의 가장 큰 신호. blog.daum.net/thisage/423.
91 '성전재건'이 그리스도의 임박한 재림 징조인가. blog.daum.net/thisage/424.

결국 유대인의 제3성전 건립을 위한 전쟁은 불가피하고 임박했는데, 그리스도인들은 유대인의 편에 서서 시오니즘을 지지하고 알리야를 도우며 예수님의 재림을 준비해야 한다고 주장한다.

반면, 유대인이 팔레스타인 땅을 빼앗아 이스라엘을 건국하고 전쟁으로 예루살렘을 탈환하고 그곳에 성전을 짓는 것은 전혀 하나님의 뜻이 아니라고 주장하는 그리스도인들이 있다. 저들이 자신의 목적을 위해서 성경의 예언을 잘못 해석하는 것이라는 주장이다. 내용을 요약하면 이렇다.

> '이스라엘'에 관한 성경의 예언은 물리적 이스라엘이 아니라 영적 이스라엘 즉 '교회'에 관한 것이다. 이스라엘과의 옛 언약은 이스라엘이 일방적으로 어김으로써 파해졌고 이후에는 예수님을 통해 교회와의 새 언약이 세워졌다. 동서로부터 오는 많은 사람들로 천국의 자리가 대체된 것이다(마 8:11-12). 이젠 유대인이건 비유대인이건 오직 예수 그리스도를 믿음으로만 구원받을 수 있으며 메시아닉 쥬의 구분은 특별한 의미가 없다. 이스라엘의 회복에 관한 성경의 예언은 1948년에 있었던 이스라엘 건국에 관한 것이 아니라 그보다 훨씬 이전에 있었던 바벨론 포로에서의 귀환에 대한 것이었다.[92]

후자를 지지하는 그리스도인들은 무조건적인 유대주의와 친이스라엘 정책을 비난한다.[93] 유대인들이 '이스라엘의 회복'이라는 명분으로 시오니즘을 주장하며 벌였던 무수한 전쟁과 지금 예루살렘에 건립 준비중인 제3성전도 하나님의 뜻이 아니라고 믿는다. 실제로 현대 유대인의 대부분은 '혈

---

[92] 이스라엘 회복운동은 성경적인가? blog.daum.net/thisage/426.
이스라엘 회복운동은 그릇된 사상. blog.daum.net/thisage/427.
바울은 메시아닉 쥬 아냐: 유대주의 배격. blog.daum.net/thisage/428.
메시아닉 유대(히브리)뿌리운동이 말하는 불편한 진실. blog.daum.net/thisage/429.
메시아닉운동과 One New Man. blog.daum.net/thisage/430.
[93] 이스라엘에 대한 무조건적 지지는 프리메이슨의 전략. blog.daum.net/thisage/431.

통적 이스라엘'(아브라함의 후손)도 아니고 '영적 이스라엘'(교회)도 아니다.

예루살렘의 두 성전은 바벨론과 로마 등 이방인에 의해 파괴되었지만 그것은 하나님의 뜻이었다. 예수님이 성전을 대신하기 때문에 이제는 죄의 용서를 위해 동물의 희생제사를 드릴 성전이 필요없게 된 것이다. 하나님이 파하신 성전을 다시 세우겠다는 유대인은 예수님의 십자가 죽음을 헛되이 여기기 때문이며, 이것이 하나님의 뜻이라며 지지하는 그리스도인은 예수님의 십자가 죽으심의 의미를 모르기 때문이다.

2) 거짓 계시

요즘 많은 사람들이 예수님(?)의 방문을 받고 있다. 특히 신비주의적 성령운동의 신사도운동가들이 오랜 시간 방언기도나 묵상기도를 하면서 그런 체험을 많이 한다. 그들은 마음을 비운 상태에서 오랜 기도를 하다가 무아상태나 유체이탈을 경험한다. 이때 영적 존재를 만나고 어떤 계시를 받는데 그 주체가 예수님이나 천사라고 믿는 것이다. 환상을 보며 천국과 지옥을 예언하고 임박한 종말을 경고하는 영험한 자들의 주변에는 많은 사람들이 모여들며 인기를 끈다.

기독교 역사 가운데 재림의 긴급한 메시지를 전하며 사람들을 미혹해서 패가망신시킨 경우가 허다하다. 그것은 인류의 종말과 예수님의 재림이라는 성경적 메시지를 전하는 것이지만, 거짓 계시를 섞음으로써 오히려 성경의 진리가 조롱받도록 만들어버렸다. 사탄은 관심과 주목을 받고자 하는 사람들의 욕망을 이용해서 거짓말로 속이고 속은 자들은 잠시 선지자 노릇을 하며 관심과 주목을 받는데 성공하지만, 숱한 거짓말을 목격했던 사람들은 이제 예수님의 재림과 종말의 사실조차 아예 무관심하려 하고 있다.

사탄은 거짓과 진리를 섞음으로써 거짓을 진리처럼 또 진리를 거짓처럼 만들려는 목적에 잘 성공하고 있다. '엘리트 세력의 음모론'도 그 중의 하나다.

3) 세계 엘리트의 음모론

NWO 세계정부를 세우기 위한 비밀집단의 움직임의 폭로를 흔히 음모론이라고 부른다. 거듭 말하듯이 저들은 기독교 멸절의 목적을 갖는 권력집단이므로 그리스도인들이 가장 확실히 알고 경계해야 할 대상이다. 그럼에도 이런 사실이 특히 그리스도인들로부터 배척받는 이유가 있다. 음모론을 주장하는 많은 그리스도인들이 한편으로는 잘못된 신앙을 갖고 있기 때문이다.[94]

예를 들어서, 세대주의적 종말론자들은 유대인의 움직임을 성경과 연결해 해석하면서 종말이 매우 임박했다고 주장한다. 또한 신비주의적 성령운동가들은 하나님이 매우 임박한 종말을 예언하셨다며 특별한 준비를 해야 한다고 주장한다. NWO의 세력을 적그리스도라고 비판하면서, 그 중심에 선 유대인을 하나님의 눈동자라며 옹호하고 그들의 시오니즘을 격려하며, 또 그들의 영지주의적 뉴에이지를 흉내내어 신비현상을 좇는다. 사실에 거짓을 섞음으로써 사실도 거부하도록 만들어버리는 것은 사탄의 전형적인 수법이다.

8. 교회의 오해

안티 기독교인들이 성경을 얼마나 다르게 읽고 예수님을 얼마나 오해하는지 정말 놀랍다. 오컬티즘 영지주의자들이 성경을 난해한 상징으로 해석하며 마법과 사탄주의를 만들었던 것처럼, 그들도 성경의 일부만 인용해 정반대의 해석으로 이끌면서 하나님을 오해하고 대적한다. 그런데 그리스도인들조차 하나님을 오해하고 있다.

---

[94] 음모인가 음모론인가? 기독교적 고찰. blog.daum.net/thisage/432.

1) 잘못된 선민사상

하나님이 이스라엘과 교회를 선민으로 택하신 것은 바로 그들이 통로가 되어서 세상 사람들에게 하나님과 예수님을 알리게 하기 위함이었다. 그래서 이스라엘이나 그리스도인들은 누구보다도 거룩하고 아름답고 희생하고 손해보고 참고 성결하게 살아야 하는 책임이 있다. 하나님을 먼저 만난 자들이 세상과 하나님을 연결해주는 제사장이자 복의 통로가 되는 것은 세상의 무엇과도 비길 수 없는 특권이다.

그런데 이스라엘은 이 특권을 잘못 해석해서 유대인이 인류의 중심에 있고 비유대인은 개나 돼지와 같다고 생각하며 범죄에 죄의식을 갖지 않는다. 유대인은 비뚤어진 선민사상 때문에 역사 내내 미움받고 학살까지 당해야 했는데, 그들은 이것이 하나님의 백성에 대한 핍박이라고 주장하며 복수의 칼날을 갈았고 인류 역사에는 전쟁이 그치지 않았다.

이제 유대교의 실수를 기독교도 범하고 있다. 예수님으로 구원받은 교회도 선민이 갖는 특권을 잘못 해석하고 있다. 그리스도인들은 세상사람들보다 더 많은 복을 받아서 더 잘 살고 더 높아지고 더 건강해야 한다고 생각한다. 세상의 복을 통해서 세상사람들에게 하나님의 선하심과 능력을 증거할 수 있다고 생각한다. 교회가 많은 헌금을 주장하고 높은 건물을 세우고 목사님들이 대기업 총수만큼 급료를 받아도 마땅한 것이라고 생각한다. 하나님이 믿는 자들에게 주신 복이라고 믿기 때문이다. 그것이 과연 하나님으로부터 온 복일까?

하나님을 믿으면 세상에서 복받는다고 전도하는 것은, 바로 우상숭배하는 종교들의 유혹이다. 그리스도인은 구원하시는 하나님께 감사해서 그의 말씀에 순종하며 바르게 삶으로써 세상에 하나님의 어떠하심을 알려주는 복의 통로가 되어야 한다. 이것이 바로 복받은 자의 모습이다.

2) 종교적 열심

많은 그리스도인들이 소나무 뿌리를 뽑을 정도로 열성을 드리고 금식과 철야로 고행하며 기도해야 하나님이 응답하신다고 오해한다. 그런 치열한 기도를 좋은 믿음이라고 칭찬하기도 한다. 하지만 그런 발상은 하나님을 이방종교의 신으로 보는 것이다. 삼천배를 올려야 한번 눈길을 준다는 부처, 온몸을 채찍질하며 고행해야 성결하게 해준다는 '하느님', 음식상을 차리고 돈을 바치고 많은 춤을 추어야 소원을 들어준다는 무당신처럼 생각하는 것이다.

하나님이 필요 없다며 스스로 하나님처럼 되겠다는 뉴에이지적 신념은 가장 악한 것이지만, 천국은 침노하는 자의 것이라며 하나님을 움직이겠다는 의도로 열심을 부리는 종교적 신념도 잘못된 것이다. 그것이 아무리 선한 행동일지라도 말이다.

하나님이 우리에게 원하시는 것은 종교의식이나 고행이나 수련이 아니라, 그분의 사랑과 능력을 알고 온전히 우리의 인생을 맡기는 것이다. 우리의 삶을 간섭하고 인도하실 수 있도록 우리의 삶을 드리는 것이다. 그리고 하나님의 기쁨에 함께 기뻐하고 슬픔에 함께 슬퍼하는 것이다.

3) 신앙적 자신감

이 세상의 공중권세 잡은 자가 사탄인 것은 사실이지만 결국 하나님이 모든 것을 주관하고 다스리시므로 거짓된 사탄의 세력을 두려워하거나 경계할 필요가 없다고 생각하는 그리스도인들이 많다. 그들은 진리와 사랑의 하나님이 자신의 길을 바르게 인도하실 것을 믿으므로 자신은 지금 바른 신앙의 길을 가고 있다고 철썩같이 믿는다.

사실, 이단에 빠진 사람들도 모두 그렇게 생각하고 있다. 내가 하나님을 사랑하므로 하나님도 내가 잘못된 길을 가는 것을 허락하실 리가 없다는 것이다. 그런데 어쩐 일인지 하나님은 무수한 사람들이 이단에 빠지는 것을 허락하셨다. 언젠가 결국 깨닫게 하실 때가 있겠지만 그동안의 시간 낭비는 억울한 손실이다.

그럼 어떻게 해야 할까?

우리에게는 진리의 기준인 성경이 주어졌으므로 이것을 힘써 알고 분별하는 것은 우리의 책임이다. 우리가 하나님 알기를 진심으로 원하고 성경을 읽을 때 우리 안의 성령님이 깨닫게 해주시는 것이지, 저절로 알게 해주시지는 않는다.

기독교서점에는 하나님을 경험하는 법, 하나님의 음성듣는 법, 하나님을 아는 법… 등의 노하우에 관한 책이 무수하게 많이 나와있다. 나도 그런 책들을 열심히 읽었고 많이 가르치기도 했다. 남들을 가르치기에는 좋은 서적이지만, 그러나 실제로 그런 책들을 통해서 하나님을 경험하거나 음성을 듣지는 못했다. 그저 들었다고 착각하고 듣는 척하고 만족한다면 얼마나 허망한 일인가?

그럼 어떻게 하나님의 음성을 듣고 그분을 알아갈 수 있을까?

하나님의 말씀을 읽어가면서 그분을 알아갈 수 있다. 거기에는 하나님의 뜻과 목적과 기쁨과 슬픔 등이 모두 기록되어 있다. 성경을 읽고 이해함이 없이 우리는 결코 하나님의 음성을 알고 들을 수 없다.

그럼 어떻게 그분을 체험하고 평안할 수 있을까?

말씀에 기록된 대로 순종하고 그 열매를 보면서 하나님의 선하심과 능력이심과 사랑이심을 체험하고 평안할 수 있다. 그것은 어떤 신비 체험이나 신적 능력이기 이전에, 우리의 결단이고 행동이다.

4) 목사의 신격화

목사를 하나님의 기름부음받은 종이라며 특별히 성스러운 존재로 여기는 것은 비성경적이다. 목사가 기도하면 더 잘 응답되고 목사가 축복해주면 더 복받는다 생각하고 심지어는 그의 손길이 한번 스치는 것도 영광이라고 생각하는 것은 하나님이 엄금하신 우상화다. 목사를 하나님과 우리 사이의 중보자라고 생각하며 신격화하는 것은 가톨릭의 전통을 배우고 답습한 것이다.

가톨릭은 교황이 하나님의 대리자라며 무소불위의 막강한 종교권력을 누렸던 기관이다. 인간들끼리 신품성사를 주고 받은 주교나 신부들도 스스로를 신격화하고 카리스마화시켜서 그리스도의 대리자라고 불렀다. 그들이 죽은 자를 위해 기도해주면 연옥에서 천국으로 옮겨질 수 있고 죄를 고백하면 용서를 선포하는 권한이 있다고 여겨서 중세 시대 사람들은 집을 팔아 헌금하면서라도 '그리스도의 대리자'를 의지하려 했다. 이것은 인간이 하나님을 흉내내어 속이려는 가장 참람한 죄악이다. 그럼에도 기독교의 목사들도 가톨릭의 비성경적인 전통을 본받아서 신적 권위를 누리려 하고 있다.

교인들이 자신을 신격화해서 떠받드는 것을 말리지 않을 뿐 아니라 잘못된 성경해석으로 암암리에 자신을 신격화한다. 기름부으심 받은 목사를 대적하는 것은 하나님을 대적하는 것이고, 보이는 목사에게 순종하는 것이 보이지 않는 하나님께 순종하는 것이고, 하나님의 종인 목사를 대접하는 것이 하나님을 대접하는 것이라고 가르친다. 그래서 교인들은 목사에게 대기업 회장 만큼의 사례비를 주고 최상의 진미를 대접하며 이것이 하나님을 기쁘시게 하는 것이라고 오해한다. 목사의 엄청난 도덕적 잘못을 알면서도 감추고 덮어주는 것을 하나님을 보호하는 것이라고 착각한다.

사도 바울은 사람들이 그를 신격화하려 하자 옷을 찢으며 만류했지만, 지금의 목사들은 교인들의 대접을 마땅하게 즐기거나 부추기면서 타락하고 있다. 훌륭한 목사들이 거룩한 의도로 목회를 시작했다가 교인들의 비뚤어진 대접을 받으면서 타락하고 멸망하고 있다. 목사를 신성화하고 우상화하는 것은 타락의 지름길을 만들어주는 것이다.

목사는 가톨릭의 신부들처럼 신령한 권위를 갖는 것이 아니라, 선생과 아버지의 역할을 감당해야 한다. 성경을 공부하며 깨달은 것을 설교와 가르침으로 전하고 교인들이 바른 길을 갈 수 있도록 양육하는 것이 그들의 역할이라야 한다. 목사가 그 역할을 잘 감당할 수 있도록 교인은 그들의 생활비를 책임지고 공급하며 인간적으로 존경하고 사랑할 뿐이다.

5) 화려한 성전

대형교회들이 호화 건물을 짓는 근거로 솔로몬의 성전을 이야기한다. 옛적 솔로몬의 성전은 화려하고 장엄했다. 그곳은 죄사함을 위한 희생제사를 드리며 하나님을 만나는 극히 성스러운 장소였다. 그러나 예수 그리스도가 친히 희생양이 되시고 나서는 이후 그를 받아들인 그리스도인들 자신이 성전이 되었다. 이제 교회는 그런 자들이 모여서 하나님께 예배드리고 공부하고 친교하는 장소일 뿐이다. 장소는 편리하고 쾌적하면 충분할뿐 그 이상의 화려함은 필요없겠다.

교회들이 성전건축을 시작하면 교인들은 경제적 부담을 느끼지만, 주변의 눈치와 체면을 보면서 또는 하나님이 기뻐하며 복주실까 기대하면서 어떤 경우는 빚을 내어서까지 큰 헌금을 한다. 교회는 그것을 훌륭한 믿음이라고 칭찬하지만 과연 하나님도 칭찬하실까?

불교권이나 이슬람권의 신전들은 호화로움의 극치를 이룬다. 가톨릭의 성당도 화려함과 아름다움의 극치를 이룬다. 저들의 우상은 화려함과 정성을 즐거워하겠지만 나는 창조주 하나님이 그런 것을 기뻐하신다고 생각하지 않는다. 예수 그리스도가 오신 후 하나님은 심지어 헤롯 성전을 헐어버리기까지 하셨다. 물론 적대적인 이방인을 통해서였지만 하나님은 중요한 가르침을 주고 싶으셨던 것이다.

교회는 투자나 상속의 목적을 가질 필요가 없으니 적당한 크기의 건물을 렌트해서 사용하면 어떨까? 평일에는 노숙자들이 와서 잠자고 쉬는 곳으로 사용하면 어떨까? 그렇다면 수고와 비용이 매우 크겠지만 봉사와 헌금이 그것을 위해 사용된다면 어떨까? 현실적으로 볼 때 나 혼자 꿈 같은 소리를 하고 있는 것 같다.

6) 십일조의 율법

교회들이 십일조로 부유해지면서 각종 문제를 일으키고 있다. 하나님이 명하신 것이 맞는다면 그렇다고 십일조를 그만두자고 말할 수는 없다. 교회들은 십일조를 안 내면 저주받는다고 설교하거나 교회의 직분을 박탈하면서, 또는 교인들의 십일조를 묵인하면서 적극적이건 소극적이건 대부분이 지지하고 있다.

반면 십일조가 성경적이지 않다고 금지하는 소수의 교회들이 있다. 그들의 주장에 의하면 이렇다.

구약 시대에 이스라엘은 레위 지파에게 십일조를 드려서 성전에서 행해지는 제사 등의 일에 전념하게 했다. 십일조는 이스라엘이 지켜야하는 율법의 하나였다. 율법을 지키면 복을 받고 그렇지 않으면 저주를 받는다고 하나님은 약속하셨고 이스라엘은 그 약속을 고스란히 경험했다. 예수님도 십일조에 대해 말씀하셨는데, 물질로는 십일조의 율법을 지켰지만 내면적으로는 율법 정신이 없었던 바리새인들을 크게 책망하시는 말씀이었다. 아직도 구약 시대를 살고 있던 그들은 율법의 의무를 지켜야 했던 것이다.

그러나 예수님이 십자가에서 못박혀 죽으시면서 모든 율법은 완성되었다. 이제 십일조의 율법은 의무가 아니게 되었다. 뿐만 아니라 AD 70년에는 로마를 통해 성전을 파괴하심으로써 성전 일을 맡았던 레위 지파는 십일조를 받을 이유가 없어지게 되었다.

여전히 십일조를 지지하는 목사들은 율법과 성전 이전에 살았던 아브라함과 야곱도 십일조를 드렸다고 주장하지만, 그것은 단 한번 행했던 것이

거나 자원한 십일조였다. 하나님의 명령에 의한 것이 아니었다.[95]

성경은 초대교회의 교인들에게 십일조에 대해 전혀 언급하지 않는다. 이제 교회가 헌금을 필요로 하는 것은 목회자의 사역, 교회의 관리, 구제와 선교에 충당하기 위해서다. 그것은 정해진 액수가 아니라 교회와 교인의 사정에 따라 달리 드려져야 한다.

나는 가난한 교회를 다닐 때는 십삼조의 분량까지도 드렸지만 부유한 교회를 다닐 때는 작은 헌금만 드리며 필요한 사람들을 직접 돕는다. 의무인지 두려움인지 소망인지는 모르지만 생활비도 모자라 빚을 지며 사는 친구가 빚으로 십일조를 드리는 것을 보았다. 예수님이 바리새인들에게 하셨던 책망을 그에게도 하실지 모른다. 은혜가 율법보다 더 귀한 것을 할 수 있다.

---

95 십일조는 성경적인가? blog.daum.net/thisage/433.

제13장

기독교는 무엇을 말하나?

성경은 인간이 하나님으로부터 받은 최고의 선물이다. 성경은 하나님이 누구시며 어떻게 사는 것이 가장 복되고 행복한지를 가르쳐 주며, 또 사탄이 우리를 어떻게 유혹하고 거짓말하고 패망시키는지를 알려줌으로써 우리로 하여금 경계할 수 있게 해준다. 성경이 하나님의 말씀이라는 점에서 매우 신비한 것은 사실이지만 특별하게 깨달은 영적 엘리트들에게만 열려 있는 비밀의 말씀은 아니다. 그것은 초등학생이나 대학교수나 가정 주부들이 함께 듣고 배우고 이해할 수 있는 내용이다.

한편 성경을 어려운 상징과 비유로 풀고 거기에 자의적 계시들을 합치면서 "이 비밀이 오직 우리에게만 열려있다"고 주장하는 사람들이 있다. 저들은 하나님의 뜻과 전혀 다른 신비한 의미들을 성경에 부여하면서 여러 종교들을 만들어 왔다. 기독교 무수한 이단들도 이런 식으로 만들어졌다. 잘못된 선민사상에 젖어있는 유대교의 영적 엘리트들도 평범한 사람들과 신앙을 함께 할 수 없어서 토라(구약성경)를 난해하고 신비하게 풀이하며 성경의 원래 의미를 완전히 상실시켜 버렸다. 그렇게 만들어진 탈무드는 반인륜적 반윤리적 사상을 부추기고, 카발라는 하나님을 대적하는 영지주의 신비주의의 모든 종교들과 마법의 뿌리가 되었다.

성경으로 하나님을 알고 예수님을 믿게 된 사람들이 있는가 하면, 성경으로 사탄을 숭배하는 종교들이 만들어지기도 했다는 사실은 참으로 놀랍다.

1. 사랑 때문에 슬퍼하시다

하나님은 태초에 천사들을 지으시고 영광과 섬김을 받으셨다. 그러나 천사장인 루시퍼가 하나님과 동등되려고 반역을 일으키면서 결국 그와 그를 따르는 천사들은 하나님 나라에서 쫓겨나게 되었다. 이후 저들은 세상에서 인간을 미혹하고 멸망케하는 사탄의 무리가 되었다. 하나님이 정하신 인류 역사의 기한까지 저들은 세상에서 공중권세 잡은 자로서 군림한다.

인간은 오직 하나님의 보호와 인도하심 아래에서만 복되고 승리할 수 있는 존재로 지어졌지만 하나님을 배반할 수도 있는 자유의지가 있다. 하나님은 인간의 주인으로 섬김 받기를 간절히 원하심에도 불구하고 자신의 전지전능하심으로 사랑을 강압하지 않으시고 자유의지로 선택하게 하신 것이다. 하나님이 자연과 성경과 인생을 통해 자신을 계시하시며 인간의 선택을 오랜 동안 기다리신다는 사실은 얼마나 놀라운 일인가?

한편 하나님을 흉내 내어 인간으로부터 섬김 받고 싶은 사탄은 거짓으로 두려움을 주거나 속임수로 유혹해서 추종자들을 만들고 있다. 결국 하나님을 반역한 사탄을 위해서 만들어진 지옥에 추종자들도 따라서 함께 가게 되었다. 이렇게 인간이 하나님을 선택하느냐 또는 사탄을 선택하느냐에 대한 삼각관계의 이야기로 인류의 역사는 이어져 왔다.

1) 사탄의 유혹과 인간의 범죄

하나님은 에덴동산에서 인간에게 모든 것을 허용했지만 오직 선악과만 금지하시며 인간의 순종을 요구하셨다. 그러나 인류의 초기부터 속이고 미혹하는 자였던 사탄은 자신이 하나님께 불순종했던 것처럼 인간에게도 선악과를 먹으며 불순종하라고 유혹했다. "선악과를 먹으면 너도 하나님처럼 될 수 있어"라는 사탄의 유혹은 자신의 욕망을 그대로 나타냈다.

하나님은 인간의 주인으로서 순종을 명하셨지만, 사탄은 인간 스스로의 주인이 되라고 속삭였다. 사탄의 유혹은 하나님의 명령보다 훨씬 더 매력적이었다. 아담과 이브는 하나님의 말씀을 거역하고 사탄의 말을 따르기로 했다. 결과는 실로 엄청난 것이었다. 하나님께 불순종하므로 사탄의 종이 되어버린 것이다. 이제 인간은 의도하지 않게 사탄의 추종자가 되어서 죄짓는 자가 되었다. 죄는 모든 슬픔과 문제의 씨앗이 되어서 인생은 고통이 되어버렸다.

2) 심판

하나님은 결코 죄를 허용하실 수 없으므로 자신이 계시던 에덴에서 인간을 쫓아내셨다. 죄가 인간을 하나님과 분리시켜 버린 것이다. 에덴에서 생명과를 먹으며 영원히 살 수 있었던 인간은 이제 에덴에서 쫓겨나므로 생명과를 먹을 수 없어서 죽음을 맞을 수 밖에 없었다. 인간이 가장 두려워하는 죽음은 불순종의 결과였다. 죄를 지으며 고통 가운데서 살 수 밖에 없는 인간이 이 땅에서 영원히 살지 않고 죽음을 맞는다는 것은 오히려 축복이다.

하나님의 마음은 항상 인간에게 향했고 그들이 하나님 찾기를 원하셨다. 하지만 세상의 주인된 사탄을 따라서 인간은 범죄로 끝없이 타락해갔다. 하나님은 오랜 기다림 끝에 결국 세상을 심판하셔야 했다. 심판 이전에는 먼저 경고가 있었다. 노아는 하나님의 명령을 따라서 배를 지으며 하나님의 경고를 전했다. 그러나 그의 경고를 듣고 방주를 탄 사람은 그의 가족들뿐이었다. 결국 대홍수에서 살아남은 노아의 가족 8명에서부터 인류가 다시 시작된다.

이후 바벨론에 니므롯이라는 자가 살았다. 당대 최고의 영웅이던 그는 스스로 하나님처럼 되려했다. 천사 중에서도 가장 아름다웠던 루시퍼가 하나님처럼 되려고 반역했듯이 말이다. 그는 사람들을 동원해서 바벨탑을 쌓아 하늘까지 닿으려했다. 높은 탑이 하나님의 진노와 심판의 홍수로부터 인간을 구원해줄꺼라고 공약한 것이다.

인간의 역사에는 하나님을 대적하고 스스로 하나님처럼 되려하는 니므롯 같은 자들이 줄곧 있어 왔다. 그들은 힘없고 무식한 자들이 아니라 가장 힘세고 능력있는 영웅들이다. 영웅 니므롯이 죽자 그의 아내는 그가 마르둑 신으로 변신해서 아들 담무스로 환생했다고 주장했다. 그로부터 환생과 윤회 사상이 생겨나고 그를 근거로 무수한 종교들이 만들어졌다. 하나님은 잊혀지고 인간이 만들어낸 신들이 하나님의 자리를 대신해 갔다.

3) 이스라엘

BC 2000년경 하나님은 자신이 친히 통치하시는 나라를 만드시고자 아브라함을 부르셨다. 하나님은 아브라함에게 친히 나타나셔서 자신의 뜻을 알리시고 언약을 맺으셨다. 그의 후손들로 인구가 불어나고, 이후 모세를 통해 법이 주어지고 (BC 1500년경), 하나님의 정하신 땅 가나안에 정착하면서 이스라엘이라는 나라가 완성되었다.

하나님이 이스라엘을 만들고 그들에게 율법을 주신 이유는 그들을 통해서 세상에 하나님을 전하시려는 의도였다. 범죄하는 세상 가운데 이스라엘만은 하나님의 법을 따라서 거룩하고 아름답고 복되게 살면서 그들을 통치하시는 하나님이 누구신가를 알리시려는 것이었다. 하나님은 백성들이 법을 지키면 복을 주시고 지키지 않으면 저주하시겠다고 선포하셨고 백성들은 모두 하나님의 법을 지키겠다고 약속했다.

하지만 이스라엘은 약속과 달리 하나님께 불순종했다. 하나님을 믿고 따르면 당신의 전지전능하심으로 그들의 모든 필요를 넘치도록 채우실 수 있는데, 그들은 눈에 보이지 않는 하나님을 버리고 대신 눈에 보이는 돌과 나무로 된 우상을 섬겼다. 이웃한 가나안 사람들의 풍속을 좇아서, 비가 오고 풍년이 들고 양과 소가 번식하기를 간구하며 바알신에게 절하고 아세라신에게 제물을 바쳤다.

하나님은 자기 백성에게 배반당하며 비탄하고 비통하셨다. 선지자를 보내어 언약을 상기시키시며 회개하고 돌아오기를 기다리셨다. 그러나 그들은 여전히 죄악 가운데서 돌이키지 않았으므로 하나님은 약속대로 심판하셔야 했다. 백성은 심판받아 고통하며 회개하고, 하나님은 불쌍히 여기사 회복시키시고, 평안해진 백성은 다시 범죄하고, 하나님은 선지자를 보내어 다시 경고하시고, 그들이 죄에서 돌이키지 않자 다시 심판하시고 … 이런 사이클이 이스라엘의 천 년(BC 1500-BC 500) 역사였다.

결국 이스라엘은 둘로 갈라져 하나는 사라지고 하나는 바벨론에 포로로 끌려갔다가 70년 만에 돌아오게 되었다. 하나님은 자기 백성과 마주하시고 선지자 말라기를 통해 심경을 밝히셨다. 천지를 창조하시고 우주를 주관하시는 전지전능의 하나님이, 강원도만한 작고 보잘것 없고 아무것도 아닌 이스라엘을 자기 백성으로 선택해 사랑하셨다는 것이다. 백성은 하나님이 어떻게 우리를 사랑하셨냐고 따져 물었다. 그들은 자신의 죄를 기억하지 못하고 늘 심판받은 사실만 기억한 것이다. 하나님은 그들을 사랑하사 영원히 멸망하지 않게 하기 위해 벌주셨지만 그들은 하나님의 사랑을 부인했다.

온 세상이 하나님을 모르고 배척하며 범죄한다고 해도 자기 백성만은 하나님을 알고 그 사랑을 받아주기를 원하셨다. 천지를 창조하시고 운행하시는 능력으로도 하나님은 백성의 사랑을 강압하지 않으시고 자율적으로 사랑하기 원하셨다. 그러나 이스라엘은 하나님의 천년 사랑을 부정해 버렸다. 사랑에 배신당하신 하나님은 깊은 비탄에 빠지고 이후 400년간이나 침묵하셨다.[1]

이후의 역사는 성경에 기록되지 않았지만 이스라엘이 로마의 압제 아래에 있게 되었음을 세계사를 통해 알 수 있다. 이스라엘은 오래 전 하나님

---

1 말라기-하나님의 천년의 사랑. blog.daum.net/thisage/438.

이 약속하셨던 메시야/구세주/그리스도가 와서 로마의 압제에서 해방시켜주시기를 간절히 기다렸다.

4) 예수

때가 차매 하나님이 약속하신 메시야가 오셨다. 하지만 아무도 그의 오심을 주목하지 않았다. 가난하고 초라한 목수 집안에서 평범하게 태어난 아기의 이름은 예수다. 그는 30세 청년이 되어서야 이 땅에 오신 목적을 이루기 위해서 준비작업을 시작하셨다. 이 땅에 오신 목적은 '죽는 것'이었다. 모든 인류의 죄를 대신 지시고 죄의 댓가로 죽는 것이었다.

예수님은 제자들을 모아 가르치시고 병자들을 고치시며 모두로부터 미움과 멸시를 받는 죄인들의 친구가 되어주셨다. 하지만 거룩하고 열심인 신앙심으로 남들에게 존경받는 바리새인과 종교지도자들에 대해서는 혹독하게 비난하셨다. 그들도 당연히 예수님을 미워했다. 드디어 예수님은 자신이 하나님의 아들이자 죄인들을 구원하실 메시야라고 밝히셨다. 그는 이스라엘을 로마의 압제에서 구원하실 정치적 메시야가 아니라, 온 인류를 죄에서 구원하실 생명의 메시야였던 것이다.

오직 선민 이스라엘만을 위한 구세주가 아니고 온 인류를 위한 구세주라는 말은 충격적이었다. 보잘 것없이 초라한 청년이 스스로 하나님이라고 주장하는 것도 참람했다. 무엇보다도 바리새인들만의 오랜 유대교 전통을 부인하는 것은 참을 수 없는 모욕이었다. 그들의 고소로 잡힌 예수님은 로마 법정에서 가장 처참한 십자가 형을 받았다.

그는 죄인들에 의해 죽임을 당했지만 사실은 죄인들을 위해 스스로 죽으신 것이었다. 죄인들이 죄의 댓가로 하나님과 분리되고 영원한 죽음을 맞아야 하는데, 그 심판을 예수님이 대신 지어주신 것이다. 하나님이 약속하신 대로, 이제 예수님을 믿는 자마다 하나님과의 관계가 회복되고 죄의 영원한 심판을 면제받게 되었다.

5) 교회

예수님을 믿고 섬기며 사는 자들의 모임이 교회다. 이제 하나님의 소원은 교회를 통해서 예수님이 누구신가가 세상에 알려지는 것이다. 세상의 주인된 사탄을 따라서 죄된 인생을 사는 사람들에게, 교회는 하나님의 법을 따라 거룩하고 풍성하고 아름답게 살면서 하나님을 드러내는 것이다.

하지만 지금 교회는 세상에 빛과 소금이 되어서 그들을 예수님 앞으로 인도하는 것이 아니라, 잘못된 선민사상에 빠져서 하나님의 복을 받아 세상에서 우뚝 서야 한다고 오해하고 있다. 기복주의에 물든 교회는 세상에게 길을 제시하는 것이 아니라 오히려 세상에 이끌려 세상과 하나되고 있다. 교회의 진멸을 목적으로 하는 프리메이슨이 슬며시 들어와 교회에 '다른 복음'을 심어놔도 알지 못한 채 따라가고 있다.

이스라엘을 향해 비탄하셨던 것같이 하나님은 지금 교회를 향해서 비탄해 하신다. 자신의 독생자 예수를 죽이게까지 해서 교회에 대한 사랑을 보이셨는데, 교회는 그런 사랑에는 아랑곳하지 않고 오직 잘살게 해주는 사랑에만 관심이 있다.

하나님은 세상 사람들의 참혹한 죄 때문이 아니라 자기 백성의 죄 때문에 슬퍼하신다. 하나님은 작고 보잘것 없고 죄인된 '나'의 사랑과 순종을 간구하시며 지금도 '나' 때문에 기뻐하시고 또 슬퍼 하신다. 마치 하나님에겐 '나'의 사랑이 전부인 것처럼 말이다. 반면 우리는 하나님의 눈물과 슬픔에 관심이 없다. 전지전능하신 하나님이 뭐가 아쉬워서 슬퍼하신단 말인가? 내 슬픔과 내 문제나 좀 알아달라고 여전히 보챈다.

뿐만 아니라 하나님의 '넓은 사랑'을 강조하며 다른 종교를 용납하고 있다. 예수 그리스도를 통하지 않아도 자기 행실로 하나님 나라에 갈 수 있다며 종교연합/화합/통합을 주장하고 있다. 그렇게 함으로 예수 그리스도의 죽으심을 헛된 것으로 만들고 있다.

2. 다른 종교가 나쁜가?

불교가 나쁘다고 말하는 것은 불교인이 나쁘다는 말이 아니라 그들의 믿는 것이 비진리라는 의미다. 그들의 주장처럼, 인간은 수양을 하고 덕을 쌓고 선행을 해서 좀더 나은 인생이 되거나 환생을 거듭하며 스스로 '신'이 되지 않는다. 그것은 인간의 자의적 방법이지 하나님은 그렇게 정하시지 않았다.

석가는 진리를 추구하는 자였을 뿐이다. 진리에 대한 간절함이 부귀영화에 대한 소원보다 컸기 때문에 존경을 받았다. 그래서 그가 죽었을 때 그를 따르던 사람들은 그가 부처, 신이 되었다고 주장했고 다른 사람들은 그 거짓말을 믿었다. 니므롯이 죽었을 때 마르둑신이 되었다고 그의 아내 세미라미스가 주장하고 사람들이 믿었던 것처럼 말이다. 이후 사람들은 부처를 섬기고 부처처럼 수양하며 자신도 부처가 되기를 염원해왔다.

예수님은 하나님의 아들이자 하나님 자신이라고 스스로 분명하게 말씀하셨지만, 석가는 자신이 그저 구도자일 뿐이라고 말했다. 거짓의 아비 사탄은 석가를 이용해 사람들을 속이면서 하나님만이 받으실 경배를 빼앗아갔다. 피조물 인간이 다른 피조물 인간을 신으로 섬기는 것은 하나님 보시기에 가장 악한 짓이다. 오직 조물주 하나님만이 경배받아야 한다.

사람들은 종교의 자유가 있으므로 불교를 선택할 자유도 있다고 말한다. 물론이다. 하나님은 절대로 믿음을 강제하지 않으신다. 우리가 스스로 판단하고 선택하기를 잠잠히 기다리실 뿐이다. 그래서 우리가 비진리를 선택할 때 그에 대한 댓가도 받아야 한다.

성철스님은 죽기 전에 자신의 가르침이 거짓이었고 지금 지옥에 간다고 유언했다. 그가 평생동안 열심했던 일이 헛된 것일 뿐 아니라 중생을 속인 악한 일이었다고 고백한 것이다. 그러나 수많은 사람들은 그로 인한 기득

권과 혜택을 포기할 수 없어서 여전히 거짓을 따라가고 있다.[2]

환생이나 윤회는 없다. 환생을 주장하는 카발라나 뉴에이지 등의 종교는 하나님을 대적하는 니므롯에서 비롯된 것으로, 인간을 하나님으로부터 영원히 분리시키기 위한 사탄의 거짓말이다. 하나님은 인생은 한번 태어나서 한번 죽고 이후에는 심판이 있다고 분명하게 말씀하신다.

3. 왜 복음인가?

인생사는 것이 참 쉽지 않다. 시시때때로 문제를 당하면서 고통스럽고 다른 사람들이 살아가는 이야기를 듣고 보면서도 가슴 아프고 슬프다.

그래서 세상에서는 '긍정적인 생각'을 가르친다. 모든 것을 긍정적으로 생각하자며 문제를 덮어버릴 때 잠시 마음이 평안해지기도 한다. 또 뉴에이지의 명상도 인기있다. 그것은 세상의 산적한 문제에서 도피해 아름다운 상상의 세계로 들어가라고 가르친다. 아름다운 가정, 멋진 집, 많은 친구 등 우리가 원하는 것들을 상상하며 그런 것들이 가득한 방 안으로 들어갈 때 마음은 행복하고 즐겁다.

그러나 언제까지나 상상의 세계에서 살 수는 없다. 다시 현실로 돌아오면 비참하고 고통스런 세계가 기다린다. 그래서 뉴에이지의 가르침은 마약이나 술과 다름없다. 잠시는 행복하게 해주지만 실제로는 더욱 비참하고 참담하게 만들 뿐이다. 그것은 근본 해결책이 아니라 현실도피일 뿐이다. 암덩어리 위에 반창고를 붙이는 격이다.

명상이나 긍정적 사고는 근본 해결책을 제시하지 못하기 때문에 진리가 될 수 없다. 문제의 근본 해결책을 제시해주기 위해서는 물론 문제의 원인을 알아야 한다. 무엇이 문제의 근본 원인인가?

---

2 성철스님의 열반송과 유언. blog.daum.net/thisage/439.

1) 죄와 심판

인생의 근본문제는 바로 죄다. 내 죄, 네 죄, 우리 모두의 죄 때문에 인생에는 고통이 끊이지 않는다. 우리는 죄의 가해자와 피해자가 되면서 늘 어려움을 겪는다. 그래서 죄로 상처받은 어떤 사람들은 죄된 속세를 떠나 혼자 살아가기도 한다. 하지만 혼자 사는 삶도 결코 만족스럽지는 않다.

하나님이 세상과 인간을 만드셨다면 왜 이 모양이 되었을까?

그래서 세상 사람들은 하나님이 없다고 생각하며 자기 생각대로 살아가고, 루시퍼 추종자들은 창조주 하나님이 불완전하거나 악한 존재라고 생각하며 인간 스스로 구원하는 방법을 제시한다.

사실 하나님이 세상과 인간을 만드셨을 때는 완전한 모습이었다. 그런데 인간이 죄를 선택하면서 인생에 문제가 생기기 시작했다. 하나님이 전지전능하시다면 왜 인간의 죄와 악을 차단하지 않으실까?

하나님은 인간에게 자유의지를 주셨기 때문이다. 로봇처럼 조종당하는 인생이 아니라 자신이 선택하고 선택에 대한 결과를 받는 인생으로 창조하신 것이다. 하나님이 우리의 죄를 강제로 막지 않으신다는 것은 참으로 두려운 사실이다. 왜냐하면 죄를 선택한 책임도 우리의 몫이기 때문이다.

죄에 대한 심판은 반드시 있다. 그러나 하나님의 목적은 심판이 아니라 우리의 회개다. 하나님이 죄에 대해 즉각 심판하셨다면 인류는 벌써 끝나버렸을 것이다. 하나님은 놀라운 인내심으로 오래 기다리시며 우리가 깨닫고 회개하기를 원하신다.

이 세상에 사는 동안 깨닫고 회개할 기회가 있다면 그것은 정말 복된 인생이다. 만약 그렇지 않는다면 죽음 이후에 심판을 받는다. 이 땅에서는 별 어려움없이 당당하게 잘 살았는데 죽고 나서 하나님 앞에서 평생의 죄가 낱낱이 드러나며 심판받게 된다면 그것은 가장 실패한 인생이 될 것이다. 그래서 죄의 문제는 철저히 대면하고 해결해야 한다.

그럼 인생의 근본 문제가 되는 죄의 문제를 어떻게 해결할까?

어떤 사람들은 선한 일을 많이 하려고 한다. 어려운 사람들을 위해 구제와 봉사를 하면서 죄의 댓가를 지불하겠다고 생각한다. 선으로 악을 상쇄하겠다며 선행에 집착하기도 한다.

그러나 얼마나 많은 선행을 해야 우리의 죄가 상쇄될까? 우리의 집을 팔아 구제하고 평생 고행을 한다면 죄가 해결될까? 그렇게 할 수도 없을 뿐 아니라, 그런 방법으로 해결되는 것도 아니고, 또 그럴 필요도 없다. 하나님은 우리를 사랑하셔서 그 해결책을 주셨다.

하나님이 죄인된 우리를 사랑하신다고? 추하고 감추어진 모든 죄를 낱낱이 알고 계신데도 우리를 사랑하신다고?

왜냐하면 우리를 만드셨기 때문이다. 우리를 낳으셨기 때문이다. 정상적인 우리의 부모라면 세상에서 우리를 가장 사랑할 것이다. 우리가 다른 사람들보다 더 착하거나 아름답거나 똑똑하기 때문이 아니라 못나고 부족해도 자신의 자녀이기 때문에 가장 사랑하는 것이다. 하나님도 그렇다. 우리의 못난 모습을 우리보다 더 잘 알고 계시지만 그럼에도 당신의 피조물이기 때문에 우리를 사랑하시는 것이다.

모든 부모들이 그렇듯이 하나님도 당연히 우리가 행복하고 기쁘게 살기를 원하신다. 그래서 우리의 행복을 가로막고 있는 죄의 문제를 해결하기 원하신다. 하나님은 인간을 만드신 처음부터 우리의 죄를 아셨고 그래서 처음부터 구세주를 계획하셨고 약속하셨다.

이스라엘에서 태어나신 예수는 인류의 처음부터 하나님이 약속하셨던 바로 그 구세주였다. 이스라엘은 자기 나라만을 위한 구세주를 기대했지만, 하나님이 약속하고 보내신 예수는 온 인류를 위한 구세주였다. 하나님이 이스라엘을 세우신 것도 그 나라를 통해 구세주를 보내시기 위함이셨다.

예수님은 본성이 하나님이지만 인간이 되어서 인류 가운데 오셨다. 인류 역사상 단 한번 있었던 그 놀라운 역사는 인류에게 가장 복된 사건이었다. 그가 하나님으로서 인간이 되신 이유는 바로 인간의 죄를 대신 지고 대신 심판받기 위함이었다. 2천 년 전 그는 십자가에서 처형받아 죽으셨다. 그러나 본성이 하나님이시므로 영원히 죽으실 수 없어서 3일 만에 부활 승천하셨다. 이제 예수님을 믿는 자는 죄의 용서함을 받고 단절되었던 하나님과의 관계가 열리게 된다.

세상이 예수님을 거절하는 것은 그가 누구인지 알지 못하기 때문이다. 자연과 성경과 인생을 통해서 하나님은 분명하게 자신을 드러내시지만 세상은 그분을 보지 못하고 비난하며 거절한다. 세상의 주인이 사탄이기 때문이다. 사탄은 인간의 주인으로 남아 있으려 한다. 그 자리를 하나님에게 빼앗기지 않으려고 모든 수단을 동원한다. 그래서 우리의 눈을 가리워 진리를 보지 못하게 만든다. 그러나 우리는 하나님의 백성이 되기를 결단하고 선택할 수 있다. 그것은 마음으로 믿고 입으로 시인하는 것이다.

2) 다시 태어나기

하나님은 우리가 영접할 때 우리 안으로 들어오시어 주인이 되어주신다. 귀신은 우리가 원하지 않아도 몰래 들어와 인생을 서서히 또는 급격히 파멸시키지만, 하나님은 우리가 진심으로 초청해야만 들어오신다. 이런 기도를 드리면서 하나님을 내 안에 초청할 수 있다.

> 제 죄로 인해서 하나님과의 관계가 단절되어 하나님을 알지 못하고 살아왔습니다. 이제 제 죄가 용서함 받아, 저를 만드시고 죽기까지 사랑하시는 하나님과의 관계가 회복되기 원합니다. 우리 죄를 대신 지시고 심판받아 죽으신 예수님을 영접할 때 하나님은 우리의 모든 죄를 용서하시겠다고 약속하셨습니다. 제가 지금 예수님을 영접합니다. 이제 하나님의 약속을 따라서 제 모든 죄가 용서받았음을 믿습니다. 진리로 저를 자유케 하심을 감사드립니다. 여지껏은 제 마음대로 살아왔지만 이제부터는 제 인생의 주인이 되어주십시오. 저를 인도하시고 가르치시

고 치유하시고 공급하시며 평생 동행해주십시오. 하나님을 더 알아가게 하시고 매일 그 선하심을 경험하게 해주세요. 남은 인생은 하나님 안에서 기뻐하며 승리하며 살게하심을 감사드립니다. 예수님의 이름으로 기도드립니다. 아멘.

진심으로 이렇게 기도했다면 이제 당신은 하나님의 백성이요 자녀가 되었다. 이제 당신은 하나님을 '아버지'라고 부를 수 있다. 우리는 좋으신 하나님 아버지께 못할 말이 아무 것도 없다. 슬프고 기쁘고 맘상하고 즐거운 모든 것들을 말할 수 있다. 우리의 소원을 간구할 수도 있다. 우리가 하나님께 드리는 이런 간구와 감사의 말씀을 기도라고 부른다.

그런데 하나님을 아버지라고 부르며 기도하는 것이 어쩐지 서먹하고 낯설다. 하나님이 누군지 알지 못하기 때문이다. 하나님을 알 수 있게 해주는 것은 바로 성경이다. 성경은 하나님이 인간에게 주신 최고의 선물이다. 우리는 성경을 통해서 하나님의 성품과 소원과 약속과 계획 등을 알 수 있다. 하나님이 어떤 분인지를 알면 알수록 우리는 더욱 그분을 신뢰할 수 있고 경험할 수 있고 사랑하게 된다. 그렇게 하나님을 경험해가는 것이 우리의 신앙생활이다.

3) 성장하기

예수님을 믿어 가장 좋은 것은, 인생의 모든 문제의 근원인 죄의 문제를 해결받는 것이다. 그럼 다시는 범죄하지 않을까?

그렇지 않다. 이 세상에 사는 동안 여전히 죄의 피해자가 되고 또 가해자가 된다. 그러나 과거처럼 죄에 얽메이지는 않는다. 세상 사람은 죄로 인해 후회하고 자책하며 고통받지만, 그리스도인은 예수님을 통해 회개할 수 있는 길이 열렸으므로 우울증, 신경증, 두려움, 슬픔, 질병 등을 가져다 주는 죄책감에서 해방될 수 있다. 진리가 우리를 자유케 한 것이다.

세상사람은 그리스도인이 입으로만 회개하면 하나님의 용서를 받는다면서 마음대로 죄짓는다고 비난한다. 하지만 정반대다. 죄를 깨닫고 회개할 때 하나님으로부터 용서는 받지만 사회에서나 인간관계에서나 죄의 결과는 아프게 받기 때문에 죄를 미워한다.

또 예수님을 영접할 때 그 안에 성령님이 들어오시므로 죄에 대해 민감해진다. 이전에는 이기적이고 탐욕스럽고 남을 아프게 하고 자랑하고 무정한 것 등이 죄라고 생각하지 않았지만 이제는 그것이 죄라는 것을 깨닫게 된다. 여전히 죄는 지을지라도 죄를 혐오하며 회개하기 때문에 바늘도둑에서 소도둑으로 되지는 않는다.

하나님으로부터 내 모든 죄가 용서함 받았다는 것을 분명히 믿게 될 때 이젠 다른 사람의 죄도 용서할 수 있게 된다. 상대방의 죄가 더 이상 죄가 아니라는 말이 아니라, 심판은 하나님의 영역이라는 것을 알고 나는 그 자리에서 내려오는 것이다. 더 나아가, 죄인된 나를 하나님이 긍휼하게 여기셨던 것처럼 나도 상대방을 긍휼히 여기게 되면서 증오와 억울함과 복수심으로 들끓던 마음에 평강이 온다. 죄의 문제를 덮어버리거나 회피하는 것이 아니라 하나님 안에서 그대로 대면하면서 해결하는 것이다.

예수님을 믿어 받는 또 다른 복은, 예수님을 영접할 때 우리 안에 들어오신 성령님이 우리 인생의 주인이 되어주시는 것이다. 여지껏은 내가 내 인생의 주인이 되어서 힘겹고 무거웠다. 모든 결정을 내가 해야 하고 모든 책임도 내가 져야 했다. 늘 실수하고 실패하는 인생에서 헛된 세월을 보내기도 했다.

이제 예수님을 믿을 때 내 인생의 주인은 하나님으로 바뀐다. 이제는 하나님의 인도하심을 구하고 받고 순종하면 된다. 아직도 실패하고 있지만 하나님은 우리의 실패를 두려워하시지도 않고 낙심하시지도 않는다. 모든 것을 합력해서 선으로 인도하시는 하나님은 우리의 실패까지도 사용하신다.

모든 부모는 아기를 낳아 건강하고 지혜롭게 자라나기를 바란다. 아이가 걸음마를 시작할 때 넘어지고 다치기도 하지만 아빠는 그것을 두려워하지 않고 넘어짐을 허락한다. 넘어지면 다시 일어서서 무엇이 나를 아프게 하고 다치게 하는지를 스스로 깨닫고 배우기를 원한다. 그러나 위험한 상황이 되면 번쩍 들어올려 보호해준다.

가장 지혜로운 아빠처럼 하나님은 우리에게 커다란 울타리는 쳐주시지만 그 안에서는 얼마든지 넘어지고 다치도록 내버려두신다. 실패의 아픈 경험들을 통해서 우리가 차츰 그것을 분별할 수 있는 지혜를 갖기 원하신다. 무의식 중에 로봇처럼 조종당하는 것이 아니라 또렷한 의식과 판단으로 바른 결정하기를 원하신다. 실패는 언제나 아픔을 가져다 주지만 하나님 안에서 하는 실패는 안전하다. 우리의 죄성과 미련함으로 실패를 반복하면서 차츰 깨달음을 갖고 조금씩 변화하는 것을 성숙, 성장, 또는 성화라고 한다.

인간을 만드시고 인생을 주관하시는 하나님이 정말 좋은 분이라는 사실이 얼마나 행복한가? 우리를 다스리는 자가 포악한 독재자가 아니라 우리의 행복과 승리를 가장 원하시는 분이라는 사실이 얼마나 기쁜가?

하나님을 알면 알수록 더욱 사랑할 수밖에 없게 된다. 하나님께 순종하면서 은혜를 경험하고 성경의 약속이 정말 맞다는 사실을 계속 확인해가는 신앙생활은 인생에 가장 큰 복이요 기쁨이다.

어떤 똑똑한 인생도 하나님 없이는 승리하지 못한다. 어떤 천한 인생도 하나님 안에서는 승리할 수 있다. 우리는 죄되고 문제 많고 고통스런 세상에서 살지만 하나님의 통치하심을 받으며 천국의 맛보기를 하다가, 이제 우리의 인생이 다하는 날 하나님이 친히 통치하시는 완전한 천국으로 들어가는 것이다.

4. 도전받고 비판받는 기독교

　예수님과 성경과 기독교는 역사 내내 도전받고 비평받고 비난받아 왔다. 도전받고 비평받는 것은 매우 좋은 일이다. 자신이 신앙하고 있는 것이 과연 진리인지를 도전받지 않는다면 우리는 진지하게 생각해 보지 않은 채 맹목적이고 습관적인 신앙으로 결국은 잘못된 길로 파멸해갈지 모른다.

　기독교는 자신을 비판하는 수천 수만가지의 질문을 받으면서 자신의 신앙이 정말로 진리인지를 (즉 하나님으로부터 온 것이 맞는지를) 정직하고 진지하게 생각해봐야 한다. 그리고 기독교를 가장하는 유사 기독교에 대해서 분별할 수 있어야 한다. 기독교를 비난하거나 기독교로 위장해왔던 종교나 철학을 보면 크게 다음과 같은 것들이 있다.

　첫째, 무신론은 만약에 하나님이 존재한다면 이처럼 악하고 불평등한 세상을 왜 가만히 보고만 있느냐고 반문한다. 하나님은 없거나 있다면 악하거나 무능한 신이라고 주장한다.

　둘째, 진화론은 인간과 자연이 자연발생적으로 생겨나서 지금까지 진화되었다고 믿는다. 천지를 창조하고 인류를 주관한다는 하나님은 없으며 그런 하나님을 신앙하는 기독교는 과학을 부정하는 미신의 종교라고 주장한다.

　셋째, 불교는 무신론과 진화론을 지지하면서 인간이 깨달음을 통해서 신보다 더 위대한 존재인 부처가 될 수 있다고 주장한다. 불교에서 예수님은 부처처럼 깨달음을 성취한 위대한 인간일 뿐이다.

　넷째, 힌두교나 일본종교 같은 다신교는 유일신이 아니라 다수의 신을 숭배한다. 기독교가 자연 만물을 만드신 창조주 하나님 한 분만 신앙하는 반면에 다신교는 하나님이 만드신 모든 자연만물을 숭배한다.

　다섯째, 이슬람교나 유대교는 창조주 유일신을 믿지만 기독교의 하나님과는 전혀 다른 신이다. 이슬람교에서 예수님은 모하멧처럼 여러 선지자 중에 하나일 뿐이고, 유대교에서 예수님은 자신을 하나님으로 주장하는 참람한 죄인일 뿐이다. 저들은 예수님을 구세주 그리스도라고 신앙하는 기독교를 최대의 원수로 여긴다. 이슬람교는 공개적으로 기독교인을 살해하지만, 유대교는 은밀하게 기독교를 말살하려하고 있다.

여섯째, 가톨릭은 창조주도 믿고 예수님도 믿지만 기독교와는 전혀 다른 '하느님'을 신앙한다. 기독교와 로마교가 혼합되어 탄생한 로마가톨릭교는 태생부터가 전혀 다른 종교였지만 역사 내내 기독교라고 오인되어왔다. 지금 가톨릭은 모든 종교와 신들은 이름만 다를 뿐 결국은 동일한 하느님을 향해 가고 있다고 주장한다.

일곱째, 유사 기독교들은 기독교에 이방종교의 사상과 풍습들을 도입하고 혼합하면서 무늬만 기독교가 되었다. 무수한 이단들이 그렇게 만들어지며 기독교로 오인받고 비난받는다.

한편 기독교는 창조주 하나님이 그리스도 예수님을 통해서 드러나고 증거되었다고 믿는다. 그리고 오직 예수님을 통해서만 하나님께로 갈 수 있다고 믿는다. 이방종교들을 배척하고 그들과의 혼합을 거부하면서 독선적이고 편협하다며 온 세상의 미움을 받고 있다.

기독교는 교리적인 측면에서 뿐만 아니라 여러 각도에서 비난받는다. 성경은 신화와 전설을 모방한 것이며, 예수님의 탄생과 부활 같은 기적사건은 상상으로 꾸며낸 이야기라고 비난받는다. 그리고 선교의 명분으로 약소국가들을 정복해온 제국주의적 식민주의적 범죄, '하느님'의 이름으로 자행된 십자군 같은 전쟁들, 다른 종교인들을 고문하고 학살한 마녀사냥, 과학발전을 가로막아온 무지함, 종교지도자들의 심각한 타락과 부패… 등을 내세우며 많은 지식인들은 '인류의 대적자'가 되고 '악의 뿌리'가 되어버린 종교(특히 기독교)에 진절머리를 내고 무신론자로 돌아섰다.

비기독교인과 반기독교인의 무수한 반박과 질문들에 대해서는 다음에 출간될 책에서 자세하게 답변하고자 한다.

　과학은 과연 진화론을 지지하는가? 하나님은 과연 폭력을 명령하셨나? 종교전쟁들의 주범이 과연 기독교였나? 하나님이 악을 징벌하시지 않음이 과연 무능함인가? 예수님은 과연 실존인물인가? 예수님의 부활은 어떻게 증명될까? 성경이 과연 수메르 신화나 불교 경전 등의 표절인가? 지금의 성경이 원본과 동일하다는 것을 어떻게 증거할 수 있나? 성경의 예언과 기사들 중에서 역사와 일치하지 않는 부분이 있나? 고고학이 발굴한 유물들과 유적들의 기록에서 성경과 일치하지 않는 것들이 있나? 하나님을 대신하려는 모든 종교들은 어떻게 시작되고 발전되었나?…

　이에 대해 답변하면서 여러 과학자, 역사학자, 언어학자, 고고학자, 법학자들의 증언이 인용될 것이다. 성경에서 사소하게 보였던 기사들이나 무의미해 보였던 고대 지명들이나 상세하게 기록된 연대들조차 실제와 모두 완전하게 일치했다.

　하나님이 한 분이시라면 진리도 하나일 수 밖에 없다. 하나님이 영원하시다면 진리도 시대에 따라서 변할 수 없이 영원하다. 변하거나 여럿인 것은 결코 진리가 될 수 없다. 진리는 오직 하나이며 불변한다.

저자 후기

　서른세 살에 예수님을 영접한 이후 내 인생의 중심점은 매우 극적으로 그리고 서서히 바뀌어갔다. 인생의 기쁨과 슬픔에서, 또 문제와 평강에서, 나뭇잎이나 감자 한 알에서도, 나는 성경의 렌즈를 통해 하나님을 계속 알아갔다. 그것은 내 인생에서 가장 큰 감사거리다. 나는 사람들을 사랑하기 시작했고 가장 나쁜 사람들에게조차 소망을 갖게 되었다. 차츰 내 인생의 이유와 목적은 사람들에게 예수님을 전하는 것으로 바뀌어 버렸다. 하지만 사람들은 복음을 듣기에 너무나 바빴으므로 할 수 없이 인터넷을 통해서 복음을 전하기 시작했다.
　그럴 때 뜻밖으로 안티기독교 사람들을 만나게 되었다. 복음에 대한 그들의 저항은 완강하고 치열했다. 그들은 진실로 하나님과 그의 말씀을 오해하고 있었다. 그들이 이해하든 말든 나는 기회가 되는대로 그들의 잘못된 이해를 수정해주었다. 그것은 즐겁고 재미있는 일이었다.
　그런데 문제는 일부 교회와 목사들의 범죄였다. 검색해보니 사실이었고 사실 확인은 충격이고 경악이었다. 그 후 난 새로운 발견을 하게 되었는데, 기독교에 이방종교가 혼합되며 변질된 '다른 기독교'가 있다는 사실이었다. 그래서 예수님은 "사람들이 잘 때에 그 원수가 와서 곡식 가운데 가라지를 덧뿌리고 갔다"고 말씀하셨던 것이다.
　그럼 원수는 누구며 왜 가라지를 뿌린 것일까?

성경을 교묘하게 비틀어 거짓말을 만들고 세상과 그리스도인을 속이려 하는 엘리트 세력의 존재에 대해 알게 된 것은 그때였다. 그 후 나는 부지런히 저들을 조사하고 연구했다. 성경이 알려준 사탄의 존재에 대해서 비로서 분명하게 실감할 수 있었다. 성경이 사탄의 세력을 왜 '세상의 임금'이라고 불렀는지도 이해되었다. 성경에 쓰여진 추상적이고 모호해보였던 구절들도 구체적으로 이해되고 동감되었다.

이 책은 세상을 폭로하고 대항하며 쓴 글이다. 세상뿐만 아니라 세상과 연합한 교회에 대해서도 비난하고 비판하며 쓴 글이다. 그래서 이 책의 내용은 무신론자, 타종교인, 안티기독교인, 뉴에이저들뿐만 아니라, 기독교인 중에서도 친유대주의자, 시오니즘 옹호자, 신비적 은사주의자, 친가톨릭, 종교다원주의자들에게 큰 반발을 받는다.

저들의 반발과 공격이 두렵지 않느냐며 용기를 칭찬해준 사람들이 있다. 그러나 나는 위험을 무릅쓰고 이 책을 출판해준 CLC 출판사와 박영호 목사님께 그 감사를 드린다. 그리고 대세가 된 그들로부터 공격받을 수 있음을 감수하고 이 책을 추천해주신 서철원 박사님께도 감사를 드린다. 정통 보수의 원로 신학자면서 저들 세력을 연구하는 귀하신 분이다.

용감한 자만이 진실을 대면할 수 있다. 두려워하는 자들은 애써 진실을 피하려할 것이다. 그런 이유로도 '음모론'이 배척당하고 있다. 그러나 '음모'는 저들 자신이 직접 선택하고 사용하는 용어다. 세상 뒤에서 비밀로 계획하고 추진하기 때문에 음모라고 부르는 것이다. 하지만 이젠 너무 많이 노출되었으므로 음모나 밀교라 할 수도 없게 되었다. 이제 계획의 성취의 때가 무르익었기 때문에 의도적으로 노출하는 것이다.

헨리 마코우 박사는 사탄이 우리를 공범으로 만들기 위해 비밀을 흘린다고 설명한다. 우리가 알면서도 모른척할 때 그것은 인정하고 동조하는 것이 된다. 우리에게 사실을 알려주고 선택할 기회를 줌으로써 "우린 몰랐어"라고 변명할 수 없도록 하려는 것이다. 그렇게 해서 사탄은 자신이 받을 심판의 자리에 우리를 데려 가려는 것이다. 사탄은 우리를 두고 하나님과 내기를 하고 있는 중이다.

성경의 마지막 책인 요한계시록은 적그리스도의 세력을 '짐승'이라고 부르며 저들의 출현을 예언했다. 그러나 반기독교인들이 예수님의 복음을 믿지 않으려는 것처럼 기독교인들도 사탄의 세력을 믿으려하지 않는다. 서로 비판하지 말고 사랑하라셨던 예수님의 말씀을 내세우며 저들을 용납하려한다.

예수님이 사랑하라하신 대상은 사람들이고, 비판하지 말라고 명하신 내용은 사람들의 행위다. 그러나 성경을 왜곡하는 비진리에 대해서는 분별하고 대적하며 어둠의 세력에 대해서는 드러내어 책망하라고 말씀하셨다.

나는 저들의 정체와 사상을 폭로하고 비판하지만 그러나 저들에게 대항하자고 선동하려는 목적은 없다. 어차피 세상은 그렇게 갈 것이라고 성경은 예언하기 때문이다. 또한 성경은 우리에게 권위에 순복하라고 가르친다. 저들이 옳아서가 아니라 우리의 권위니까 순복하는 것이다. 저들이 우리를 죽이려 한다면 그냥 죽는 것이다.

그렇다면 이런 정보가 무슨 유익이 있을까?

모른 채 속는 것과 알면서 받아들이는 것은 천지차이다. 속을 때는 세상으로 흘러가서 멸망하지만, 알게 되면 하나님 안에 더 단단히 붙잡혀 살 수 있다. 저들과 맞서 싸워서 승리하는 것이 아니라, 하나님께 붙잡혀서 승리하는 것이다. 오직 하나님의 진리 안에서만 승리할 수 있다. 그런 승리를 위해서 이 글을 바친다.

Reading This Age

시대 읽기
Reading this Age

2016년 6월 10일 초판 발행

지 은 이 | 김주옥

편　　집 | 정희연 이종만
디 자 인 | 이수정 서민정 이재희
펴 낸 곳 | 사)기독교문서선교회
등　　록 | 제16-25호(1980. 1. 18)
주　　소 | 서울시 서초구 방배로 68
전　　화 | 02) 586-8761~3(본사)　031) 942-8761(영업부)
팩　　스 | 02) 523-0131(본사)　031) 942-8763(영업부)
홈페이지 | www.clcbook.com
이 메 일 | clckor@gmail.com
온 라 인 | 기업은행 073-000308-04-020, 국민은행 043-01-0379-646
　　　　　 예금주: 사)기독교문서선교회

ISBN 978-89-341-1543-4 (03230)

* 낙장·파본은 교환해 드립니다.

이 도서의 국립중앙도서관 출판시 도서목록(CIP)은 서지정보유통지원시스템 홈페이지(http://seoji.nl.go.kr)와 국가자료공동목록시스템(http://www.nl.go.kr/kolisnet)에서 이용하실 수 있습니다. (CIP제어번호: CIP2016011794)